"中国科协青少年科技创新人才培养项目"实验丛书

牛灵江　霍益萍　主编

在项目研究中和学生一起成长

——十位教师及其学生的成长日记

霍益萍　周振平　编著

科学普及出版社

·北　京·

图书在版编目（CIP）数据

　　在项目研究中和学生一起成长：十位教师及其学生的成长日记/霍益萍,周振平编著. —北京:科学普及出版社,2007.9

　　（"中国科协青少年科技创新人才培养项目"实验丛书/牛灵江,霍益萍主编）

　　ISBN 978 - 7 - 110 - 06676 - 8

　　Ⅰ．在…　Ⅱ．①霍…②周…　Ⅲ．科学技术 – 活动课程 – 教学研究 – 中小学　Ⅳ. G633.72

　　中国版本图书馆 CIP 数据核字（2007）第 138946 号

自 2006 年 4 月起本社图书封面均贴有防伪标志,未贴防伪标志的为盗版图书。

科学普及出版社出版

北京市海淀区中关村南大街16号　邮政编码:100081

电话:010 - 62103210　传真:010 - 62183872

http://www.kjpbooks.com.cn

北京正道印刷厂印刷

*

开本:787 毫米×960 毫米　1/16　印张:16.25　字数:295 千字

2007 年 9 月第 1 版　2009 年 1 月第 2 次印刷

印数:3801—7800册　定价:29.00 元

ISBN 978 - 7 - 110 - 06676 - 8/G · 2965

本书为《全民科学素质行动计划纲要》起草阶段试点项目——"中国科协青少年科技创新人才培养项目"的终期研究成果；亦为华东师范大学"985"工程哲学社会科学创新基地建设项目"当代中国基础教育发展——从精英转向大众的当代中国普通高中教育研究"的中期研究成果。

策划编辑：徐扬科
责任编辑：徐扬科　张　玲
责任校对：林　华
责任印制：李春利
封面设计：耕者设计工作室

科教联手的丰硕成果
（序）

　　在世界科学技术迅猛发展、知识经济日益勃兴的今天，国家实力的增强、国民财富的增长和人民生活的改善无一不与科技的发展息息相关；科技竞争已成为国与国之间综合国力竞争的焦点。科技竞争关键在人才。它不仅需要数以千万计的专门人才和一大批拔尖创新人才，还需要具备基本科学素质的广大公民作为基础和支撑。在这种大趋势下，重视和强调创新，呼唤和凸显创新人才的价值，关注和着力提高全民科学素养，就成为政府、科技界和教育界乃至社会各界的重要任务。2003年，经国务院批复同意，中国科协会同中组部、中宣部、教育部、科技部等单位正式启动了《全民科学素质行动计划纲要》（以下简称《纲要》）的制定工作。"科技教育、传播与普及"、"创新人才"、"全民科学素质"这三个有着密切联系的关键词，勾勒出这部《纲要》的中心内容。

　　作为一项建设创新型国家的基础性社会工程，《纲要》以尽快在整体上大幅度提高全民科学素质，促进经济社会和人的全面发展，为提升自主创新能力和综合国力打下雄厚的人力资源基础为目标，强调了提高未成年人科学素质在创新型国家发展战略中的重要性，突出了中小学科学教育发展的迫切性，特别提出"建立科技界和教育界合作推动科学教育发展的有效机制，动员高等学校、科研院所的科技专家参与中小学科学课程教材建设、教学方法改革和科学教师培训"，强调通过建立"科教合作"的有效机制，从制度上为科学教师的专业发展及中小学科学教育改革的实施提供保障。

　　俗话说，十年树木，百年树人，国民科学素质的养成是一个滴水穿石、涵养化育的长期任务。它既非三年五载可以完成，又需要从小抓起，从未成年人开始。随着义务教育的普及，未成年人主要的活动时间和地点在学校，负有教书育人职责的教师自然就成为决定未成年人科学素质的关键因素。对于广大教师来说，按照《纲要》的要求，从以往单纯围绕着教材、教参和习题的释疑解惑转向帮助学生"了解必要的科学技术知识，掌握基本的科学方法，树立科学思想，崇尚科学精神，并具有一定的应用它们处理实际问题、参与公共事务的能力"，是一个根本性的转变和有相当难度的自我跨越。科学教师亟须来自方方面面的帮助。那些创造并掌握了大量的科学知识，理解科学教育的本质，以科学方法的应用为职业习惯，其工作本身就崇尚、分享和体现着科学精神的科技专家，无疑是科学教师天然的、最好的合作伙伴。

中国科协青少年科技中心长期以来以组织开展青少年科技活动、提高青少年科学素质为己任，在链接青少年科技创新学习活动和社会丰富资源的平台上，一直是一个输送传递有效资源的二传手。在以往 30 年的时间里，中国科协与教育部、科技部等相关部门共同开展了"全国青少年科技创新大赛"、"明天小小科学家奖励活动"、"大手拉小手青少年科技传播行动"等一系列品牌活动。随着时代的变化和全社会对创新人才的呼唤，这样的品牌活动如何从单纯的选拔拓展到从培养到选拔的全程跟进，这是摆在我们面前的重大课题。恰逢《纲要》的起草把"科教合作"作为非常重要的举措提出，中国科协青少年科技中心结合多年的实际工作，在进行了比较广泛的调查研究基础上，试图在科技创新人才培育方面有一些新的突破。2002 年 7 月，开始设计"中国科协青少年科技创新人才培养项目"，2003 年 1 月项目正式启动。

创新人才培养项目的规划和实施凝聚了项目组人员的心血。它的构架是立体的、多方位的、可持续的，具有很大的拓展空间。从首席专家的聘任到实验学校的选定，从参与项目的科学家、大学教师、科研人员团队的组成到项目的阶段性规划，每推进一步都是一次新的尝试。期间，项目组完成了"全国青少年科技创新服务平台"（www.xiaoxiaotong.org)的建设，并在服务平台上专门开辟了为项目服务的"创新研究院"（www.xiaoxiaotong.net)。项目实现了从理论到实践、从实践再到理论的螺旋式发展，服务平台进行了全程跟进服务。

把科技专家引进培训高中科学教师的课堂，看似简单，实非易事。科技专家需要实现从研究人员向培训师角色的转变，科学教师则要经历由一般意义上的教师到做好带领学生实践科技创新的导师的转变。这是两个比较大的转变，仅凭这两个群体自己的力量显然较难完成。作为二传手的中国科协青少年科技中心协调各方力量，发挥各方的优势，建立起科技专家和科学教师之间的纽带和桥梁。"科教合作"从单纯的科学家和科学教师两者之间的合作扩大为科学界和教育界多个相关部门和力量的整合，变成了一个全新的运作系统建构和运作机制的探索。所谓"科教合作"，关键在"合作"，即哪些合作方、多大合作面、什么合作内容和怎样合作等。"中国科协青少年科技创新人才培养项目"用五年的成功实践表明，科技界可以寻找更多与教育界合作的内容，在中小学科技教育改革、青少年科技人才的培养中扮演更重要的角色，发挥更大的作用。这正是这个项目的意义和价值所在。

一个项目的质量完全取决于一支好的团队。"中国科协青少年科技创新人才培养项目"由中国科协青少年科技中心和华东师范大学教育学系、河北大学网络中心、中科之源教育发展有限公司等单位共同合作完成。项目组由务实能干、富有培训经验、充满事业心和责任感的华东师大教育学系霍益萍教授担任执行组长（首席专家），来自不同地区和单位的几十位同志参与。五年中，项目组的同志团结协作、开拓创新，在各实验学校的大力支持下，做了大量开拓性的工作，很好地完成了既定的目标和任务。通过项目的实施，不仅形成了一个胜任高中教师培训的科技专家和学科教学专家团队，推动了学校科技创新活动的蓬勃开展，而且在理论研究方面也有一些新的突破。呈现给读者的这两套丛书就是项目组成员对相关领域内容思考、探索和研究的结果。

《"中国科协青少年科技创新人才培养项目"实验丛书》由《科教合作——高中科学教师培训新探索》、《在项目研究中和学生一起成长——十位教师及其学生的成长日记》两书组成。前者对项目实施情况及成效进行了总结和分析，后者展示了十位教师及其学生成长的心路历程。丛书从整体和个案两个方面将项目提升到一定的高度，展开了讨论和研究，用具体而实在的事例诠释了"科教合作"的意义和作用，具有很大的现实意义和理论价值。

《中国近代科普和科学教育研究丛书》由《中国近代民众科普史》、《中国近代中小学科学教育史》、《中国近代科学教育思想研究》和《科学家与中国近代科普和科学教育——以中国科学社为例》四本书组成。这是结合项目的实施，从历史角度所做的全新的挖掘和研究。它为从事科普事业的同志提供了弥足珍贵的历史借鉴，填补了这方面的一些空白。

特别值得提出的是，这两套丛书的作者，不仅有专家教授，有参与过培训的科学教师，还有因跟随霍益萍教授到培训现场实习而愿意从事科普和科学教育研究的研究生。这是项目的额外收获，由此组织起来的队伍无疑将进一步壮大"科教合作"、培育科技创新人才的阵容。

"中国科协青少年科技创新人才培养项目"作为《纲要》起草阶段的试点项目已经完成了它的使命。借此机会，向所有参加项目工作的单位、专家和同志，向各实验学校的校长和老师表示诚挚的谢意！在建设国家的进程中，全面落实《纲要》精神和完成"未成年人科学素质行动"的各项任务，仍是我们未来相当长时间的艰巨任务。我深信，"中国科协青少年科技创新人才培养项目"提供的经验和打下的基础，将有助于我们充满信心地走向未来！

牛灵江

2007 年 5 月

目　录

引论

　　科技项目研究——教师和学生共同成长的摇篮 ……………………（1）

虎符算法成功的秘密

　　——龚鹏老师和他的学生们 …………………………………（8）

创新，更需要沃土

　　——郭迎霞老师和她的学生 …………………………………（40）

为学生搭建攀登的"脚手架"

　　——韩荣珍老师和她的学生 …………………………………（64）

课堂教学中播撒创新的种子

　　——何文轶老师和他的学生 …………………………………（88）

经风历雨见彩虹

　　——李金华老师和他的学生 …………………………………（106）

我们成功地测量了广州的高楼大厦

　　——卢光老师和他的数学研究小组 ………………………（138）

黄河与开封盐碱地的形成和治理

　　——薛升远老师和他的学生 …………………………………（165）

今日探索创造　明日科技之星

　　——杨世军老师和他的学生们 ……………………………（179）

闽江口湿地调查研究

　　——张群林老师和他的学生 …………………………………（196）

闽江口明清海防炮台群的研究

　　——李林川老师和他的学生们 ……………………………（218）

后记 ………………………………………………………………（249）

引　　论
科技项目研究——教师和学生共同成长的摇篮

一

　　教师，作为承担学校教育教学工作的主要力量，其自身的专业发展正在成为世界范围内教育改革的重要话题。1966 年联合国教科文组织和国际劳工组织提出《关于教师地位的建议》，首次提出教师的专业化问题，指出"应把教育工作视为专门的职业，这种职业要求教师经过严格的、持续的学习，获得并保持专门的知识和特别的技术。"1986 年，美国的卡内基工作小组和霍姆斯小组相继发表《国家为培养 21 世纪的教师做准备》和《明天的教师》两份重要报告。报告提出创立全国教师专业标准委员会，高标准地确定教师应该懂得什么，应该会做什么，并将美国教师专业化标准具体定义为：具有相应的实际教学能力；具有教学设计的独创性，能有效地组织课堂教学；能在教学实践中不断地反思、总结和开展教学研究。之后美国卡内基财团组织全美教师专业标准委员会制定的《教师专业化标准大纲》对教师提出了五项要求，概括起来是：学生——知识——管理——研究——合作。这对美国教师教育的发展产生了深远的影响。1989 ~ 1992 年，经济合作与发展组织（OECD）相继发表了一系列有关教师及教师专业化改革的研究报告，如《教师培训》、《学校质量》、《今日之教师》、《教师质量》等，提出"在提高教师地位的整体政策中，专业化是最有前途的中长期策略。"在我国，自 20 世纪 80 年代中期开始，尤其是进入 90 年代以后，教师的专业化发展问题也开始受到理论界和教育行政部门的关注。1986 年发布的《国家标准职业分类与代码》将教师列为"专业技术人员"，而 1994 年开始实施的《教师法》规定："教师是履行教育教学职责的专业人员"，第一次从法律角度确认了教师的专业地位。之后，国家全面实施教师资格制度。进入 21 世纪后，教师教育的概念被正式引入我国的官方文件。

　　谈到教师专业发展的内容及教师应该具备怎样的素质这一话题，国内外专家学者的见解颇不相同。比较一致的看法是，其核心内容主要包括观念、知识、能力和教学智慧等四部分。所谓观念，指的是教师对教育的价值、教

1

育的对象和教育的本质的认识，以及教师职业特有的道德情感和责任感等。所谓知识，是指除了各学科的专业知识以外，教师还应掌握广博的科学人文知识、学科教育学知识、学生心理和管理等方面知识。所谓能力，是指教师把"个人知识"变为"可以传递给学生的知识"的转化能力；有效开展课堂教学的知识和技能，反思和指导教学实践的能力；开展教学研究和与同行交流合作的能力。所谓教学智慧，则是教师在长期的教学实践中不断总结和提升的个人财富，是教师所有专业发展的最终指向和最后结果，本身也包含相当丰富的内容。上述四个方面，核心是观念，难点在能力，二者相互影响和制约。

　　在确定了教师专业发展的内容之后，教师个体究竟如何实现其专业化成长则是另一个比较难以破解的难题。教师是成人，其专业发展自然带有成人学习的特点。教师又是一个爱学习、爱学生的特殊群体。因为他们的工作对象是青少年，他们一方面年幼、缺乏生活经验、需要学习，另一方面又充满活力和潜力，需要多方面发展和具有多种发展可能，同时还性格各异、资质有别、情感丰富，所以教师工作带有强烈的伦理、人文和情感色彩，这又使教师的专业发展有着和其他职业团体不同的特点。结合我们的实验和已有的相关研究，有一些现象和成果值得关注：第一，教师的专业发展是一个过程，师范生阶段的学习只是为这种发展奠定基础，其真正发展则开始于教师入职以后；第二，教师专业素养的获得依赖于自身强烈的内在需求和个人专业经验的积累，并与其生活、工作的特定环境和人际关系有关；第三，教师专业发展具有强烈的实践和问题导向，发展依赖实践，另一方面，通过实践进行反思，反过来再指导实践；第四，教师很清楚自己的内心需求，善于将新知识和旧知识整合起来，并能很快对所学的内容做出取舍选择。事实上，教师专业发展的根本之处还在于调动起教师自己的内在学习积极性。作为教师，通常能够被三样东西"打动"，进而产生要进行自我专业发展的强烈愿望：①外来文化。它通常表现为教师从学校以外获得的新信息、看到的新的教学实践或感受到的不同的精神状态。这些东西作为新要素，常常会给教师带来刺激和影响，促使其反思和调整自己的工作；②伙伴关系。受自尊心和责任感的驱使，教师会很在意同行对自己的态度以及自己与同行的差距。因此这种伙伴关系会神奇地改变教师的工作态度；③学生的变化。教师工作的主要目的在于学生的成长，一旦有新措施能够提升学生的学习质量，并通过实践证明其具有显著作用，教师很快会对其产生兴趣，愿意了解和参与。了解了教师专业发展的这些规律和特点，对于我们开展促进教师的进步与成长的工作很有帮助和意义。

二

自 1999 年第三次全国教育工作会议全面推进和实施素质教育以来，我国便开始了新中国建立以来最深刻、最广泛的一次基础教育的课程和教学改革。这场改革，是将中国教育放在科学技术迅猛发展、知识经济加速到来、国际竞争日趋激烈、人才资源成为第一资源的全新背景下思考的必然结果。对于有着五千年悠久历史的中国教育来说，这场改革就是要重新明确教育的发展方向，跳出"一切为升学"、"一切为高分"的培养模式，直接与国际人才培养规划接轨，以培养具有创新精神和实践能力、有理想、有道德、有文化、有纪律的德智体美全面发展的一代新人为己任。由此，中国教育将面临因自身方式根本转型而带来的严峻挑战和深刻变革，经历一个漫长的全方位的改革过程。

在当前的这场课程教学改革中，中小学科学教育的逻辑发生了根本的变化。其立足点正在从仅仅向高一级学校输送优秀科技后备人才转向提高全体学生的科学素养；从单纯地传递科学知识转向掌握必要的和基本的科学知识与技能，体验科学探究活动的过程和方法，培养良好的科学态度、情感和价值观。科学教育突出了两个关键词："素养"和"探究"。前者为目的，后者为途径，两者缺一不可。科学探究，是科学家习惯的工作方式。中小学科学教育强调探究，并不是为了把所有的学生都培养成未来的科学家，而是因为这种方式对培养学生的科学素养有着不同于单纯知识传授的独特功效。在完整的科学探究过程中，围绕着问题的解决，学生将潜移默化地学会学习、学会与人合作和交流、学会分析和解决问题、学会如何克服困难、学会对社会和他人负责。对于一个正在成长中的学生来讲，这些素质和能力的获得比任何东西都珍贵，将使其终生受益。这一科学教育立足点的根本转移，在突出科学教育的育人功能的同时，还强调了必修课以外的其他活动和课程在教学中的地位，如科技创新项目研究、STS（科学—技术—社会）、头脑奥林匹克、科技节、科技兴趣小组、创新实验室、校外科普基地等。在科学教育的课程框架中，必修课不再是一枝独秀，课内外和校内外所有教育资源的相互整合和共同作用已成为必然趋势。

开展科技创新项目研究，是学校课外科技活动的一项重要内容。虽然我国中小学开展这类活动已有很长的历史，但就国家和教育行政管理部门的重视程度，中小学生参与的普遍程度和社会及家长的关注程度来看，则是在最近几年才达到高潮。学校科技教育活动的火热展开，促使许多教师走进了和必修课不同的另外一个教育教学领域。政府部门组织的各级各类学生科技创新活动比赛，在表彰学生的同时，也将长期以来默默无闻工作的科学教师从幕后推到了台前。他们指导学生开展科技创新活动的经历、经验和做法，以及他们和他们的学生在这类活动中获得的成长和发展，引起了社会的极大关注。就教师专业发展来说，科技创新活动指导过程本身获得了比活动结果更为重要的价值认同。

很多优秀科学教师的成长经历告诉我们，指导学生参与科技项目是科学教师专业发展的一个有效途径。首先，指导学生开展科技项目研究对教师现有知识结构是一个严峻的挑战。长期以来，教师是知识的占有者和传授者，是学生获得知识的唯一来源。即使是水平较低的教师，借助着所拥有的知识，他在学生面前仍然是权威。但在指导科技创新项目研究时，这种情况发生了根本的变化。科技创新项目所涉及的知识内容远远超出必修课教学的范围，呈现出开放性、综合性和创新性的特点。一方面，学生有兴趣研究的很多问题都超出老师的专业领域，有些即使在教师专业范围内，也是他平时很少关心或不太留意的。对于学生将要学习的很多内容，教师几乎没有专业知识方面的优势可言。同时在科技项目研究活动中，学生的认知领域大为拓展，吸纳知识的途径由单一变为多元，教师已无法成为学生唯一的知识来源。另一方面，由于基础教育阶段的课程内容相对比较稳定，教师一般任教五六年以后，在自我学习方面的压力就不会很大。有些教师即使平时比较注意学习，学习的内容也主要是和习题、考试有关，其他方面则较少关心。指导学生科技创新项目时的力不从心或指导乏术，让教师从内心深处真正意识到自己知识结构单一、知识面狭窄、对本学科知识与生活实际联系的漠视等问题，从而产生继续学习和完善自我的强烈愿望，激发起拓展和更新自身知识结构、提升自身能力的内在动力。通过指导学生的科技创新项目，能够激发起教师不断学习、终身学习的愿望，而这正是当前教师必须具有的品质和素养，也是教师能够实现专业发展的前提。

其次，指导学生的科技项目活动，对于教师来说，除了要给学生提供许多新信息、新知识，适时地进行有针对性的点拨外，更多的是正确处理不断出现的矛盾问题。这里有如何面对高考压力、争取方方面面的支持、给学生以时间保证和精神鼓励的问题；有学生在面对必修课学习和开展科技创新项目出现矛盾时的心态调适问题；有如何赢得校长的支持、家长的理解、其他同事的配合的问题；有如何通过各种途径开发利用所有校内外资源的问题……所有这些矛盾的处理，要求教师的已经远不是教学设计、教法研究、试卷编制、批改作业等寻常能力，而是与人沟通和合作的能力、分析和解决问题的能力、科研能力、开发课程资源的能力、对学生心理和意志品质教育的能力等。指导学生科技创新项目过程中的"拳打脚踢"，为教师全面锻炼和提高自己提供了机会。教师是一个教育实践工作者，在这样一个实践内容十分丰富的舞台上，教师的收获和成长的速度是必修课教学中很难实现的。

另外，学生在科技创新项目的研究中，对自己所喜欢的科技项目研究工作，一般都会十分投入和执著，表现出极大的学习主动性和创造性，有的甚至和他在必修课上的表现判若两人。这种反差，让教师对平时百思不得其解的"怎样学习才最有效"、"学生最欢迎什么样的学习"等问题豁然开朗。另外，科技创新项目研究的特殊指导方法，要求教师一方面能抓住学生思想的火花，送风吹氧，让它能燃烧起来，另一方面要求教师运用自己的知识积淀、经验和智慧，给学生以点拨和启发，即所谓的"点到为止"，将思考和想象的空间留给学生。这种不同于课堂教学的指导实践，在丰富教师教学经验的同时，也促进教师思考如何改善自己课堂教学中的方法和策略，将"指导艺术"转变为"教学艺术"，使自己的教学工作日臻完善和进步，在专业上更为成熟和发展。

教师是和人类社会相生相伴的永恒职业。教师不是家长，也不同于师傅。他在传递知识的同时，更肩负着传承人类文明、社会规范和核心价值观的社会责任。这些内容，需要教师的言传身教。在指导学生完成科技项目研究的过程中，教师和学生朝夕相处，在思想认识、语言谈吐、神情举止、喜怒哀乐等各方面，双方有了共同的情感体验。地位的平等、目标的一致和心灵的相通，使得师生之间的交流自由充分、关系亲密愉悦。教师留给学生们最深刻的印象，是他们放弃休息陪伴学生在实验室度过日日夜夜；是他们冒着严寒酷暑为学生四处选购材料；是他们在学生遇到困难时讲科学家的故事；是他们对学生的严格要求……由此可见，科技创新项目研究活动是对学生最有教育价值和作用的一项活动。在这项活动中，教师不能代替学生创造，但他却可以用自己的生命去影响、激发和点燃另一个年轻的富有创造潜质的生命。科学教师在给予学生影响的同时也在被学生影响。近距离地观察学生，亲眼目睹学生在课题研究中一天天的变化和长大，教师们能从中切切实实地感觉到科技创新活动对学生发展的巨大影响和作用，洞见科学教育的本质，认识自己工作的意义和价值，从而更加热爱自己的工作。这些认识和发自内心的职业成就感，是促使教师的教育价值观发生根本变化的重要因素。

三

本书辑录的是 10 位高中老师和他们的学生围绕着课题研究分别撰写的教师指导日记和学生研究日记。这些日记，因教师所处的学校不同，工作重心不同，内容有别，体例不一。有的教师因工作很忙，只记录了片段，内容不够完整。这些研究成果，在科学发展中也许难以起到什么重要的作用，但在教育改革日益迫切的今天，其中所蕴涵的育人价值却是显而易见的。

作为长期研究、关注中国教育发展的教育理论者，笔者对中国教育的现状也有所了解。与一线的校长教师交流时，常听到无数的牢骚和抱怨以至无奈的慨叹。在中国，要撬动教育这根力重千钧的杠杆实在太难，因为我们的应试教育有太深厚的传统。升学、考试、题海战术，加班加点、生活单调、缺乏创造几乎成了普通高中生活的写照。教师和学生生活在重重压力之下，日复一日机械地朝那个看起来很美的终点——大学奔跑着。在这里，缺乏青春的亮丽，也罕有激动人心的探索，听课和解题成为学生终日为伴的"良友"。

然而，21世纪的世界和中国正在发生着根本性的改变。创新是人类进步的动力，也是民族振兴的关键。教育事业如何承担起为创新奠基，为中国发展培养创新人才的重任？21世纪全球化竞争的关键是人才，我们的学生如何去应对瞬息万变的世界，这是每一个关注中国基础教育发展的人力图回答和解决的核心问题。实施研究性学习、开展科技项目研究等，成为改变目前教育现状的突破口。这里记录的10位老师和他们学生的课题研究，仅仅是众多优秀教育工作者的典型和代表。他们的呕心沥血，他们的焚膏继晷，可以成为激励我们继续前行的动力，同时也是更多的教师参与探索教育创新的榜样。

在科技项目的研究中，受益最大的自然是积极参与的学生们。且不说王帅等同学远赴英伦的荣耀与丰富深刻的体验，也不论李辰、胡伯涛、唐艺乘专车在防空警报声中巡游福州城的兴奋，更不用说薛升远老师的学生们走进中央电视台并参加开封市旅游规划的座谈会的骄傲。单是他们在项目研究过程中学到的知识，解决困难过程中经历的成长，体验到的成功与失败，历经磨炼后的毅力和成熟，不期而至的学习兴趣与动力，就足以让他们受益终生。

通过对课题的专心研究，李珅感悟良多。他写道："老师的一席话不禁使我想起了曾经的研究过程，从彻夜实验到参赛报名，从国赛淘汰到终评入围，我也经历过风雨，经历过彩虹，'小小科学家'已经品尝到了科学研究的艰辛……我不敢说自己已经历了很多，也不知道未来的人生道路是否平坦，可是通过科技创新课程的学习，我收获了很多，也成熟了很多。"李辰等学生在调查研究明清古炮台的过程中感受到了历史的魅力，卢光老师的学生在确定课题一波三折的过程中懂得了数学与生活的密切联系，在何文轶老师学生眼中，化学课变得如此有趣和多彩："现在化学在我眼中是一门有趣的学科，它不仅仅是为了让我们应付考试，它培养的是学生动手和动脑的能力，它充分激发了学生的创新欲望。化学科学是丰富多彩的，它具有极大的发掘空间，它能让学生放飞创造的翅膀。"这样的收获，这样的认识，显然是来自科技创新活动的特有体验，很难用考分进行衡量和评价。

其实，学生们的收获远不止这些。通过课题研究的洗礼，他们知道了如何面对成功与失败，怎样承受各种打击；他们开始尝试着书写论文，一遍遍的修改使他们体验着别样的进步与成功；他们学会了如何与人交流，怎样与人合作，如何分担他人的工作甚至痛苦；课题研究占用了一些课堂学习时间，这让他们更懂得了珍惜时间的内涵；他们学会了感恩，知道了互助，在研究中他们成长着，成熟着……这些可爱的学生，他们身上仿佛有无穷的活力，不时迸发出令人惊异赞叹的创造激情。对于一个正在成长中的学生而言，这些素质和能力的获得比任何奖项，比任何考试都珍贵。人们常说，学生是学校的产品，但两者有本质的不同。一般产品在离开产地时，是其质量最好的时候；而学生则不同，当学生离开学校的时候，他远没有达到其一生事业的顶峰。学校给予他的，只是准备飞跃的条件和未来发展的基础。在高中开展科技创新项目的探究，不单是学习方式的变换，育人才是其中的根本。

学生的进步和成长，帮助老师们重新认识了他们。郭迎霞老师的两个学生在难以取舍由谁作代表去参加小小科学家大赛时，都做出了放弃的选择。郭老师在这看似可惜的选择背后看到了学生的成长。她动情地写道："经过这半年多的精诚合作，他们已经成为荣辱与共、无话不谈的知心朋友，这是他们共同研究的成果，他们都不想窃为己有，所以宁可放弃这唯一的名额，而要联手在明年的创新大赛中一试高下。多么了不起的决定，多么艰难的选择，又是多么明智的抉择。我真的从心里佩服他们，他们成熟了，做出了最正确的选择。"当薛升远老师克服困难终于找到能为学生继续研究提供帮助的实验室时，他曾非常担心他的学生会因给别人增加麻烦而使其课题研究难以为继。但学生们却创造性地通过帮助实验室老师带孩子实现了互利双赢。薛老师先前的担心变成了赞叹，他突然发现学生身上还有很多未被自己发现的潜质："几个人不停地述说着一天的感受，我突然发现，我以前的反复交代是多余的。在研究中，要放手让同学们自己去学习与他人相处，也许他们会做得更好。"如果没有课题研究的合作，没有和学生一起经历项目研究的成功与失败，我们的郭老师和薛老师恐怕很难如此深刻地了解和理解他们的学生。正是在这一次次对自己熟悉的学生的再发现中，教师们感到他们的生活虽然辛苦和忙碌，但却充满激情，更有意义和价值。教师们在帮助和伴随学生进步的同时，也在书写着自己难忘而感人的专业成长的历史。

实践证明，科技项目研究是科技教师和学生共同成长的摇篮。

虎符算法成功的秘密
——龚鹏老师和他的学生们

教师简介

龚鹏，1999 年毕业于东北师范大学物理系，现为东北育才学校中学一级教师。在担任学校科学研究实验室指导教师的几年时间里，积极开展针对中学生水平的单片机等电子专业课程、计算机网络知识课程和相关的动手实践活动。善于把握创新教育理念，并鼓励学生将所学的知识应用到创新型科研项目中去。几年来，所指导的学生项目在全国青少年科技创新大赛中取得优异成绩，4 人获得全国竞赛金牌，8 人获得全国竞赛银牌，2 人获得全国竞赛铜牌，26 人获得省级竞赛一等奖，四十余人次获得市级竞赛一等奖。2004 年 11 月被团市委授予"沈阳市优秀青年知识分子称号"，2004 年 8 月获得中国科学技术协会"优秀科技教师"提名奖，2004 年 10 月被中国科协青少年科技中心授予"优秀教师"称号，多次被辽宁省科学技术协会授予"优秀科技教师"称号。

教师日记（2005 年 4 月至 2005 年 12 月）

4 月 15 日

学校将在本学期期末承办"聚焦课堂"活动。学校领导表示一定要把它办好，办出育才学校自己的特色来，为此，我们几个老师一起提议并请示校领导，决定在"聚焦课堂"正式开始前，举办一次科技节活动。

除了安排省科协专家的讲座之外，科技节期间我们还打算开展一个"项目孵化"活动。给学生们发一些征集表，征集学生们自己的想法，其中有价值的直接送到我校的四个科学实验室进行孵化。说实在话，我并不指望这其中会出现可以直接拿去参赛的项目，能够通过这个活动挖掘出几个有培养前途的学生才是我最希望看到的。

一切进展顺利。短短的一周里，我们邀请了来自美国的华裔女科学家到我校讲座，让学生们认识什么是真正的科学家。同时，还邀请省内有关专家上门解答学生关于创新大赛的种种疑问，并进行动员。通过一周的"熏陶"，学生们对科技创新的理解应该会上一个新台阶。

3天后，项目征集表堆到了我们的办公桌上。其中我负责的工程学最多，竟有400多份！这大大出乎我的预料。我们商量了一下，决定先筛选出一批比较对路的题目，请专家来对项目的可行性进行分析，然后让学生一起听取专家对项目的意见。事不宜迟，说干就干。

虽然学生参与的热情很高，但上交的征集表质量却不太好，其中有一些根本就不合逻辑。不过，有几个学生的想法倒还真是让我眼前一亮。其中，最让我感兴趣的是王一洲同学的想法。虽然交上来的项目因缺乏实验条件而难以实施，但从文字上可以看出他的思维能力很强，提出的题目和解题步骤对路。不久前，实验室有人推荐过他，说他计算机方面的能力挺强，我决定找他来谈谈。

4月22日

今天上午，我把王一洲叫到了办公室，和他做了简单交流后，我告诉他想让他参加创新项目研究。我今年打算带一个计算机网络方面的题目，最好是一个研究课题而不是一个小制作性质的项目，这样能更有意义一些。我觉得王一洲适合做这方面的题目。

下午，省青少年活动中心主任来学校作专题讲座，介绍了创新大赛的性质规则和一些往届的优秀项目。对学生们提出的问题，主任都一一作了解答，会场气氛很好，学生们都跃跃欲试。

4月26日

按照计划，今天下午是项目答辩会。工程学会场请来了我们实验室在中国科学院自动化研究所的两位辅导老师进行点评。会上，学生分别介绍了自己的项目，两位辅导老师对项目的可行性提出了意见。不只是学生，我也感到收获颇丰。利用这次机会，我又吸收了一部分新成员到机器人实验室，有朱天禹、王高楠等，希望这几名同学的加入能为实验室注入新鲜血液。

7月21日

今天，全校刚开完总结大会，王一洲就给我来了一个电话，意思是想搞无线网络安全方面的题目。这个方向很有新意，让我眼前一亮，往届学生的项目里还真没有研究这方面的。我立刻在电话里表示支持，并让他赶快查查相关资料。

7 月 23 日

又是一个假期。按照惯例，实验室的假期活动又要如期展开了。

今天，朱天禹找到我，问了我一个问题：什么是无线网络？这让我很惊奇，难道王一洲把他的想法告诉朱天禹了？不会吧？难道是两个学生的想法不谋而合？我故意只简单作答，剩下的内容交给朱天禹自己去查，借机考查一下她独立探索问题的能力。如果她行，这个项目就让她与王一洲一起来做。

7 月 24 日

今天早上走进实验室，朱天禹看到我就小跑过来，报告过去 24 小时的研究成果。看到她兴高采烈的样子，我也被她感染了，当即决定让她与王一洲合作做这个项目。不过由于这个课题难度较大，加上朱天禹以前从来没有接触过这方面的知识，我决定先不告诉她，让她自己研究一段时间看结果再说。说实话，我是怕她坚持不下去。

我拿定主意后，没有像以前那样表扬她，而是采取了"激将法"："你的想法都太简单了，无线网络方面还有很多内容呢，这些只是沧海一粟。"我又往无线网络安全方面作了些引导，补充道："既然我们昨天谈到了安全问题，就着重查查这方面的资料吧，每天向我汇报你的进展。"最后，我没忘记留下"每天检查"这句话。当老师这么多年的经验告诉我，有时候这最后一句话很管用。

7 月 29 日

校领导决定在校园内部布上无线局域网，这几天一直在忙活器材采购的事。有一个问题还真把我难住了：户外使用的大功率 AP 价钱贵得要命，"如果都采用他们的方案的话，资金肯定不够，能不能另辟蹊径呢？"

上午继续到三好街"寻宝"，结果还真发现了"宝贝"。一家做网络周边设备的公司卖一种防水盒，50 元一个。这让我突然想到：如果买一个普通的 AP，装进防水盒里，然后再弄一个专用的天线，不是也可以解决问题吗？至于功率问题，就要用信号放大器了。我以前倒是做过一个类似的，现在估计还可以 DIY 出来……总共算下来，一台 DIY 户外大功率 AP 的成本不会超过 1500 元，比起 D－Link 的要便宜七八千元呢！

看来，现实生活中处处都需要创新精神。最近几年我一直负责学校的科技创新项目研究工作，创新意识已经潜移默化地影响着我的工作与生活了。

刚回到办公室，朱天禹就找我来了，她递给我一叠纸，标题写着：破解

WEP 密钥过程全解。我知道，类似的文章在网上已经非常有名了，简直"铺天盖地"。不过，朱天禹的进度还真喜人，她已经发现了 WEP 存在缺陷这个问题。我趁热打铁，继续引导："其实不单单是 WEP 算法存在缺陷，其他算法也各有各的不足之处。你可以再查查资料，专门看看各种算法的缺点。"朱天禹满脸羞愧，我本想再鼓励鼓励，刚要张口她就走了。不过以往的经验告诉我，育才的学生都有一种不达目的决不罢休的精神，对一件事不会轻易就放弃的。想到这儿，我也就没再说什么。

9 月 1 日

今天王一洲来找我，刚见面还没开口，就能从神情上看出来，这个假期他肯定收获不小。

谈话中，王一洲提到了椭圆曲线算法。这个算法比较新，国际上的相关应用还比较少，难度较大。我让他先试着研究一下，实在行不通再考虑其他的。

由于这个项目工作量较大，不久前我产生了把它变成集体项目的想法。除了朱天禹，还有一个王高楠，在实验室的表现也不错。我把这个想法跟王一洲商量了一下，征求了他的意见。意见达成一致后，我便把三个人叫到一起，正式确定组员，王一洲做组长。最后，为了使三个人的进度取得同步，我决定让他们三个人每周一中午开一次会，这样能提高效率。

9 月 21 日

上午王一洲打来电话，问我下午是否有时间。我推掉了其他安排，准时来到了实验室。

刚一进门，就看到三名学生已经在那里讨论得热火朝天了，看他们的神情，我猜想一定是有什么重大突破了。

王一洲激动地站起来说："老师，我找到了一种全新的加密方法。将待加密数据拆分，其拆分的规律作为密钥传给对方，第三方没有拆分的规律，就不知道如何还原。这样问题不就解决了吗？"我一听，还真是那么回事。紧接着，他又向我陈述了这样做的优点。其中的一句话引起了我的注意："只有对方收到这个规律之后，把数据填回才能还原。"

截出，拼回去……与原来的位置吻合，从而得到明文……这不正像古代战争中使用的"虎符"吗？我把这个想法告诉了他们，没想到他们几个都愣住了，原来他们并不清楚"虎符"的含义。

"虎符就是古代打仗时君主赐给将领的兵符，外形就是虎的形状，能分成两半，中间有不规则的锯齿，将领带兵出征时，带上半个虎符，君王要对远在边疆的将领发军令时，就命使臣带上另一半虎符到边疆去，当两半虎符能够拼合时，将领才会听令。这样就能防止居心叵测之人假传命令，有利于加强中央集权。""如果你们有兴趣，可以再查查，这方面的故事很多。"我解释道。

"对了，老师，既然我们的算法跟虎符挺像的，那就干脆叫'虎符算法'吧。"王一洲眼睛一亮，兴冲冲地说道。

我并没有急着下结论，而是看了看朱天禹和王高楠的神情。他们也和王一洲一样激动，还不住地点头。于是我说："好啊，如果你们几个都同意，可以这么叫。"看着他们激动的样子，我内心也很激动，这个项目终于有名字了，而且是一个很不错的名字。

10 月 17 日

今天下午，他们几个讨论算法的细节，我参加旁听。

王高楠说："如果被拆分的块数增大，安全性也会提高。"

"很对。同时，如果一次处理数据包的个数增加，加密强度也会大大提高，就好像是一叠纸，10 张放在一起，这张纸撕一块，那张纸撕一块，打乱之后，如果不知道撕下的确切位置，复原的可能性会更小。"我接着王高楠的话往下说。

这个想法是有一天我在下班的班车上想到的，当时多亏用手机记了下来，才没有忘掉。看来，灵感这种一闪即逝的东西是确实需要及时定格的。

"这个我们还真没有想过，老师，您太厉害了！"王高楠瞪大了双眼看着我。

"那多个数据包为一个单位，其中的延迟怎么处理？"王一洲紧接着问。

这个问题问得确实不错。"不错，延迟确实存在，但我们这个软件可以先设计成文件传输，针对高实时性问题，我们可以以后再研究，再者，我们可以在软件中加入相关选项，特殊情况下可以把这个功能关闭。"我说。

"我还有一个问题，我们加密的对象是针对数据本身，还是将数据先用一个简单的传统加密算法进行加密之后再进行处理呢？"王一洲问道。朱天禹也提出了一些问题。针对他们的问题，我一一提出了自己的看法与他们讨论。说实话，我已经带了几届科技项目研究小组，还没有见过像他们这样出色的学生，心里充满着喜悦。

最后，我让他们几个回去好好研究一下"加密组"的可能性，接下来研究细节内容。如果认为没什么问题，就把最终的流程图画出来交给我。

10 月 19 日

又是开会时间。随着提交项目结果的日期一天天逼近，我开始把工作重心放到他们这个项目上来，每次开会必到。

此前一个星期，他们重点研究了如何使虎符算法变得更强大的问题，找到了解决方法，工作效率还是蛮高的。

会议快要结束时，他们郑重其事地把算法最后的流程图交给了我。我看到以前指出的几个不严谨的地方，他们都已改正，还真是找不出什么问题了。

我告诉他们，可以开始写论文和编程序了。我说："王一洲，你读过很多科学论文，对论文的写法应该很清楚，跟朱天禹和王高楠讲一讲。不过，CASTIC 的论文有些自己的规矩，我这里有一份文件，你们可以看看。同时，电脑里还有你们学长参赛的论文，你们可以看看。"

11 月 8 日

今天王一洲找我诉苦来了，谈的是关于编程序的问题。由于另外两个学生计算机水平相对低一些，所以我在他们小组分工时，建议把编程的任务交给他。现在其他两位同学的任务基本完成了，编程的重担全压在他一个人身上，他感到难以承受。

的确，让一个高中生编写这样一个艰深的程序，难度确实很大。但是我相信他的能力："没关系，你先找一些基础的书籍读一读，再看看相关程序的源代码，一定能悟出一二。记住，要以实践为主，很多理论的东西你尽可以跳过不看。"我又对他说了一些鼓励的话后，他的情绪稳定多了。

11 月 30 日

最近两周一直没有过问他们几个的研究进展，今天，王一洲得意地拿着程序找我来了："编完了，别的不敢说，但至少运行速度我个人已经比较满意了。"

我找来两台电脑，分别运行两端程序，发现确实编得不错，界面一目了然，而且可以在后台运行，不影响其他操作。我很激动，我真的没有看错他！

我当即决定，下周利用学校的网络做实验，看看实际效果如何。

12 月 3 日

今天，我把三个人找来，准备做算法实验。同时，他们还带来了论文初稿，我对他们的工作效率大大表扬了一番。

实验结果令人满意，加密算法没有影响网络传输，其速度基本与未开加密的情况下一致。同时，软件的各项功能都可用，实验期间也没有发生死机等问题，看来这个软件合格了。

考虑到将来可能要用到这些，我让王一洲把整个实验的数据进行了记录，并把程序运行情况进行了截屏。

12 月 7 日

　　论文文笔不错，上下文也挺有逻辑性，可是越读越发现结构有些问题。

　　首先是前面内容太长，影响文章中心思想的阐述。其次是后面的实验部分偏短，不能很好地说明虎符算法的"应用"。

　　我把他们找来，经过讨论，决定把文章开头比较算法优缺点的部分作为附件放在最后。同时安排王一洲把实验部分再详细地补充一下，同时负责论文的修改定稿。

12 月 16 日

　　今天，王一洲把修改后的论文用电子邮件传了过来，改动之后的论文规范了许多，我又对其中几个小问题进行了改动，大功告成。

　　这个项目可以告一段落了。接下来就等着学校展评了……这个项目，是我到育才学校以来最轻松、最愉快、最难忘的一次！

学生日记（2005 年 4 月至 2005 年 12 月）

王一洲

4 月 22 日

　　今天上午，班主任老师突然找到我，说机器人实验室的龚老师让我去一趟。这让我丈二和尚摸不着头脑，我又不是实验室的成员，找我干什么呢？

　　对龚老师可是早有耳闻，不过近距离接触还是头一次。龚老师年龄二十七八岁，带着眼镜，文质彬彬的样子，见到我一脸的笑容，很平易近人。我心中的紧张感也很快烟消云散了。

　　龚老师拿出一叠纸，我仔细一看，这不是我们前几天交上去的研究项目征集表吗？难道我的项目被选中了？由于时间挺紧，我当时只是把自己几个幼稚的想法写上应付了事。

　　为什么说是"应付"呢？这就说来话长了……

　　我第一次接触电脑，是刚上小学时。那时很多人用电脑，除了做点文字处理之外，什么也干不了，而我却疯狂地迷上了这个新生事物。小学二年级，在我的软磨硬泡下，终于从父母那里得到了第一台属于自己的电脑。那时候的操作系统非常不稳定，隔三差五就死机、中毒。即便如此，我还是从中逐渐积累了一些计算机知识。从小学到初中，又先后换了几台电脑，我的计算机知识也是突飞猛进，同学们都公认我是计算机方面的"小专家"。

到了初中，噩梦降临了。与小学完全不同的学习方式和一下子加重的学习负担压得我透不过气来。同时，父母也开始限制我与电脑的"亲密接触"。我心里虽然充满了痛苦，但也无奈，只好化"悲痛"为力量，与其他同学一样，在题海和补习中煎熬，为争取考上一个理想的大学而奋斗。

就这样熬到了初中毕业。刚上高中时，学校的四个实验室开始选拔学生，我也跃跃欲试。刚把这个想法告诉父母，就被驳了回来，原因很简单：努力学习才是正路。有了这次的经历，对这次科技创新项目，我当然也就想也没敢想，只是把这两张表当做任务完成，交上去完事。

正当我胡思乱想时，龚老师开口了："这次找你来，是想让你一起搞个项目。我听说你在计算机方面很有天赋，同时看了你交上来的征集表，觉得你的想法很对路，就把你找来了。"我激动得一时说不出话来，天啊，我做梦都没想到自己能有机会参与到实验室的项目中来！

这时，龚老师翻出了两页纸，说："这是你交上来的项目问卷，我与省里的几个专家商量了一下，觉得你的想法虽然很好，但实施起来难度较大。像你写的题目，只有东芝、索尼这样的国际大公司才有这样的实验条件，而我们是在沈阳啊，这样的想法是不现实的。"龚老师所说的这个想法，是指我提出的"投影机色温智能校正系统的研究"。经他这样一分析，我才意识到实施起来确实难度很大。

"我知道这个征集表下发得有点匆忙，在这么短的时间内产生一些好想法也是不现实的。我看不如这样，你回去之后再好好想想这个问题，细心观察生活，应该会有好的灵感出现。如果有想法，一定要用本子记下来，然后告诉我，打电话或直接找我都可以。你有什么想法？现在可以提出来。"这倒弄得我有点紧张了……略微停顿了一会儿，我突然想到一个问题："老师，您认为我应该往什么方向考虑比较好呢？"

"既然你的爱好和特长是计算机，就往计算机方向考虑吧，正好我也打算带一个计算机方面的题目。而且，最好是研究一些高层次的东西，比如一些核心的协议，与算法相关的题目等。"

"比如说吧，去年姚宏庆的题目，是关于 OSPF 算法的，得了全国二等奖。如果你愿意，也可以往网络方面考虑。我在这方面还比较熟，能帮得上你。"姚宏庆这个名字对于我可说是如雷贯耳，在教学楼门口的宣传板上就有关于他的介绍，现在已经被保送到华南理工大学了。

我壮着胆子，又说了些我的想法，龚老师更像一个朋友，丝毫没有老师的架子。

正要走出办公室时，老师叫住了我，说："周三下午有一个项目论证会，我还要挑选一批学生。至于你呢，已经被'提前录取'了。如果你有时间，可以去听听。"我听了心里更是激动，忙说："谢谢老师，到时候我一定去。"走出办公室，我的大脑也开始飞速运转起来。

等我的思绪回到现实中时，才发现已走到了教学楼。上课还是迟到了，伴随着老师愠怒的眼神，我灰溜溜地跑回自己的座位。

最后一节是历史课，可我的思绪早就飞到九霄云外了，如何找到一个好选题是目前的头等大事。由于我平时比较留意这方面的内容，思路是有一些了，只是还不太成熟，所以决定中午到实验室浏览一下往届获奖的论文，希望能从中找些灵感。下课铃一响，别的同学都快速奔向食堂，而我则匆匆向实验室跑去。

我还是头一次来机器人实验室，心情别提多激动了。只见宽大的屋子里，几台电脑排列开来，对着电脑的是一长排椅子，蓝白交映，错落有致。环顾四周后，屋内一角书架上的一本书吸引了我的目光。是《第20届全国青少年科技创新大赛获奖论文集》，这真是如鱼得水。我立马打开电脑，装入随书附带的光盘，开机的速度真慢，可能也是我心急的缘故吧。

幸亏我多留了一个心眼，在电脑里设定了"计划任务"作为闹钟，否则又要迟到了。通过一中午的研读，我已经对创新大赛的论文结构样式、选题方向等有了一个大概的了解。同时心中也有了更大的疑虑，我能行吗？

回教室的路上，我突然想到一个严重的问题：父母会同意吗？从上午开始被突如其来的机会冲昏了头脑，却忘记了"早请示，晚汇报"的传统，这可让我如何是好！万一父母不同意怎么办？一个念头闪过我的脑海：干脆一直瞒着父母吧！可这个想法还没在大脑皮层中停留1秒钟，我就意识到太不现实了。如果真的参加的话，资料的准备等问题不都需要父母的支持吗？再说，这么大的事怎么能瞒得过父母？

想到这些，我决定改变策略，开始考虑一个长达 N 分钟的演讲提纲。可能是考虑得太投入了，等我回过神来才发现自己并没有往教学楼走，而是围着信息中心兜起了圈子！完了，要迟到了！我赶紧拿出向食堂冲刺的速度向教学楼奔去，可还是迟到了。

"长夜漫漫，无心睡眠。"回想着今天的事，我丝毫没有睡意，翻来覆去了一个多小时，一想到"父母会不会同意"这个问题，便睡意全无。寝室有3位仁兄同时打呼噜，戴上耳塞都防不住。望窗外，月明星稀，长夜无边。

哎，你说父母到底会不会同意呢？

4 月 23 日

今天回家，昨晚没睡好觉，上了校车就开睡，直到终点。

回到家里，先对着妈妈演讲了一通，奇怪的是妈妈什么也没说！

到了晚上，我又准备把"加长版"的演讲稿对爸爸讲一遍，谁知我刚说出"学校想让我参加科技创新项目的课题研究"这句话，爸爸就说："好啊，我支持你。"

啊？是不是我听错了？我屏住呼吸接着听。"以前我和你母亲都挺支持你研究电脑，后来因为文化课的原因，限制了你一段时间。不过，这个创新大赛是国家举办的，如果有了成果会得到国家的认可，当然是好事。"爸爸认真地说。

折磨了我一天一夜的疙瘩就这样被轻易解开了，真是出乎我的意料之外。同时也有点后悔，就这么一个小问题，却让我耗费了这么多脑细胞，真有点庸人自扰。

4 月 26 日

今天下午是项目论证会，我如约走进龚老师的办公室，然后跟随他到了会场。

论证会的气氛很不错。前来指导的教授们平易近人的学者风范深深地感染了我。不知不觉两个多小时过去了，在场的同学都可谓获益匪浅。会上有些同学因选题出色被实验室破格吸收为成员，我甚至有点嫉妒他们了。

会议结束后，龚老师对我说："王一洲，你可以进机器人实验室，如果想来的话，明天写个条给我，我签个字就 OK 了。"

从明天起，我就是机器人实验室的成员了！爽啊！我高兴得差点喊了出来。

4 月 30 日

自从接到任务以来，我的生活变化了许多。作为一个快要步入高二的学生来说，课业负担是很重的。为了在学习与项目之间取得平衡，我更加抓紧一分一秒的时间，浑身仿佛注入了兴奋剂，干劲十足，目标也更明确了。

马上就放五一长假了，我可一定得好好利用这个机会，争取多查一些资料，找到一些好的灵感。

6 月 1 日

我现在可明白了，拿出一个好题目真是难。也再次验证了这句话的正确性：选出好课题就是项目成功的一半。一个多月过去了，课题拿出了不少，可都被龚老师否决了。不过，通不过也是正常的，因为我自己对这些都不满意，怎么能让别人满意呢？

6 月 10 日

时间一天天过去，我的耐心和兴趣也在一天天减退，甚至有点厌倦牺牲午睡时间去龚老师办公室开会的生活。不过，转念一想，老师还没觉得累呢，我是不是有点……再加上龚老师的鼓励，我决定咬咬牙坚持下来，相信好题目一定会出现。

6 月 16 日

为了在短期内系统地学习到相关知识，我决定自学 Cisco 的 CCNA 和 CCNP认证。本来目标是 CCIE，可是考虑到有限的时间和 CCIE 的局限性，我决定还是再等一等，毕竟 IT 认证有很多不完善的地方。

7 月 14 日

啊！期末考试终于结束了，暑假接踵而至。别人都在为放假而雀跃，而我却因为选题的事而愁眉不展。天啊！真的就这么难吗？

7 月 18 日

早就想买一台 ThinkPad 笔记本，最近有一批"香港学生机"价钱合适，质量也不错，就订购了一台。为了迎接笔记本的到来，我特地到三好街弄了一台 D‑link 的无线 AP，用来无线上网。

说来也巧，上午刚刚搞定 AP，下午电脑就到了。迫不及待地打开包装箱试机，我激动地接上 AP 的电源。一直就想尝尝无线网络的甜头，可是家里的笔记本电脑都太老，没有无线网络功能，加上有线网络速度快，用着也很好，就懒得去配置无线网了。

AP 的加密方式，IP 地址一路配置下来，非常顺利。轮到客户端这边时，一个意外的事情发生了。当我在 XP 中搜索可用的无线网络时，一下竟搜到了四五个可用网络。当时很吃惊，仔细一想，可能是这栋楼里其他家庭或者公司建立的吧。再仔细一看，其中竟有两个网络连最基础的加密措施都没有配置。进行了多年"黑客"活动的我自然不会放过这次好机会，便选中了其中一个网络连接。

很快连接建立，不过电脑没有 IP 地址，没什么用。这时，我的目光定格在这个网络的名称上：Netgear。这位兄弟可够厉害的，买回来 IP 连网络标志都不知道改一改，这下我可有空子钻了。到网上查了一圈，成功地找到 Net-gear AP 的默认 IP 段：192.168.0.X。随便输入一个该网段的 IP，一切搞定。

配好网关就可以上网了。我随便试了几个经典 IP，比如 192.168.0.1，192.168.0.100 这样的地址，都没碰上。

这下需要请大名鼎鼎的 Sniffer 出手了。这个软件是著名的局域网络嗅探软件。虽然我对局域网络了解不深，但其特性我还是清楚的，正好这个软件能派上用场。其实，我对别人的资料没兴趣，也没心情去搞破坏，只是想用人家的网络上网试试。既然找不到网关地址，只好搜集些数据包，从数据包中可以很简单地找到网关。事实证明我的推理是正确的，没捕获几个包我就找到了网关地址。看来就是一个普通的宽带路由器。上网的兄弟正在玩联众游戏。

用这个网络上了会儿网，决定继续试试另外几个网络。重新搜索一下可用网络，有两个网络用了 64 位的 WEP 加密。记得几年前看过一篇文章，是关于 WEP 的低安全性的。相信国外高手已经有相关的破解程序包可供下载了。上网 Google 一下，果然，不但国外有了攻击资料，国内的译文也已经层出不穷。找了一篇长文研读下来，发现过程实在是简单，值得一试，但是需要 Linux 系统。这东西以前接触较少，提起来有点心虚，不过，要是不去试试就永远也不会了解，何况这是个接触 Linux 的好机会。

连上自己的 4M ADSL，到网上下载了 Auditor 的工具包，刻成启动光盘，总共用了不到 15 分钟。把光盘放入 ThinkPad 的光驱，开始加载 Knoppix 核心。很快，加载完毕。各驱动运行良好，除了触控板，所有的设备均被识别出来。尤其是无线网卡也被成功识别，真是幸运。

接下来的过程比较简单，按照文章上写的一步步做就是了。先是采集数据包，然后就是分析。对方的数据流量很大，估计是在用 BT，不到 20 分钟，数据包就已经采集够了。再用 10 分钟，密码就出来了，看来迅驰 2.26G 的 CPU 确实很强。你别不信，破解过程就是这么简单，就像文章作者所说："具有初级计算机水平的人即可完成破解工作。"

接下来，我决定挑战 WPA，正好有一个网络采用了该种加密，决定试一试。继续上网找资料。果然是比较新的算法，国内连一篇破解的文章都没有。把范围扩大到国外，果然，有成功破解的先例。按资料所说，WPA 的破解成功率还不太高，但这丝毫没有减少我的热情。

既然这种加密方式安全性较高，我决定保守一点，多搜集些数据包。于是，电脑开了一下午。傍晚，估计是公司下班了，数据包的增长速度明显变慢，到最后一秒钟才有几个。无所谓，明天白天继续吧。

7 月 19 日

今天继续搜集，傍晚回来一看，快 100 万了，这个数量应该够了。打开分析软件，开始破解进程。

为了加快速度，我采取了"分布式运算"思想，让软件把截获下来的数据包分成大小相当的两个部分，交给两台电脑同时处理。另一个台式机配置了双至强 3.2 的 CPU，内存有 4 个 G，这个级别的电脑，加上浮点运算能力的迅驰，应该会很快算出结果。

过了两个小时，我到电脑前看看进度，惊喜地发现结果已经赫然显示在屏幕上。密码是"19821218"。估计是那个人的生日，用自己的生日数字作密码，还不加任何字母，真是弱上加弱的口令。

通过这次破解工作，我才真正意识到，无线网络的加密技术原来是这样的薄弱。说实话，这是我做过的比较简单的一次攻击破解。这样下去，谁还敢用无线局域网？虽然早就听说了这个问题，但自己亲自试一次与听说是两个完全不同的体验。

这两天的经历让我陷入了深思，为什么我不去研究一下这方面的问题呢？这个念头在我的脑海里一闪而过。我差点激动地跳起来：天啊，研究方向终于找到了！

事不宜迟，我立刻给龚老师打电话把自己的想法说了一下。老师听了也认为这个方向比较新颖，让我找些相关资料，看看是否有可操作性。

7 月 23 日

这两天一直在查有关无线网络安全的资料，先从基础开始，在网上看了些国内写的文章，大部分都没什么实质性内容，倒是"WAPI"这个词吸引了我的注意力。这是我们国家自己开发的标准，可惜由于多种因素的牵制，发展得步履维艰。

到国外网站转了一圈，由于很多概念都不清楚，文章看起来很吃力。这时我想起了一个非常好的工具：维基百科。这上面一定有很多资料。果然，从协议的介绍到核心的算法描述，应有尽有。我如获珍宝，二话不说开始研究起来，一看就是半天，连中午饭都没吃。

7 月 27 日

研究了几天的基础内容，我对各种算法的结构和优缺点已经有了大概的认识，于是准备看看国外高人写的论文。搜索论文不是什么难事，到 Google 的论文搜索里就能找到，不过基本都是英文的。这也说明国内对这方面的研究还不是太多。

下午去三好街抱回了一台激光打印机。最近浏览的资料太多了，龚老师建议我们看到有价值的资料就要打印出来，最好装订成册，这样方便以后查阅，同时对自己来说也是一份宝贵的财富。

8 月 5 日

天气越来越热，我已经好几天没出去活动了。一直待在家里钻研论文，了解的越来越多，心里就越来越犯嘀咕：现有无线网络的弱安全性确实存在，可是国外很多组织和公司已经给出了相对完整的解决方案，既然这样，我们还有研究的必要吗？

我把这个疑问告诉了龚老师，他说："没关系，我们只要在庞大的协议细节中找出一个小问题，并给出一个解决方案就可以了，哪怕很简单，只要有创新就行。没有求全求难的必要。"

于是，我把注意力放在了协议本身的缺陷上，试图从缺陷中找到些灵感。既然是找错，就要首先把人家的协议弄明白。为此，我使出浑身解数，到网上找了些主流协议的白皮书，啃读了起来。

8 月 12 日

研究了一周的协议文本。WEP，WPA 和 802.11i 的流程细节已经了解得差不多了。唯一头疼的就是 WAPI，在网上查不到什么资料，只有一个协议的大概描述的 PDF 文档，而且还是英文的。这让我很迷惑：咱们国内的算法怎么连一篇像样的中文文章都没有呢？目前只知道它用的是椭圆曲线算法，认证过程有点像 802.11i，其他的就不知道了。

不过这让我知道了椭圆曲线算法（ECC）的优越性：可变化性强，可以在加密位数很少的情况下达到以往加密算法的加密强度。我们的项目也正需要一个算法作为借鉴，为什么不在这方面研究呢？

又到网上查了些 ECC 的入门资料。天啊，怎么这么多高等数学知识啊！我一下子就晕了。

9 月 1 日

开学第一天，我就找到了龚老师。龚老师一脸疑问："我找你好久了，本来想让你假期到实验室参加活动的，打电话也找不到你，怎么回事啊？"

我这才想起，换了手机之后忘记告诉龚老师了！正当我对错过假期活动追悔莫及时，龚老师又露出了笑容，说："项目研究得怎么样啊，有没有进展？"我把研究 ECC 的想法跟老师说了，老师也认为可以试试，不过难度比

21

较大，如果实在不行再走别的路也可以。

接下来，老师郑重其事地对我说："由于这个项目是研究性质，工作量较大，而且难度也挺高，我考虑再吸收两名同学协助你一起完成，让你做项目组组长，怎么样？"

我一下子没反应过来：我要当组长了？我按捺不住内心的激动。进行科学研究的同时还能锻炼自己的管理协作能力，这样的机会真是太宝贵了，我一定要抓住！

我连连点头，"太好了，老师，我一定会努力当好组长的。"

当上组长，意味着工作量的加大和肩负更多的责任。想到这里，我还真感觉到了任务的重大。

9 月 4 日

今天中午我们开始了"例会征程"的第一步。

龚老师对我们 3 人分别作了介绍，并任命我为项目组组长。我对我们各自负责的部分进行了分工：我负责计算机部分和总体，朱天禹和王高楠负责涉及数学运算的部分。同时，朱天禹负责以后的会议及研究记录。

然后我开始让朱天禹和王高楠查一查 ECC 的资料，并推荐了几个网址。

最后，老师给我们定了"约法三章"：

1. 时间紧迫，项目最好在 12 月份之前成型。
2. 以后每周一中午在实验室开会，如有需要再增加次数。
3. 多搜集资料，经常整理，每次会议要有一个人记录。

9 月 11 日

这几天没考虑算法。我想，既然是做一个安全加密项目，与其单独研究算法本身，不如建立一个集认证、加密于一体的相对完整的安全模型。经过无数次的"发呆"，认证部分的思路初步有了头绪。

又是实验室活动时间。看到朱天禹和王高楠的表情，我就估计进展也不顺利。看来我们高中生是无法研究这样一个新生事物的，还是另走一条路吧。

经过前一段时间的充电，我个人认为既然 ECC 行不通，那第一个候选项目就应该是 AES。相对来说，此算法是目前最可靠的算法，其细节已经完全公开，且相关资料很多，不如在这上面下些工夫。我们 3 个达成一致意见，决定下一步研究 AES。

9 月 18 日

又是"Meeting Time"。不知怎么回事，最近头脑特别不清醒，尤其是中午开会的时候。多亏朱天禹对每次会议进行了记录，否则我都记不住上次的讨论内容了。

今天我们交流 AES 的研究体会。研究算法的时间太长了，我已经产生了"审美疲劳"。看着另外两个人讨论的激烈劲儿，我就特郁闷：人家的精力怎么就那么旺盛呢？正当我胡思乱想之际，王高楠的一句话引起了我的注意："为什么算法的加密对象都是针对整个数据进行运算呢？如果只计算一小部分，能不能达到相同的目的？"

"不大可能吧，就像明文，我只加密一句话中的一个字，那破解者还不是可以通过上下文猜出这句话的意思吗？"

"不见得。明文是明文，计算机在传输介质上传输的是二进制的数据流，这两者有很大区别的。我记得前一段我在网上找到一篇文章，给你们两位看了。里面提及了一个重要理论，叫做……"

完了，我这臭记性，关键时刻又记不住了，那个理论的名字就在嘴边，可就是说不出来，急死我了！

这时，朱天禹和王高楠同时叫出来："雪崩效应！"

我们 3 个同时得意地笑了。

"根据雪崩效应，经过特定规律输出的二进制数据更改一位后，反向处理出的数据也会有很大的不同。根据这个理论，我们完全可以设计出一套相对简单的算法，而且，这其中不需要复杂的数学模型做铺垫！"我趁热打铁地补充道。

有了理论作为基础，信心和热情的火种又随之复燃。

9 月 20 日

上次会议结束后，我们改变了研究方向。从复杂的数学方法转向了逻辑方法。可是问题又随之而来：加密步骤简单了，太容易被破解；复杂了，又不比其他的算法快。

看来想出点成果真是不容易啊……

在网上闲逛，逛着逛着就逛到了英特尔公司的网站。一直就对它最近推出的双核处理器感兴趣，正好，看看技术资料吧。

我了解到，INTEL 奔腾 D 处理器中有一个结构，专门主管任务分配。这时，一个念头从我的脑海中闪现出来：既然运算任务能够分配，那如果把数据流拆分成两部分后执行加密运算，会产生什么结果？

我赶忙把这一想法写在纸上。我发现：如果数据经过一定的规律拆分后，分成两部分，并把这个规律作为密钥传送，则非法用户在不知道拆分规律的前提下，是很难把数据还原的；如果块数增加，破解难度就会加大。

我把各种想法连带示意图洋洋洒洒画了一大张纸，准备拿到明天中午的例会上讨论。但愿到时候还能看懂……

9 月 21 日

周日晚上没睡好，上午头疼得要命。本想中午好好睡一觉，可是还得开会，惨啊。没办法，灌下一罐咖啡，继续投入战斗。

还好，昨天的想法还历历在目，只是我画的"图纸"谁都看不懂。龚老师认为我的想法很不错，可以实施。同时，他还提醒：这种加密方式很像中国古代君王使用的"虎符"。听到这句话，我眼睛一亮，"那我们项目的名字就有了，叫'虎符算法'！"我脱口而出。

今天的会议收获颇丰，我们的项目不但有了核心结构，同时有了自己的名字，真是可喜可贺！

10 月 12 日

项目有了突破，我这几天精神百倍，干劲十足。

算法的基本模型是出来了，可我们对其安全强度还是不满意。为此，我们把研究重点放在了如何提高加密强度这个问题上。

还是人多力量大，经过几次讨论，我们已经找到了好几种解决方法，比如：增加提取的块数、位数，增加提取位置的随机性等，可是，感觉上还是差那么一点点。潜意识告诉我，还有更好的办法等待着我们去挖掘。

10 月 17 日

下午实验室活动，恰好我们三个都没课，就又重温了一下高一的生活。随着课程的紧张，我们已好长时间没有参加实验室的活动了。跟往常一样，我们又开始了讨论，问了一圈之后才发现，我们都没有什么新的想法，似乎我们的灵感源泉已经枯竭，迫切需要甘露的滋润。

高一的学弟、学妹们活动结束后，龚老师过来问我们的进度。听了我们的"诉苦"后，他说："我那天突然想到，你们处理的数据包都是成对的，如果将每一次的处理个数增加为多个，那会出现什么情况呢？"

他举了一个简单的例子："拿出 10 张纸，每张纸上都撕下一块，这样再往回拼接的难度，比起两张纸拼接的难度……"

"肯定会大大增强！！！"我几乎是喊着说出来的。天啊，我们怎么就没想到呢？

王高楠紧接着说："这个我们还真的没想过，老师，您太厉害了！"

"怎么样，姜还是老的辣吧！"龚老师冲我们眨眨眼睛，得意地说道。

我快速在本上写下"引进扩展加密组的概念"这一行字，唯恐过后忘掉。

10 月 20 日

在近半个月的时间里，我们基本上是处于开会—修改—再开会的轮回状态。没办法，生怕有什么不妥之处。眼看时间不多了，为了能在 12 月份完成，老师决定让我们一边编程序，一边写论文。

程序这东西真是不编不知道，一编吓一跳。以前用 C 语言编过几个小东西，属于照猫画虎那种，结果装完 VS，就抓瞎了。大脑一片空白。到网上查了查相关的资料，才发现，自己对数据结构还一窍不通，就想编一个这么难的程序，真是人心不足蛇吞象啊！

午饭都没心情吃，赶紧跑去书店查大学课本。真是抽象，那也没办法，死啃吧。已经走上这条路了，没办法。

11 月 8 日

又买了几本书，都是涉及 C 语言数据结构的。我这才发现，以前对 BAS-IC、PASCAL 采取不屑一顾的态度是完全错误的。想深入研究计算科学，不把这两样东西学好简直是本末倒置。

现如今"开源"的风潮，让我找到了很多高手开发的源代码，最开始一行都看不懂，经过这段时间的努力也能读通一二了，颇有些成就感。

接下来就是论文。最开始打算我们 3 人分开写，每人一份，各取优点，后来发现这种方式工作量太大，不合实际，于是决定由我负责总结算法的优点及整体，朱天禹和王高楠负责算法部分，他们的数学都学得比较好。

11 月 20 日

程序胡乱编得差不多了。之所以说是"胡乱编"，是因为自己编出的程序跟那些高手比，确实相差太远。人家用两行就能表示的，我却用了近 10 行。这样的程序执行起来，电脑痛苦，人也痛苦啊！

不行，一定得优化一下。

程序编腻了就写论文。理论这方面我擅长，一下子就写了 5000 多字，还没算 802.11i 部分呢。初步打算这一部分就放在论文的开头，先分析主流算法的优缺点，从而引出我们的算法。

11 月 27 日

时间紧迫，只好请教别人。到各大 BBS 上逛了一圈，还真有很多热心人解答了我的问题，并指出程序中的错误和改进的方案。在这些热心人的帮助下，程序虽还有些累赘之处，但至少可以顺利运行了。

另两位的论文部分也已经完成，我们在一起讨论了论文的结构，接下来就是汇总工作。

12 月 3 日

今天我们利用学校的无线局域网设施，做了不同规模的几次实验。实验中我们分别开启了不同的加密强度，传输速度上已经完全超过了 WPA 算法，与安全性强度较低的 WEP 也有一拼。

经过几天的苦干，论文浮出水面，字数一万多，顺利交工。

12 月 9 日

本以为工作就这样完成了，谁知道痛苦的还在后面。龚老师指出了论文的几处重大缺陷：前面内容过长，实验部分较少。

眼看就要期末考试了，最近活动这么多，还要拿出时间再修改论文，我还真没有心理准备。

12 月 15 日

这几天，我们快马加鞭，赶出了实验部分，多亏当时实验室做了截屏，否则还真不好办。

论文前面也作了相应修改。分析算法的部分改为一张图表，忍痛把我写的那部分作为附件放到了后面。经过这样的修改，整篇论文看上去确实清爽了许多，结构上也更加科学。

结　语

到今天，我们的项目终于可以告一段落了，等待的就是评选的结果。在这半年多的时间里，我们体会到了协作的重要性，认识到了什么是科学研究，写出了我们第一篇真正的科学论文。磕磕绊绊在所难免，但这些都是珍贵的宝藏，会在我们的心底永远珍藏。

朱天禹

7 月 22 日

今天妈妈把笔记本电脑拿回家啦，好高兴！已经忍受了家里那又老又破的台式机一个多星期，我都快把几辈子的耐心用完了。求妈妈买新电脑都好几个学期了，妈妈嘴上答应着，可到现在连新鼠标的尾巴都还没见到，今天总算有一次"抱本子"的机会了。妈妈刚放下背包和拎在手中的菜，我就抢着把笔记本端进了书房。

Sony 的一款小本子，还是一个月前新买的，亮黑的外壳，看着就觉得舒服，配置比起家里的"乌龟机器"更是不知好了多少倍，开机的音乐声都好听得多。我一边找网线接口，一边看着屏幕右下角小图标一个一个地冒出来。我正要开始享受"快速上网"的乐趣，一个突然冒出的气球引起了我的注意：无线网络不可用。无线网络怎么不能用了？前几天在妈妈单位用这个本子上网时还有气球提醒我无线网络已经连接了，怎么现在就不能用了呢？虽然能用无线网时，我也从来没用过，可是这么漂亮可爱的"小本子"里竟然有什么东西不好使，我心理上难以接受，一定要把这事儿弄明白。

我故作镇定地问妈妈，怎么无线网络用不了了呢？可问题刚一出口我就后悔了，这种问题问几乎把电脑当打字机用的妈妈，算是白费口舌。谁知妈妈却说："小笨蛋，家里没有无线基站怎么能上无线网。"更出乎意料的是，还没等我追问无线基站是怎么回事，妈妈竟抢先说道，"你们龚老师不是对电脑很有研究吗？正好明天有实验室活动，到时候你问问他。"我只好把刚要出口的一肚子问题吞进肚里。哼，一定是妈妈看出我又要"烦她"，才故意岔话儿的。也好，去问问龚老师，兴许他还能给我讲更多有关无线网的知识呢！

7 月 23 日

我们学校四个实验室都有一个惯例，就是利用放假时间进行活动，这个假期也不例外。

一大早，我就赶上了开往浑南的班车，开始了属于我们这些实验室成员的假期。不过说实话，我倒觉得实验室蛮有意思的，至少可以摆脱爸妈的唠叨，有时还可以偷偷上网呢！

到了学校，我便说出了我的疑问。老师解释说，无线网络是以电磁波为载体传播信息的，因为电磁波的传输是发散的，不能人为控制它的传输路径，所以当一个发射源发射电磁波时，无论是谁，只要在该电磁波的传输范围内，都可以接收到信号。所以你才会看到"别人发给别人"的数据。"那岂不是很不安全？"我忙问。"的确有不安全因素，但是现在已经有解决部分问题的办法……"老师眨眨眼睛，停住不说了。可是他的话已经引起我的极大兴趣，我赶紧追问："有什么办法？为什么我还是看到了本不应被我看到的信息呢……"老师又眨了眨眼睛，笑道："那就要靠你自己去研究啦！"我不禁失望地撅起嘴来，刚要开口求老师多讲一些，老师却先我一步说道："好啦，我就解释到这里，剩下的内容就需要你开动脑筋，自己去探索了。你先到网上查查资料，明天你给我讲讲。"

没得到答案反而还接了任务，心里别提有多不满意了。算了，还是先详细查查什么是无线网络吧。到百度上一搜，先是一堆广告，再往后翻，一堆莫名其妙的名称映入我的眼帘，什么 Wimax UWB……看了半天才知道，这些原来是无线网络的类型。那我要查的无线网络叫什么名字呢？我刚回过头，想寻求老师的帮助，却发现老师早就走了，同学们也在收拾东西。"朱天禹，快收拾东西啊，要不然赶不上校车了！"我赶紧抓起书本往书包里塞，脑袋里却还在思考着刚才的问题。

吃完晚饭，我又打开了笔记本电脑，这时电脑上的"Centrino"标签引起了我的注意，以前看见过英特尔的广告，似乎这个标志和无线网络有点关系吧？我立刻把这个单词敲到了百度的搜索栏里，"迅驰"两个字出现了，我打开了英特尔的官方网站，是专门介绍"迅驰"的。通过阅读，我了解到"迅驰"是英特尔的一个商标，其中有一项内容——802.11 无线网络技术，这正是我要找的。

我正要继续查找 802.11 这个"新事物"时，妈妈过来了，说"行了，成天在学校鼓弄电脑，回家还玩个不停。今天挺晚了，睡觉吧。"我只好恋恋不舍地合上了电脑。

7 月 24 日

今天到了学校，我把昨天的收获汇报给了老师。本以为老师会表扬我一通，谁知听到的却是这样的回答："这么简单啊，无线网络方面有很多内容等着你去挖掘。既然你昨天提到了安全问题，就着重查查这方面的资料吧。然后每天向我汇报你的进展。"

上一个任务还没结果呢，下一个任务就来了。我真的有点生气了，不过老师的话倒唤起了我的好奇心。究竟这里面有什么安全问题呢？我打开了浏览器，在百度里输入"802.11 安全问题"这个关键字。屏幕上闪出了好多结果。"天呐，问题确实不小啊！"我打开几个链接，拦路虎又出现了：好多的术语！什么 WEP，WPA，还有什么"鲁棒性"，等等，不知道这些术语的意思，文章根本就看不懂。有没有什么网站，可以方便地查到这些术语的意思呢？

带着这个问题，我又找到了龚老师。没想到这回老师回答得很痛快："我给你推荐几个网站，其中最重要的一个叫'维基百科'。在这个网络百科全书上，你可以找到几乎任何你不知道的术语的解释。不过这里面有相当一部分词条没有中文解释，这就要考查你的英语水平喽。"

我如获至宝，赶紧回到实验室，上了老师给的网站。天啊，真是应有尽有，我怎么早不知道呢？顿时有一种相见恨晚的感觉。正当我得意的时候，却发现，我输入的词条大多都没有中文解释，或者中文解释很简单。本来我对自己的英语水平还是蛮有信心的，可一看就傻眼了，通篇布满了自己不认识的词汇。一个一个查吧，我把重要的部分打印了出来，回到家里，抱起字典，开始对生词实行"各个击破"。

7 月 28 日

这几天一直在熟悉术语。每天背个大字典，往返于学校和家之间。龚老师让我把搜集到的资料都整理到一个大夹子里，现在的资料已经把夹子塞得满满的了。

经过几天的充电，我了解到：原来无线网络是通过加密的方式保证数据在传输过程中不被第三方看到的，待传输的数据经过加密算法加密，形成谁都看不懂的密文，就不怕信息被其他人得到了。当前无线网络的加密协议主要有美国 ieee 推行的 802.1x 系列和中国的 wapi 等，应用的算法更是五花八门，如 WEP、WPA、ECC 等，而较基础的 DES 算法在改进后也仍有应用。哈哈，终于把长久的疑问解决了，感觉就像是卸下一副重担般全身轻松。可是新问题又来了：这些算法是怎样实现数据加密的呢？

网上搜索到的资料只概括地介绍了各种算法，看来我这次的"探索"行动只好到此为止了。

今天上午，我准备好好向老师"汇报"一下我的"劳动成果"，前脚刚踏进屋，里面就传来老师的声音："无线网络查得怎么样了？"老师连我"报到"的目的都知道得一清二楚！我急忙又是兴奋又是敬佩地乖乖把成果"奉上"。老师表扬了我的"刻苦"，我忙趁机提出了我的新问题：这些算法究竟是怎么"算"的呢？没想到老师没有回答我的问题，反而说："好！知其然又欲知其所以然，这才是求知之道嘛！来，我们一起查查。"老师打开他的电脑，又给我推荐了几个网站。

中午不想睡大觉，外边又热得很，我索性提前回实验室继续研究上次还没弄懂的 WEP 算法。

随后，我在搜索栏中填入"WEP 算法破解"。一个赫然的标题出现了《无线攻防：破解 WEP 密钥过程全解》Baidu 的介绍下面写着"具有初等计算机基础的人也可轻易破解……"

这么复杂的算法也能破解？而且竟然这样简单！我惊讶地睁大眼睛，本来自怨自艾的情绪一扫而去。正想看看他们到底是怎么破解 WEP 算法的，预先定好防迟到的闹铃响了，下午学校有活动，我只好恋恋不舍地关掉电脑，赶去坐校车了。

在车上我想了好多，真的是"天外有天，人外有人"，"一山还比一山高"。针对无线网络的安全问题，人们想出了各种复杂的算法。要么是在物理结构上繁复错综，让人眼花缭乱；要么是在数学运算上变化多端，使人难以理解；而最近新研究出来的一些新型加密方法更是出人意料，如 ECC。可真是"一物降一物"，如此繁杂的 WEP 算法竟然让人家轻轻巧巧，几步就破解了！

7 月 29 日

到了实验室，我打开电脑，决定把昨天没来得及看的 WEP 破解方法看个明白。

登录百度首页，输入关键词"WEP 算法破解"，直接跳到末页，"破解WEP 密钥过程全解"又赫然跳入眼帘。我迫不及待地打开链接，一看内容却傻了眼：那文章给出的破解方法中都是让我摸不着头脑的专业术语！

不懂归不懂，但是一个不争的事实却印在了我的脑海中——WEP 算法存在缺陷！我立刻奔向信息楼——我要把这一"新发现"及时向龚老师汇报。

来到办公室，我得意洋洋地把手中的"破解 WEP 密钥过程全解"递给老师看，本以为老师也会像我刚看到这篇文章一样又惊讶又激动，可老师只扫了一眼标题，一点惊奇的表情都没有。我正为"发现新大陆"的兴奋心情被打击而感到灰心丧气，老师深沉的声音传入耳中："其实不单单是 WEP 算法存在缺陷，其他算法也各有各的不足之处。你可以再查查资料，专门看看各种算法的缺点。"原来老师早就知道了，想到刚才还以为自己"发现新大陆"而得意洋洋，不禁一阵羞愧。是啊，在老师面前炫耀自己的新发现，岂不是班门弄斧？赶紧低低说了声："老师再见。"老师似乎还有什么话要说。唉！管不了那么多了，便飞快地溜出了办公室。

7 月 30 日

时间过得真快，一转眼，已经是实验室活动的最后一天了。

发现了 WEP 的缺陷之后，我趁热打铁，下载了一个 WEP 协议的英文白皮书。白皮书果然是白皮书，还没看几行，大脑就已经一片空白了。我从来没有接触过这方面的知识，直接去看英文技术资料确实是太困难了。到百度上转了一圈，也没找到一篇像样的文章，只有只言片语。这时我想起龚老师以前说过的一句话："如果有的资料在网上查不到，就去书店看看。有时候好的文章不会在网上出现，因为版权得不到保护。"

当时我听得似懂非懂，现在才发现老师说得还真有道理。事不宜迟，我决定下午到书店看看。临走时，龚老师嘱咐我："好好利用假期这段时间，争取多了解一些知识。我发现你的计算机基础相对薄弱，最好能利用这段时间多接触接触。"

"老师，您放心，我一定会抓紧时间的。"我向老师道了别，刚要走出办公室。

"你知道要去哪家书店吗？"

"这个……北方图书城应该可以吧？"我一边说一边转过身。

"给你推荐一个地方吧，到三好街，找'华储电脑书店'。这家的书非常全，而且还有座位，你可以随便看。"

老师想得这么周到，我都感动得不知说什么好了。

下了公共汽车，顺利找到了书店。地方不大起眼，但进去后却发现这里面计算机书真是琳琅满目、应有尽有。我转了一大圈，找到了"网络安全"这个架子。天，原来网络安全竟然有这么多内容，"DOS 攻击"、"防火墙配置"、"安全模型"等这些陌生的字眼不断冲进我的视野。看了半天，我都不知道自己到底需要些什么了。这时候，一个书名闪进了我的视野《无线安全——模型、威胁和解决方案》。我想这本书应该对我有些帮助，就取下这本书，找个座位翻了起来。

这本书内容实在丰富，全部看懂的可能性不大，就先拣重要的看吧。找到了"无线局域网"一章，一个标题吸引了我：《名声不好的 WEP》。老外的题目起的就是有意思，生动形象。这一节中，我终于明白了 WEP 的大致原理，可惜就是写得太简略。

翻到目录，又发现了一个值得一看的地方：第 5 章——密码安全。真的，我现在连加密的定义还说不出来呢，确实应该在这方面好好补充一下。仔细一看，这部分还真不少，占了全书的三分之一。本章从最原始的加密说起，内容还是比较全面的。因为怕回家晚了妈妈着急，我只大略翻了翻，就很不情愿地把书放回了书架。

吃晚饭后，我一边消化食物，一边消化今天下午学到的知识。WEP 的加密步骤是什么来着？当时看的时候记得挺清楚，结果现在只剩下了些记忆的碎片，拼不到一起了。看来知识的学习是相通的，都需要认真。明天再去书店时一定要带好纸和笔，把重要的地方记下来。

8 月 30 日

假期一转眼就要过去了，这段时间我隔三差五就去书店。基本上涉及网络安全的书都被我摸了一遍，再这样下去我估计就要上书店的"黑名单"了。

书是没少看，笔记也做了一些。可是究竟掌握了多少知识，我自己心里也没底。算法真是折磨人的东西，有时候问题没考虑明白，反而把自己绕进去了，真是痛苦啊。

今天，我把笔记整理了一下，准备迎接开学后龚老师的检查。

9月4日

周一课特别多，连下午都排得满满的，一天下来总是特别疲惫，所以周一的午休就成了睡觉的"黄金时间"。我把它看作精精神神挺过下午四节课的必要保障，我是逢周一必睡，保证享受一次高质量睡眠。所以当我接到"龚老师叫你中午去实验室"的消息时，我是一百个不乐意，今天下午的课还不一定要打多少哈欠呢！要是课上一不小心睡着了，那损失可就惨重了。

去实验室的路上我一直在琢磨，到底有什么事这么急着找我，搅了我的好梦呢？推开实验室的门，已经有两个同学在等待龚老师了。

又过了三五分钟，龚老师风尘仆仆地出现在门口："我上午去了一趟北校区，刚坐校车回来，你们的算法都查得怎么样了？"我惊讶地望向旁边的王一洲和王高楠，发现他们也在用同样的表情看着我。原来不仅是我一个人在研究无线网络安全，王一洲和王高楠也在做同样的事情，我们忙七嘴八舌地把各自的研究成果"全盘奉上"。老师听完我们的报告，微笑着点点头说："不错，是这样，我想让你们几个合作，研究一下无线网络的安全问题，你们看怎么样？""不仅要研究算法，"老师接着说，"还要找出一个解决方案，来弥补现在这些算法的缺陷。"

我和王高楠的眼睛都亮了起来："那干脆我们自己来发明一个新算法好了！""当然好了，我们最开始就是这样想的。"老师说。

"我解释一下。这个方案最开始是由王一洲想出来的，他跟我说完的第二天，恰好朱天禹就问了我类似的问题，我就决定让你研究下去。我原以为你们两个是商量好的，后来才知道是不谋而合。

"王高楠是理科部的学生，数学学得比较好，有关数学方面的问题可以由王高楠多负责一下。王一洲在计算机方面有较深的基础，以前也编过不少程序，计算机方面的问题由他负责，同时担当这个项目的负责人。"

说到这里，老师的表情变得严肃起来："这可是一个重大的问题，你们要认真对待，把它当做一个项目好好研究。如果你们真能找到一个好算法，我们就把研究报告写出来，准备参加明年的全国青少年科技创新大赛。"我似乎能听到自己的心脏因兴奋而"噗噗"跳着，以前看实验室的学长们为准备创新大赛忙里忙外，我从来只有羡慕的份儿，没想到今天自己也成为研究小组的一员，可以做一些有趣的研究了。"你们做项目一定要计划好，这个星期你们要把各种算法研究透了，尤其是它们保障安全的方法和不足之处，然后有时间再想想新算法的方向。"我们纷纷点头。

老师走了以后，我们还在兴奋地讨论，不仅交流了以前的"劳动成果"，还对下一步查资料的方向进行了分工，我主要调查各种算法的不足。我们都兴致勃勃，准备大干一场。

一个中午的时间，我们竟然讨论了这么多问题，我的午睡牺牲得有价值！

9 月 11 日

又是周一，又是午睡时间，我们又聚在一起开会。

已经是初秋了，天气渐渐地变凉，窗外的树叶也开始一点一点地变黄，再过几天，就会有"秋风舞黄蝶"，"无边落木萧萧下"的萧瑟景象了。

刚刚向老师报告了我们的新成果，其实也谈不上"新"，从确定项目到现在都有半个多月了，我们除了对无线网络以及加密算法有了更深的了解之外，并没有什么"突破性"进展，我们所谓讨论，也不过是不断地提出新想法，又不断否定的过程。虽然我也在继续与伙伴们激烈地讨论，可心里却开始打起了退堂鼓：我们前进的方向到底对不对？现在常用的那么多加密算法，都是好多科学家苦心钻研的结果，是他们汗水的结晶，但这些算法还是有这样那样的漏洞。我们三个高中生，虽说是"三个臭皮匠，顶个诸葛亮"，但我们毕竟"才疏学浅"，凭我们高中数学还没学完的水准，能搞出一个好算法吗？

不用说，我们今天算来算去，又是立体几何，又是线性规划，连过几天才学到的圆锥曲线都用上了，草稿纸用了几大张，算法也出了好几个，结果不是太容易被破解，就是不能"自圆其说"；要么是发送方加密强度过高，高到谁都解不开，包括接收方；要么是接收方解得开，加密强度也够，可是经过我们简单的评估，发现效率还不及现有的算法。更何况"加密强度足够"也只是我们的观点。

会议的最后，我们都被自己设计的这些"算法"绕进去了。

9 月 18 日

灵感真的来了！

今天中午开会，老师有事没有参加。我们停止讨论，埋首于大堆的草稿纸中写写算算，又尝试了几个新方法，但还是没有任何结果。我越算越烦，想到下午还有四节课，烦闷的心情达到了极点。这么郁闷的时候，偏偏又遇到了一个四次方程，怎么解都解不出来，我终于算不下去了，把笔一丢，大叫一声："不算了！科学家都算不出来，我们怎么算得出来嘛！"心里也在懊恼地想：究竟要熬多久灵感才会来临？

我的叫声把同样算得郁闷至极的王一洲和王高楠吓了一跳，受我的影响，他们也算不下去了。王高楠立刻附和道："是啊，是啊，人家科学家多能算，我们怎么比得上他们。"一向稳重的王一洲竟也发表意见："人家的长处就是算，我们跟他们硬拼，怎么拼得过。""是啊，是啊……"我和王高楠齐声附和。对啊，我们只有高中的数学水平，用纯数学方法来优化至少是大学毕业的学者发明出来的算法，岂不是拿鸡蛋碰石头，我们若能取胜，那还真是奇迹。

"那我们能不能不用数学来算呢？"我问。我们三个人已经达成了默契，同伴们当然明白我这句有语病的话。很快，我们都陷入了思考中。

我的头脑在想着算法的问题，眼睛却一直呆呆地盯着窗外几棵春天才栽下的新树，它们已经生根了吧？树上的叶子本来就不多，这时已经全黄了，稀稀疏疏地左一片右一片地粘在树枝上，每有风吹，就是对叶子韧性的考验，都有几片叶子翩然飘落。这些飞舞在风中的黄叶，究竟是难以抵挡秋风的劲吹，还是无憾地主动离开，只为展示死之静美，只为学那"化作春泥更护花"的落红？

正思考着，王一洲的声音突然传来："我知道密文有个特性，在前几天给你们的资料里……"我忙从思绪中回过神来，仔细听他的"下文"："我记得前一段在网上找到一篇文章，给你们两位看了。里面提及了一个重要理论，叫做……""雪崩效应！"我和王高楠一起叫了出来。我们三个人交换了一下眼神，露出了会心的微笑。

我们一下子就猜中了王一洲的创意：只要我们利用雪崩效应，让发送方在发送数据时先进行一次简单加密，如40位的DES，再更改密文中特定的几位发送给接收方，接收方收到数据后，再把那几位数据还原，最后解密，就可以得到明文了。用这种方法传递数据，只要更改数据的方法够巧妙，是可以实现安全传输的。这样我们就回避了复杂的数学问题，还可以大大提高传输的速度，而传输速度和安全性成反比，正是现有算法的最大弱点！

9月21日

今天我们特地利用一节自习课时间，迫不及待地把我们的新想法说给老师听。龚老师听完了我们的思路，点点头说："扬长避短，的确是个好方法！"我放下害怕新生儿被扼杀在摇篮里的紧张心情，长出了一口气。看到老师点头，我们对望了一下，又"推出"了我们新思路的"升级版"："我们也可以不用更改密文，由发送方直接从密文中截取出一段，打乱密文，等接收方接到数据后再把截出的那一段还原到原来位置就行了。"老师皱起眉头思考着我们的升级方案："截出来……再拼回去……与原来的位置吻合……得到明文……哎，这有点像虎符啊？""虎符？"我们都愣了，这可是我们以前从来都没听说过的新名词。

"虎符就是古代打仗时君主赐给将领的兵符，外形是虎的形状，能分成两半，中间有不规则的锯齿，"老师见我们不懂，就解释道，"将领带兵出征时，带上半个虎符，君王要对远在边疆的将领发军令时，就命使臣带上另一半虎符到边疆去，当两半虎符能够拼合时，将领才会听令。这样就能防止居心叵测的人假传命令，有利于加强中央集权。"我们都听得入了神，老师却不说了："关于虎符，还有好多历史故事，你们要是感兴趣，可以自己去查。"

"既然我们的方法和虎符挺像的，不如我们的算法就叫'虎符算法'吧！"王一洲说。真是一个好名字！我们几个一齐把目光转向老师。"好啊，如果你们几个都同意，可以这么叫。"我们别提多激动了！我们的算法终于有名字了！

10 月 17 日

今天心情好极了，研究了这么久的"虎符算法"终于浮出水面了，"大功总算告成了！"我们都松了一口气，没想到确定了整个思路之后，具体算法上的研究这么快就完成了，从确定思路到完成算法，我们所用的时间只有确定思路所用时间的三分之一。我突然想起老师在我刚进实验室时说过的一句话："每一个项目的研究，都是一个厚积薄发的过程，前期的准备工作做充分了，想法一来，立刻就水到渠成。"当时我还对这话似懂非懂，但经过了这一次的亲身体验，我终于明白了这句话蕴涵的深义。的确是这样，如果没有我们之前对无线网络的知识积累，没有夏日里牺牲午睡在草稿纸堆里辛苦挥汗，就算是虎符算法的灵感到来了，我们也捕捉不到，更不用说我们三个"臭皮匠"搞出一个算法来。前期的积累，的确是做好一个项目的重要一环。

今天中午的例会，我们郑重地向老师奉上了我们的劳动成果，老师听完我们的"报告"，并没有露出我们所期待的满意表情，而是直接给我们指出了算法中的若干问题。我有些失望，但仔细看老师质疑的几个地方，的确是有些漏洞。"奇怪，我们检查了好几遍，怎么就没发现呢？"我忍不住问老师。"你们要是能把所有问题都找到，还要老师干吗呢？"老师半开玩笑地说。也对……我不好意思地挠了挠头。"呵呵，一个人有一个人的思维方式……""所以用您的思维方式，就能看到我们看不到的东西？"我抢过话茬接着说。"对，还有，别忘了，毕竟我比你们多了十几年的阅历哩，所以……"我以为老师还要教我们些新鲜知识，没想到老师却说："所以回去好好改算法吧！"

我知道，又一轮的战斗正缓缓拉开了序幕……

10 月 19 日

我很久没睡周一的"黄金午觉"了，似乎已经习惯了。现在周一即使不睡午觉，下午上课也不会打瞌睡，虽然整个下午特别疲惫。为了弥补中午的"午睡缺陷"，我每周一晚上睡前都要喝一袋奶，据说牛奶有利于睡眠。不过牛奶里也有大量脂肪，睡前喝奶，体重就会……

今天借隔壁寝室的人体秤一量，体重果然增加了，这算不算是研究项目带给我的变化呢？

今天中午我们再次把修改后的"第二代虎符算法"奉上。老师听完我们的叙述，点了点头，接着又给我们指出了几个问题，不过这次的问题比上次少多了。于是，我们又投入到找错—改错—再找错的循环中去。

这已经是我们第 N 次把虎符修改方案呈给老师了。修改了这么多次之后，再回头看我们原来自以为是"完美之作"的"第一代虎符算法"，发现的确是漏洞百出，实现方法也非常幼稚。经过这么多次改进，我们的小"虎符"真的成熟了不少呢！

老师听完汇报，并没有像往常那样又给我们挑错误，而是点点头说："不错，这次改完我是找不到什么错误了，你们再回去看看，要是没有什么问题就开始写研究报告吧。"

"啊？……"做完研究要写研究报告，我是知道的，可终于轮到自己真正要开始写了，心里却犯了难，研究报告究竟要怎么写啊？老师好像一下子看穿了我的心思，从电脑里调出了一篇《如何撰写科技论文》的文章，我粗粗一看，下面竟然罗列了整整一页 A4 纸的写作要求，天啊……

"你们不用害怕这些要求，其实有不少你们平时写作文时已经做到了，回去仔细看看。然后就开始写，其实也不难，只要把你们的算法是怎么'算'的说明白了就可以。还要记住：有用的东西一条也不能落，没用的东西一条也不能多。王一洲，别忘了把任务分配一下，最后汇总到你这里，这样效率能提高些。行啦，回去上课吧。"

我们又投入到写论文的战斗中了。

教师指导体会

一、指导学生作科研课题对指导教师的要求

很多教师在指导学生作课题时报怨自身无法指导，或者不具备相关知识，或者是感觉没有相关理论方法依据，无从下手。实际上很多时候是教师自身对这些课堂教学内容以外的知识不感兴趣，不去学习相关的知识，当然也就无法指导学生，难以靠自身魅力去影响学生主动学习。这就要求从事学生课题指导的教师首先是学习和研究型教师，他们主动学习和钻研后，能够给学生传授最新的知识，在身心上能够影响学生去探索和发现新的科技前沿。我在指导学生进行科研活动中，总是要求自己做到了解计算机技术和机器人技

术的相关学科前沿知识，多读相关学科的书籍杂志，在网络上关注技术的最新发展和基本理论知识，和相关的科研人员积极交流，这样就能给予学生最新的知识，真正指导学生开展针对新技术的科学研究，这也是我对"教学相长"的一点切身体会。

教师还要加强理论学习和参加相关的培训活动，我多次参加中国科学技术协会"科技创新人才培养项目实验学校"项目组织的针对中学教师的辅导能力培训。在学习过程中，我们受益匪浅，学到了如何指导学生选题、开始课题研究、研究过程的指导、研究结果的评价等，也对指导中学生的过程有了更深的感悟。这是我们在指导学生进行课题研究中需要依托的理论基础。培训结束后，自己也经常阅读相关的杂志和书籍，经常和专家进行交流，不断提升自己的辅导能力。

二、中学生到底应该开展什么形式的科学研究

我从1999年开始指导学生开展科学研究活动，深受学生欢迎。我感觉，中学生非常欢迎这样的课外活动，他们渴望能够有动手实践的机会，也渴求了解很多与生活密切相关的科学知识。2000年我校开设科学研究实验室活动，利用选修课时间对有兴趣的学生进行科学研究辅导，这些学生在实验室里每周有半天的活动时间，初期他们学习基础知识，在高二阶段进行自我选题的科学课题研究活动。

我觉得这种培养模式不仅有助于选拔出优秀的学生，更有助于这些学生的未来发展。这些学生的选题是建立在他们对本学科前沿知识充分了解基础之上的，并不仅仅是急功近利的参赛选题和培训。在日常活动中，教师有时间充分了解学生，了解他们的兴趣、爱好和特点。比如我的实验室里有的学生喜欢钻研单片机的程序编写，有的学生喜欢计算机技术和网络技术，有的喜欢设计一些机械结构很巧妙的装置，这在将来选题时是他们的结合点，辅导时也很省力气。这些他们真正感兴趣的基础知识和基本能力对于中学生自身的未来发展很重要。

三、如何开设适应中学生的高层次科学课程

在开设课程的时候，很重要的一点就是要针对中学生的特点。很多课题需要本科以上的专业知识，以至于很多人对中学生能否研究这些课题提出质疑。实际上只要安排合理，以中学生的学习能力学习这些专业知识根本不成问题。这样的学习一定要针对中学生的特点和需求，千万不能把大学本科的专业知识全部灌输给他们，这是不可能完成的任务。但也不是让学生只学习跟自己课题相关的知识，这样的知识结构对学生的未来发展不利。我采取的

模式是让学生共同学习基础知识，从接受难度较小的部分入手，然后再根据课题需求深入下去研究。这样他们就既有完善的知识结构，又有相关学科的科研深度，在教学课时上也能够满足要求。我认为，这样的教学模式是适合中学生开展高层次科学研究的可推广模式。

四、如何开设针对中学生的机器人科学研究实验室

很多学校在开设机器人实验室的时候，用大量资金购买了 LEGO 等教育机器人。花费大量资金不说，这样的机器人是否适合中学生的科学研究，也是值得怀疑的。从我们的培养目标来看，我们是要培养中学生的基础知识和动手实践能力，作为让学生了解基本机械原理的教具，有一套作为演示就可以了。很多学校提出让学生以此进行创新设计，但最后完成的也不过是一些结构的简单改变，即使有相关的编写程序，实际也还是在重复"设计"早就存在的装置，何来创新？

又比如各类机器人竞赛，由于受各种厂家传感器数量、类型等的限制，实际效果也在大打折扣。近年来有的学校自己设计制作的机器人反而在创新大赛上取得了很好的成绩。实际上，在针对中学生的机器人科学教学实践中，更应该注重的是电子与机械知识的学习和机电一体化思想的应用。这些知识、能力和对于工业设计理念的渗透才能对学生产生深远的影响。而现在的很多活动只是停留在表面层次上，没有把机器人技术的精髓传授给学生，学生缺乏自己动手制作的过程，只是在拆装和改造中学习了简单的机械和编程知识，似乎这才是中学生力所能及的，实际上深度还远远不够。

我国的中学生科技教育值得推广的模式应该是低投入、高效果。我在指导学生学习电子、机械知识时，很多教具都是自己针对中学生教学特点和需求亲手制作的。比如学生学习单片机知识的开发板，是我给学生设计的电路板，配备各种元器件后，由学生自己焊接制作完成的，这样的学习工具每个学生一套，归自己使用，他们利用课余时间在家里就可以学习和实践，而且价格很便宜。不仅如此，学生在制作过程中，真正理解了相关原理，掌握了实践操作技能，不仅达到了学习目的，学习速度也很快，掌握的效果也很好。

五、如何让中学生提出"有价值"的科学研究课题

很多教师很苦恼如何让学生产生好的科研课题，甚至让其他科研机构或家长代劳，但效果却往往不佳。学生学习到相关知识、日常关注科技前沿、生活中产生各种问题时，往往会产生很多疑问，这些疑问就是灵感的来源。也许很多疑问已经有了解决方法，但他们去了解这些解决方法的同时就是很好的学习过程，那是他感兴趣的发力点。如果有的问题学生有自己的想法，

指导教师就要善于引导（而不是简单地下一个权威的结论），让学生能够充分发挥自己的想象力和主动性，去积极探索和发现，在这样的过程中他们能够获得很多知识，也会产生很多灵感。这样在和教师的多次交流过程中，就会有积极的想法产生，教师在此基础上帮助学生提炼和升华，就能够获得极好的科研方向，这样的题目才是中学生力所能及的题目。

学生在教师的指导下为了研究题目学习了很多科学研究方法，变成了"小科学家"，养成了科学的研究习惯，体验了科学研究的成功和失败，这些收获远比学到的知识重要得多。

创新，更需要沃土
——郭迎霞老师和她的学生

教师简介

　　郭迎霞，女，黑龙江省哈尔滨市第三中学地理教研室主任，高级教师，理学学士及经济学硕士，黑龙江省教学能手，哈尔滨市中青年骨干教师，哈尔滨市科研骨干教师，校"科技创新课题"主要负责人之一。

　　一直致力于科普宣传和推广工作，2000 年创建了省内第一个地理活动室和市科普活动基地，举办了系列大型科普讲座、前进星河系列沙龙、天文夏令营、天文观测等活动。该基地 2002 年被哈尔滨市教委评为市先进科普活动基地。2004 年参加"星光有约，精彩无限"科技创新活动，在第 19 届全国青少年科技创新大赛中获科技实践活动三等奖。2004 年在中国科学技术协会年会上被评为全国优秀科技辅导员。近年来科研成果成绩斐然，参与了国家"九五"、"十五"、"十一五"重点课题及省级、校级课题研究多项。著书 20 余部，其中主编 10 部教学用书，副主编 1 本，参编 8 本教学用书和 1 本课外活动教材，10 余篇文章在国家级刊物发表，20 余项科研成果获省市奖励。

教师日记（2005 年 9 月至 2006 年 5 月）

　　序：从没想过会发生这样的戏剧性故事，从没想过以这样的方式结尾，从没想过我的第一次科技创新指导是那样的艰难曲折。但认真回想起来，没有失败哪有成功，没有失败的痛苦哪能品尝出成功的味道。

10 月 19 日

从上海回来，踌躇满志。霍益萍教授的殷切期望和谆谆教诲，一直在脑海浮现，成为我精神上的支柱和寄托，同时我又感到了巨大的压力和无助。今年我教高三，学生从哪里来？我又怎样挤时间去进行指导？

这两年我做的工作更多的是科技创新活动的宣传与开展，在哈尔滨市第三中学举行过一系列的科普讲座和大型宣传活动。但总觉得有些不够深入，没有具体指导过学生的个体项目，心里没底。

我跟孔玉范校长谈了课题的进展和自己的顾虑。她非常支持我，并帮我出主意，说可以借用高二竞赛班学生，他们底子好，悟性高，有创新意识，文采也出色，肯定能圆满完成任务。先从个体抓起，有了样板，也许能形成突破，有利于整体的发展。孔校长又特地邀请了两个竞赛班的班主任一同讨论此事，请他们支持我的工作。

有了孔校长的关心和指点，我心中又充满了希望，困难再大也不怕。

11 月 3 日

经过与两位班主任商讨，她们推荐了两组人选，分别是高二（22）班的王始春和毛艺博，高二（24）班的南昊和刘铁男。班主任介绍他们有创新精神，而且文字功底扎实，很有发展潜质。见面前，我先把关于全国青少年科技创新大赛的介绍、科技创新的相关书籍以及在网上下载的一些报道、感想、事迹等准备好。

中午他们应约而至，这是两组完全不同的搭配，王始春、毛艺博两个人男女搭配，性格开朗大方，刘铁男、南昊是两个内向害羞的男生。果然，他们都没有做过科技项目的研究，几乎不了解创新大赛及其有关事项。我简单介绍了本次科技活动的目的、参与方式和相关赛事，参评项目评选的标准、要求、分类、三中往年的成绩以及历年大赛的获奖项目等。当然在宣传参与科技创新活动能提升能力的同时，没有忘记强调高考保送加分上的优惠，这一点对许多学生和家长的诱惑是不可小视的。他们好像对此很感兴趣，但神态上又有些迷茫。这些事情并不是只言片语能说透的，我把事先准备好的资料、网址分给他们，让他们先了解一下，然后再跟父母沟通，必要时我可以跟家长联系。

第一次见面就这样匆匆结束了，看着他们抱着一大堆资料走出了办公室，心里有一点忐忑，下周一的碰头会是什么结果？真的不知道他们是否愿意参与，他们的家长会怎样看待这件事？他们当中谁又能坚持到最后，能笑到最后？

11 月 7 日

今天他们要来汇报最新动态。万事开头难，只有他们点头，事情才能比较顺利地开展。可是如果不尽如人意，那该怎么办？坚决不能给自己打退堂鼓！反正有两组呢，怎么也能保全一组，我暗自安慰自己。

12 点 40 分，他们准时到来，看到他们的脸上似乎都流露出一丝轻松的表情，于是我也松了口气。

果然，初战告捷！全票通过！我不禁喜上眉梢。

然而，更艰难、更痛苦、更折磨人的选题即将开始。这对大家都是巨大的考验，有人会在逆境中崛起，有的可能就会被淘汰。

选什么课题呢？由于我是指导，最好能选择地球空间学科。而他们都是理科生，高二学年不开设地理课，高一所学的内容已忘得差不多了，对地理学科的知识内涵和外延都不清楚。怎么办？

我忽然想起两年前在上海参加中国科协"黄埔一期"培训时顶着高温酷暑从束炯老师那里学的第一课："如何选题"。于是拿出当时做的笔记又重温了一下，领着孩子们一起分析了地球空间科学的学科体系。他们发现地球空间研究的范围很广，一时眼花缭乱，无从下手。于是同学们把笔记和我积累的历年《全国青少年科技创新大赛作品集》拿回去，准备先沉下心，认真研究，慢慢感悟。

约好这一周讨论酝酿，下周一确定方向，不知道他们对哪些方面感兴趣，我的心情又从欣喜滑向不知名的担忧。接下来的一周将是决定方向的关键，由于孩子们的学术见解和知识面有限，最终的领军还应该是老师，于是我也熬了几个晚上，查阅相关的资料，做好充分准备。

11 月 15 日

这一周，每天中午 12 点 40 分是我们讨论课题的时间，有时课间或晚自习前后他们也见缝插针，争先恐后地找我来交流想法。他们的想法真是层出不穷，但大多天马行空，太理想化。于是就有了：松花江水质勘察、不同纬度城市与栽种树苗的选取、哈尔滨冬季冰雪旅游资源的开发、哈三中新校区局部地区气候的研究、滑雪场地点的选择、哈三中新校区附近道路规划设想、松峰山旅游规划等内容。看到这些课题，我没有马上否定，只是问他们如果研究水质和气候需要什么样的准备？他们意识到水样、气候指标都需要长期观测，没有 3 年以上的积累根本无法研究比较，而且需要各种专业检测和分析仪器；滑雪场、旅游地的选择和城市规划要怎样研究才能得出结论？他们认为需要"踏遍千山万水"，这对我们中学生来说又谈何容易。

经过几番深入的分析和讨论，这些题目基本上都被否定了。大家有些沉默，我想，这是关键时刻，千万不能灰心丧气。我开始鼓励他们，"这些课题能够关注家乡的发展，也比较贴近生活，解决实际问题，又与地理学科紧密相连，大家已经走上了正轨。但由于我们时间、设备、场地等客观因素受限，时间紧，任务重，住校封闭管理又没有太多出去调查的机会，这种情况又如何处理？"

在数学上有较深研究的南昊建议："要不然在计算机、数学建模方面研究一下，第 19 届全国青少年科技创新大赛的一等奖第一名不就是以遥感方法研究的锡林郭勒草原的季相变化吗？"哇，志向不小呀，目标直奔一等奖，我心里窃喜，问道："你们知道什么是遥感，什么是 3S 技术吗？"又是一阵沉默，我简单给他们介绍了一下 3S 是地理前沿科学，是三种技术的简称：RS——遥感，GIS——地理信息系统，GPS——全球定位系统。这种技术需要较高的计算机水平，获取资料后的研究可以主要在计算机上完成。"太好了！太好了！"他们几乎异口同声地喊了起来。

就这样，我们达成了共识：在 3S 技术上下点工夫应该是有成效的，也是我们目前状况的最佳选择。

"可是具体 S 什么呢？"唯一的女生毛艺博又发愁了。"那还得上网找呗！"王始春搭腔。"是呀，现在我们的研究范围已经缩小了不少，接下来就是要找到具体的研究对象。找研究对象其实并不难，要留心观察身边的现象，找自己感兴趣的内容，可以跟同学、老师、家人、朋友共同探讨，当然还要注意资料的获取是否容易，你们继续捞大鱼吧！"我鼓励他们。

这一回，看着他们带着轻松离去，我也长舒了一口气，意识到我们马上要步入正轨了。

11 月 21 日

又经过了一周多"题海"中的艰难跋涉，两个小组基本上把课题锁定：不同纬度地区路灯开启与日照长短的时间控制；松花江江心岛沙洲面积的变化因素研究。

第一个课题是毛艺博在回家途中发现晚上 6 点多了路灯还不亮，从而引起她的兴趣。通过连续几日的观察，她发现不同街道路灯亮的时间不同，有早有晚，还有根本不亮的，有的甚至大白天亮灯，很不合理。如果能发现一种方法，可以在不同气候和天气下遥控路灯的开启，会大大地节约能源，方便居民的出行，何乐而不为？好主意！我对她的想法给予了高度评价："这与地理学科的纬度、太阳的回归运动、日照时间长短的变化都有密切联系，而且也可以在计算机上模拟、计算，很好！"得到我的肯定，他们很是得意。

另外一组要沉稳得多，他们不慌不忙从容道来。两个孩子家都住在松花江边，在他们向窗外瞭望时，发现了一个过去从来没有注意过的事实：松花江江心原来有一个小小岛，可是不知道什么时候变成了一片巨大的沙洲。现在沙洲上冬天开展冰雪项目，春天放风筝，夏天垂钓。于是他们想到了要研究江心岛的影响因素，了解江心岛为什么发生变化，怎样变化的，扩大了的江心岛是否可以成为旅游资源。我也注意过江心岛这个问题，据我所知这种江心岛扩大的变化是水土流失严重的一种表现，而且对下游的防洪、泄洪有很大的阻碍作用，是环境恶化的信号，而他们竟认为是增加了土地面积，增添了一道风景。他们是怎样想的呢？于是我又追问了一句："那你们的研究目的是什么？"他们强调说："开发利用江心岛。"我说了我的看法，他们面面相觑，张口结舌地说不出来什么了。我又问："这是你们自己的想法还是经过调查分析、查过相关资料的结果？"他们说是自己想象的，我说："课题研究对象非常好，能观察到松花江这条对哈尔滨最为重要的河流的变化，已经很不容易了。但这种变化到底意味着什么，我们现在有不同的观点，我现在不想做出判断，希望你们能继续查找国内外相关研究内容，看看专家们是怎样看待这个问题的。然后我们下周一再继续讨论研究内容和题目。"

最后，我布置他们上网或到图书馆查阅相关的研究资料，掌握国内外的研究现状，不要进行重复研究，也不要偏离主航向。要学会借鉴，比如有人研究长江口沙洲面积的变化就完全可以成为我们的借鉴。我根据以前教授培训时给我们的样稿，讲解了如何撰写开题报告，并布置下周上交开题报告初稿。

唉，今天又是喜忧参半，喜的是大家已经有了前行的方向，孩子们能注意到身边的生活、身边的地理、身边的科学，这跟两周前的一脸迷惘相比多了几分自信。现在，他们离一个好的选题只有一步之遥，只要再坚持一下，最痛苦的阶段就一定能过去。

11 月 29 日

哈尔滨市政府的一则公告把我们带进了旋涡。受 11 月 13 日吉林化工双苯厂胺苯车间发生爆炸事故的影响，全市即将停水 4 天，中小学从 11 月 23 日到 11 月 30 日停课 7 天。由于儿子小，我身体欠佳，加上水污染事件全球性的"恐怖性"影响，我们连洗脸、洗衣服都不敢用水了。根本无法在哈尔滨市待下去了，于是大家纷纷投亲靠友或索性出去旅游，我和儿子也回到了齐齐哈尔老家。课题也只能用邮件和电话交流，但另一方面，他们不上课了，也有时间查资料、泡图书馆、网上冲浪、写日记、撰写开题报告了。这一周我们虽没见面，但成效显著。

关于松花江江心岛的研究，他们找到的相关资料并不多，但通过对水文学的学习，他们知道了水土流失、含沙量与沉积的关系，也初步懂得了3S技术的内容，并把课题研究方向定为"江心岛面积变化的控制因素研究"。但面积变化需要很长时间，至少要三四十年甚至更长时间的资料。我们怎样才获得这些资料呢？这又成了当前的大难题。

另一组的情况也不容乐观，他们查了资料后发现我们设想的不同纬度地区和不同气象条件下路灯开启时间的控制研究已经有了现成的结论，在有些城市已经得到应用。唯一的办法是再改题目了，但时间如此紧迫，再经过一个月的选题，哪还有时间研究？他们只能遗憾地退出，这是我极不愿看到的结果。

看来选一个好课题实在太重要了，也太不容易了。课题不能太大，不能太笼统，要结合社会实践，也要符合学生实际，真是一门大学问。关于选题，我还要好好研究，争取下次不要再犯类似的错误。

12 月 10 日

只剩下一个组，我必须坚持下去，孩子们更要坚持下去，这是我们不可动摇的信念。好在另一组的退出对他们没有太大的影响，他们反而认为自己选题相当成功，还在为自己暗自庆幸。真是孩子呀！复课后我们又开始了频繁的交流，现在的焦点是遥感数据的获得。他们在网上找的分辨率根本达不到要求，无法使用，要找到 20 世纪七八十年代的资料谈何容易？

我突然想起了有一位同学是哈尔滨师范大学地理系遥感专业的老师，只好劳驾他了。他说这种资料可以到北京购买，一幅遥感图大概要花费 8000 元到 1 万元，而我们至少需要三四幅，这成本也实在太大了。听了这个天文数字后，大家都陷入了沉默。那怎么办？当然，还有一个办法，就是请家长出马，利用社会关系获得资料。

关于遥感图像的处理等技术问题，同学说三中的学生一点就通，不出半天就能学会。有了这样强大而可靠的支持，我的心里终于有了底。

这时，实验学校网上课题申报已经开始了，可是我们连资料还不全呢，如何申报？这个千载难逢的机会就眼睁睁地错过了，看来我们只能明年在全省大赛中一拼高下了。

而现在，只有等待……

12 月 26 日

我们一起完成了开题报告，孩子们果然出色，除了格式上有些小毛病，国内外研究资料搜集方面还略显单薄外，其他部分都像模像样。我告诉他们，这种文章只有期刊上才会有最新、最权威的研究，图书则更多着眼于基础理论的分析与研究，不可能有新的研究成果。

他们很高兴学到了一种查找资料的技巧，可自己却陷入沉思。记得看过一篇关于美国小学教育的文章，小学三年级的期末作业是写"中国文化的发展"，小学五年级的期末作业是"评价第二次世界大战对世界历史进程的影响"。我想，小学生可能很难论说出什么，但在这个过程中，孩子们对论文的写作技巧、资料的查寻、团队的协作、观点的形成和表达等能力的提升却是可以想见的。其实，学生们又是幸运的，我直到写大学毕业论文才接触到论文的写作，直到写研究生论文才明白什么是创新。

跟美国的中学生比，我们差的不是知识，差的是把知识转化为能力的创新精神、创新意识和创新品格。这种差距已被中国的有识之士指出，并正在扭转这种局面。虽然现在已是半夜12点，但我没有一点倦意，依然十分兴奋而幸福。因为我的心中有一个信念：我在从事一项伟大的事业，我在努力推动中国教育史上的一个重要变革。相信通过我们所有人的不懈努力，那个差距，不，应该是所有的差距都会不断缩小。我坚信！

1 月 14 日

等待，还是等待，时间已经无情地翻开了新的一页，新的一年能否有新的起色？如果还是这样在无谓地打消耗战，那么我们将全军覆没。省市科协已下达了通知，市里比赛将在3月初进行，省里的比赛则在4月中旬。时间非常紧急，可现在我们连必要的资料还不全，那不是成为"无米之炊"了吗？

我也在绞尽脑汁，找朋友想办法，可总是无功而返。有一天，我在车上无意中发现了黑龙江省遥感信息中心，就冒昧地冲了进去。可是该信息中心刚刚成立，资料不全，而且提供有偿服务。我又通过朋友找到了省水利厅水文所，以期能获得一些水文资料，可他们也要收费。跟他们苦口婆心阐明我们不以营利和发表为目的，是为了青少年的科普活动，但人家还是坚持要收费。别人需要1500元一个数据，优惠我们就800元吧。我们至少需要四年的水文数据，这又是一个"天文数字"呀，我立刻哑口无言。

也许我不知道，社会上是否应该有一个组织来帮助搞课题的孩子们，协调与相关部门之间的联系，无偿为他们提供资料。如果有的话，就会省却了多少人力和时间，我决心把这件事反映给国家科协领导，希望有关部门单位能给予基层的科技创新工作以大力支持。

周六与两个孩子的家长见面，可由于时间问题，只能安排在下午1点，这时儿子恰好在省会展中心学习跆拳道，见面地点就选择在会展中心的麦当劳了。

在嘈杂的麦当劳，两个妈妈如约而至，她们首先表达了感谢，感谢有这个机会，使儿子的身心得到锻炼和发展。经过这段时间的课题研究，孩子们还真的从过去的害羞内向，变得敢于和善于表达自己的见解了。他们还强调，并不在乎结果，即使没有选上参加国家比赛或结果不那么理想也没关系，这段经历也会使他们受益终生的。

有这样开明的妈妈，我一下子轻松了许多。我说我对我们的课题是否能获奖也没有太大的把握，毕竟黑龙江省起步晚，水平低，与先进省区有很大的差距。不过我们研究了近年地球空间科学一等奖的课题，而且以他们为榜样、为标准、为模板，相信会缩小差距的。我们对我们的课题都信心十足，只是听说省里的竞争会是十分激烈的，现在关键还是资料的获得。

她们表示，要通过各种关系帮助我们获得资料，积极推动课题进展。听了家长这些话，我很感动，家长开明又通情达理，成为我们强大的后盾。这样三位一体的组合，是坚固而稳定的，我们一定会成功。

1 月 27 日

打破漫长等待坚冰的还是家长的参与，她们放弃了休息，甚至耽误了工作，翻出一切三亲六故，终于在水利厅、水科所、航运大队找到了熟人，孩子们如愿以偿地获得了需要的资料。我们大喜过望，可时间已到了农历年底，过年这几天不干点什么岂不可惜？接下来的任务就是要对遥感图进行整理和分析了。得赶紧找同学去联系航运大队的熟人，可一打电话，他回山东老家去了。是呀，我们几乎没有过年的概念了，为了课题，我们几乎成了工作狂了。怎么办？我又想起一个热心人，哈尔滨师范大学地理系主任、遥感专家Z老师。她当年是我的老师，为人大方豪爽，在专业方面更是专家级人物，而且我以前也跟她说过这件事，她十分感兴趣，答应只要有时间一定帮忙。

果然，她爽快而热情地答应了我们。农历腊月二十八上午，我和孩子们拜访了Z主任。她十分繁忙，见缝插针地接待了我们。她非常佩服我们获得的资料，竟然有20世纪70年代的地形图，而且恰巧是我们需要的地点和内容。她看了孩子们的开题报告，觉得内容不错，方向准确，研究的内容很有时代感和现实意义，而且在省内尚属研究的空白。她说系里曾经有老师想研究这个内容，也是苦于资料的获得较难，结果放弃了。有了准确、可信的资料，这个课题就成功了一半。她指点我们，如果通过遥感统计出江心岛面积变化特征后，再进一步建立数学模型，分析含沙量与水位、流速、流量等的关系，会更有说服力，而且也会将课题推向更高层次。

"接下来的课题收尾阶段难度会有多大？"我急切地问。Z主任说："遥感的数据分析统计比较快，如果孩子们接受能力强，估计两三天就能搞定。这只能安排到春节后了。我可以安排研究生指导他们。而数学建模则还需要找专业人士指点，可以到哈尔滨工业大学数学系找找看。他们每年都参加世界大学生建模大赛，而且成绩不错。"

从 Z 主任家出来，我们心情轻松了许多，黑暗马上就过去了，灿烂的阳光将普照我们。当然，这个年可能又过不好了。我们进行了分工，春节期间抓紧时间开始撰写论文，把前面课题的提出、文献综述、研究部分先整理出来，年后集中学习遥感，完成图像分析。我则争取在哈尔滨工业大学找到数学建模的教授。

2 月 18 日

过了春节孩子们就和 Z 主任联系，到江北的哈尔滨师范大学新校区钻研了 3 天。据他们讲，只学了半天，就很快学会了图像的处理和分析，还有时间学习了 3D 动画，做了江心岛变化的动画模拟，他们非常得意地演示给我看。

我暗中惊叹他们的接受能力，如果给他们以机会，他们一定还会做出惊人之举的。我首先表扬了他们的能力，但接着问："做动画的目的是什么？"他们说："形象地反映岛面积的变化。""那这种变化又说明了什么？"我继续追问，同时指出，"岛的变化应该与相应的年份和面积产生联系，不能太表象了，如果动画能表示出不同年代的变化，就可以形象地反映不同时段岛面积变化速度的差异，从而引起研究者的关注，并进一步找出不同的控制因素。这样的动画可不是看着玩的，而是有科学意义的。"

其实，我也知道做这个动画部分是出于他们的玩心和好奇心，在论文中也用不上，但如果在这个基础上给动画赋予科学意义，就会产生完全不同的效果。他们又有了一种豁然开朗的感觉："科学研究原来有这么多深奥的东西，我们以后不能那么随意了。"

周六把他们约到家里，因为他们发过来的所谓"论文"我实在看不下去了。他们在过年期间真的下了工夫，写了洋洋 2 万字，可文章到处堆砌着毫无意义的从网上或书里摘下来的理论。论文格式也完全不对，内容前后主次颠倒，标题没有层次，语言太贫乏，缺乏科学性，根本看不出自己研究的内容、方法和过程。我也顾不了 5 岁的儿子了，把他扔到电视前面，就和这两个学生从下午 2 点一直研究到 6 点，一点一点引导他们建立了论文的框架，明确了各部分的标题，确定了重点内容，并且给了他们可以借鉴的模板。这回他们才真正明白什么是论文，怎样写论文。要推翻重写，他们没有面露难色，而是欣然接受了我的批评，保证下周拿出让我满意的论文。我真高兴他们对科学认真的态度和坚持不懈的精神。

我的工作进展也很大，通过过去筒子楼里的老朋友找到了哈工大数学系建模专家 L 老师。他曾带领哈工大本科生和研究生参加世界建模大赛得过多次金奖，非常有经验。而且他正好有一周的空闲，真是机会难得。迄今为止，我们每一步都有贵人"相助"，看来我们成功的希望还是很大的。

3 月 3 日

又经过一周的艰苦拼搏，孩子们顺利地完成了数学建模，而且 L 老师也只是告诉他们必需的公式和方法，过程和结论都是他们自己一点一点研究计算得出的。他们不无得意地告诉我，如果有时间，还可以搞更复杂的。我从图形上看出，他们建模得出的结论基本上都是线形关系，似乎比较简单。但想到他们只是高二学生，能利用这么高难的技术知识解决问题，已经相当不容易了。孩子们的论文从当初的青涩，跨过了一道又一道障碍，上了一个又一个台阶，已经完成了巨大的飞跃。看着他们设计新颖的封面、充实的内容、深刻的思想、严格的形式，我不禁露出满意的笑容，这样的论文堪称完美，连 L 老师都连连称赞，说这篇文章完全可以发表在国内一级科学杂志上，他还特意留了一份做纪念。听了他的赞扬，更增强了我们的信心，我在欣赏和回味论文的同时，又认真地核对一遍论文，当然只是在个别的文字上和格式上发现了瑕疵，总之是越看越欣喜。

我们马上就要迎接第一次挑战了。今年市里增加了一次答辩，虽然我们对此充满信心，但也不能小视，就算是省里答辩的预演吧。我引导他们想一想评委可能问什么问题，在寝室请同学们当评委挑毛病。他们预设了一系列问题，有对论文目的、研究过程、结果分析，甚至注意到细节——字体、字号、图幅多少等。我看他们能找到大方向，而且粗中有细，对论文了如指掌，但还是不放心，决定再增加一次校内答辩。

我把他们的论文发给了地理组的同事和校创新课题组成员，并在 2 日中午开始了预演。通过对他们进行"狂轰滥炸"和"鸡蛋里挑骨头"，还真的发现了一些问题。一是他们的声音不够洪亮；二是他们的语言过于简单，这样给人的感觉就是不自信，好像不是自己做的，不能深刻表达自己的想法和自己的研究过程；三是对课题研究目的的阐述不很明确。

我对他们说："你们的论文内容是别人难比的，但如果像今天这样回答，则会彻底失败。今天反映出的问题都是致命的，千万不能掉以轻心，你们的性格偏于内向，又不善于表达，答辩时要吃亏的。回去一定要根据老师们指出的毛病一一改正，并要把我们估计的问题答案整理出来，做到熟练回答，千万不能支支吾吾，躲躲闪闪。"虽然老师们的挑剔给他们高涨的热情泼了点冷水，但他们还是显得信心十足，我们毕竟付出了艰苦的努力，成竹在胸。

3 月 17 日

市里的答辩安排在 3 月 13 日下午 3 点，他们一点都不紧张，甚至上完了一节课才出门，真有大将风度。我下午正好没课，也跟着过去了。

市科协一楼大厅挤满了参赛的学生、家长和老师，孩子们大多都一脸紧张，在不安地走来走去，气氛压抑得很。我们还没来得及被这样的气氛感染，就听到喊南昊和刘铁男的名字，很多人都惊奇地看着我们，大概觉得我们也太从容了。

我只嘱咐他们要口齿清晰，自信大胆，看着他们满怀信心地上了楼。现在我的心也悬起来了，毕竟这也是我的第一次。

可是，还没等我充分体会等待的焦虑，也就 5 分钟时间，他们就奔下来了，七嘴八舌地说肯定没问题，问的问题也没超出我们准备的范围，而且比较简单，他们都对答如流。专家说这个课题不错，这是结论。我看有这句话就够用了，也长长地舒了口气。

第二天，市科协通知，我们可以参加省里的选拔赛。这是市里最好的课题，排第一名。也正由于他们出色的表现，又多派了他们一个任务，写一篇关于创新大赛的感想。他们听到了消息，并不是那么狂喜，很平静地接受新任务后就离开了，好像这个奖早就是他们的囊中之物。

而我却不那么平静，心里打开了如意算盘：我们的课题受到市里如此重视，在省里怎么也能排上一号吧。毕竟哈尔滨是省会，最大城市，如果省里有名额，哈尔滨市肯定不会少。这样想着，轻松愉快地度过了美妙的一天，晚上睡得很香。

4 月 12 日

接下来的比赛更不能掉以轻心，论文仍然有许多地方需要完善。我把论文拿回来，让他们自己再认真看一遍，又把 S 老师当时给我们上课分析时的文章拿来，进行对比，找出不足。结果他们真的发现了一些问题，比如文献综述部分还略显薄弱，图形的设计还有点粗糙，图文的排版还不合理，版面不紧凑，甚至图号都排错了。看来要改的地方还真不少，我告诉他们，有时成功的关键就在于细节，不能有一点偏差，一丝不苟就是科学研究的基本精神和方法，这种精神需要不断磨炼。

经过修改，看着近乎完美的论文，我心里很是得意，这可是我们半年来心血的结晶。在课题研究过程中，孩子们从一脸的天真与迷茫，变成了百折不挠、勇于探索、对科学研究充满热爱的执著的"小科学家"，我也对科技创新指导的一般程序、基本方法及关键有了初步了解。我们用自己坚定的脚步，一步步地前进，相信也会收获更多的希望和喜悦。

孩子的母亲拿着论文请 L 教授写评语和推荐信。L 教授说，中学生能写出这样的论文真是太不容易了，从选题、论述、研究方法和结论的得出都非常独到、完整，很了不起。有了哈工大知名教授的首肯，我们心里更有底了。

带着必胜的信心我们参加了 4 月 13 日省创新大赛的比赛，非常不巧，这一天学校有统一活动，我不能参加了。其实即使去了也不让旁听，只能干着急没办法，索性不如听好消息吧。

上午 11 点 30 分，期盼已久的电话终于响了，电话里传来南昊自信的声音："老师，您放心吧，我们是一枝独秀，鹤立鸡群，所向披靡，傲视群雄。我们正在吃庆功宴呢！"我的天，他好像把所有能显示自己的词都用上了。"那具体情况如何？"我急切地问。"这次专家很专业，对我们的项目非常感兴趣，问了好多问题，我们都对答如流，还有的专家说这个项目得两个博士生研究两个月呢！"他不无得意地接着说，"而且我们出来后，省科协的一个老师还夸我们，说肯定没问题，一定能参加全国比赛。"看来他已经给自己发了通行证，后来南昊妈妈也接着说，看来应该没问题，要邀请我一起去庆功呢。

我听后，一下子就放松了，眼泪差点流出来。这难道是真的吗？

当然是！我马上回答了自己，凭什么不是呢？不过庆功，还是等到省里的正式通知再说吧。

4 月 26 日

终于，接到了通知，可是上面只有我们学校另外两个孩子的项目，没有我们！为什么？我完全不相信，我真的不可能相信，这是不可能的！我又向省科协证实这件事，是事实，毫无疑问，千真万确，白纸黑字，明明白白。原因呢？"专家评的结果"一句冷冰冰的话，其他的无可奉告。我眼前立刻一片漆黑，大脑一片空白。什么样的专家能评出这样的结果？我应该怎样向孩子们交代？怎样面对家长？谁又能安慰我？

我又问了市科协的负责同志，她说专家觉得课题不像是学生自己做的。我的天啊！凭什么这么说？以这样的理由否定了课题，否定了两个可以成为科学家的孩子的"第一次"成果，未免太残酷了。孩子们答辩结束后，极其兴奋地向我描述的情景还历历在目。这几天他们总来我办公室小心地打探消息。虽然不说什么，我也能看出他们渴望而急切的眼神，每每看着他们讪讪地走出，我其实也心急如焚。现在该怎么办……

我忽然想到了霍老师。于是酝酿了几天，终于把满腔的委屈和愤怒一股脑地发泄给了霍老师。可我的出奇激动只换来了霍老师异常平静地回答：第一，目前的评审结果任何人不能更改，必须接受这个现实，不能到处去告去闹，事情还没有定论，怎么就说不公平；第二，一定要做好孩子和家长的工作；第三，课题真的好就再申报其他赛事，如"明天小小科学家"奖励活动，来证明自己。霍老师的一番话让我平静了不少，也使我清醒了许多，必须正视现实。我打算说服学生将这个项目申报"明天小小科学家"奖励活动的选拔。

5 月 15 日

度过了一个压抑的五一假期，上了班就忙不迭地打印有关"明天小小科学家"奖励活动的材料。看了去年获奖的项目，真是不同凡响，可是有一个项目竟然跟我们的课题如出一辙，是研究"内蒙古岱海面积的变化与环境的关系"，也是利用遥感技术，我又有信心了。可是在研究报名规则时发现，申报者只能是一名，而我们是集体项目，该怎么办？这真是棘手的难题，两个孩子都那么出色，该选谁呢？我甚至想到了抽签，这该如何是好？还是先问问他们的意见吧。

还没等我找他们，南昊妈妈来电话说南昊因为此事受了很大的刺激和伤害。他太投入了，根本不能接受这个残酷的现实，"五一"七天就在家里发呆，看电视、打游戏，直到最后一天才看点书，这回期中考试也从班里第一名一下子降到了 20 多名。他的心情现在极差，需要我的安慰。这当然是我义不容辞的责任，我尚且需要安慰，他们幼小稚嫩的心灵又怎么能承受这样的沉重打击？

中午的时候我把他们二人叫来。果然，没有了曾经的朝气，满脸的无奈与麻木。我首先肯定了他们的劳动和成果，指出了评审中可能存在的弊端，我们不那么走运，但也应该反思，自己的论文和答辩真的那么完美吗？再说科学研究怎么可能都是成功，没有失败……从自身而言，我们在课题研究过程中的体验也是不能用成绩来衡量的，实践能力、创新意识、科学精神的形成已经是我们的收获，我们不应该在名誉上斤斤计较。如何对待不公正的结果，可能也是课题教给我们的一课，这种情况可能还会在今后的人生道路上出现。现在我们就面临这样的难题，如何化解，是我们遇到的新问题。它同样也是一种艺术，有助于帮助我们获取人生的经验。我们是自暴自弃，还是勇敢面对、迎接挑战？这是两种完全不同的态度。该怎样选择？

听着我的长篇大论，孩子们脸上的肌肉渐渐放松了，虽然他们还是一言不发，我还是感到了他们的一些释怀。

毕竟是孩子，需要消化一段时间。我又讲了小小科学家的赛事，鼓励他们说，汗水和心血不会付之东流。也请他们相信这个社会是真理的天下，是金子总会发光的，要相信自己，相信社会。小小科学家的评比肯定十分公平，他们不会再受伤害，请他们放心。

两个学生说回去考虑考虑再告诉我。的确，短短的几天，让他们承受了这么多成人都很难逾越的鸿沟和考验，未免也太残酷了。但现在只有一个名额，一个机会，应该报谁？在名利面前，是最考验人的时候，他们会怎样选择？

在焦急和不安中熬过了 2 天，他们终于开口了，而且一鸣惊人，他们两个都放弃了比赛。为什么？我连续问了几遍。啊，我明白了，而且为他们感到骄傲和自豪。经过这半年多的精诚合作，他们已经成为荣辱与共、无话不谈的知心朋友，这是他们共同研究的成果，他们都不想窃为己有，所以宁可放弃这唯一的名额，而要联手在明年的创新大赛中一试高低。

多么了不起的决定，多么艰难的选择，又是多么明智的抉择。我真的从心里佩服他们，他们成熟了，做出了最正确的选择。

我欣然同意了他们的想法，可是研究日记怎么办？"当然还要继续。"他们坚定地说。

看着他们轻松的表情，我忽然想起《飘》中的最后一句话："After all, tomorrow is another day." 是呀，我们已经擦干了泪水，因为"明天，毕竟是新的一天！"

学生日记（2005 年 9 月至 2006 年 5 月）

刘铁男　南　昊

11 月 3 日

寄蜉蝣于天地，渺沧海之一粟。听了老师的介绍，实在不知如何选题，此时我才真切地感到天地之大，众物之博，己之渺小。

一听老师的介绍，我们就对 CASTIC 产生了浓厚的兴趣，我们儿时的梦想就是成为一名科学家，而大赛能让我们实现这个梦想，悸动的心久久不能平静。参加本次大赛无异于浇灌我们梦想的种子，天空仿佛更蔚蓝，阳光似乎更灿烂。我们的兴奋溢于言表。

然而第一个难题就随之而来。万物广博，天下之大，如何选题开始困扰我们。我们决定从科学选择上着手，先排除了不感兴趣的学科（如行为与社会科学），又排除了因条件受限而无法进行研究的学科（如生物化学），但剩下的学科依旧如此之多。我们不知所措，决定将平时心中闪过的灵感记录，并进行可行性分析，希望这招能有效。

11 月 7 日

　　哈尔滨是一个江畔城市，世世代代都依靠松花江，可以说松花江就是哈尔滨的母亲河。哈尔滨因松花江而多姿，松花江因哈尔滨而灿烂。来到哈尔滨的人必定会漫步于松花江畔，在美丽的太阳岛上游玩。松花江的江心有一个小岛，何不研究一下江心岛的影响因素。如果可能的话找到江心岛的控制因子，通过了解江心岛的变化，就能大体知道松花江的变化。同时江心岛也是旅游资源，还可以为旅游部门的开发提供依据，真是有百利而无一害。

　　我们兴奋异常，就如在漆黑的夜空中突然发现指明方向的北极星。充满了活力，生活也更充实了，枯燥的学习生活平添了许多乐趣，喜悦与兴奋溢于言表，仿佛牛顿发现万有引力，爱因斯坦发现相对论。

　　目标有了，现在需要制订计划。路漫漫其修远兮，吾将上下而求索。但似乎目标依旧很远，不知道前方等待着我们的是什么。

11 月 10 日

　　网上漫游数小时，鼠标点击千万次，众里寻她千百度，仍不见。我们掌握了最新的关于松花江的遥感资料，但就是找不到过去的遥感资料。我们查阅了相关部门的网站，也许是他们也没有，也许是他们为了保密，我们一无所获。那可是我们的核心资料，如果找不到就会前功尽弃，美好的梦想也会随之破灭。

　　也许世上没有哪件事是一帆风顺的，要成功就必须学会面对挫折，战胜挫折。我们只好把计划制订得更加详备，这样也许有助于课题研究的进展吧！

11 月 24 日

　　上帝为你关上一扇门的时候，会同时为你开启另一扇门。

　　网络资源已经被我们用尽了，我们只能另辟蹊径，寻找另外的资料。现在的图片比比皆是，但过去的资料就如凤毛麟角。一是 20 世纪 70 年代以后中国才有了卫星，而 RS 卫星遥感是新技术，起步较晚；二是过去对水力资源不够重视，缺少测量与观察。多亏刘铁男弄到一张 70 年代的水力图，十分可贵，我们如获至宝。经过观察，江心岛的变化十分明显，我们的目标更加清晰了，也更加有信心了。

　　为了使我们的研究更有说服力，剩下的任务就是寻找水利资料和一张 80

年代的图片。我们正一步一步迈向目标！

12 月 15 日

随着工作的进展，我们的信心也在消耗着。虽然计划制定得很好，但实施起来却遇到了一个又一个意想不到的困难。

原本计划一个月收集资料，但已经过了两个月，资料仍然不全。如果资料收集不全，这个课题就等于纸上谈兵，连研究的原材料都没有，还研究什么。连续几天来，我们如热锅上的蚂蚁，已经焦头烂额，忙得不可开交，文化课学习也受到了影响。

不过，经过一段时间的探索，我们发现网上的资料虽然浩如烟海，但也有很大问题。首先是数量过于庞大，使我们很难从中筛选，动辄几百万条的搜索结果让谁看了都会头痛，有种大海捞针的绝望感。其次是里面的资料鱼龙混杂，好多含有关键字的网页其实与我们的研究风马牛不相及，这些东西浪费了我们很多精力。还有就是真正能为我们所用的资料太少，一是因为我们的研究方向比较新，国内外有关这方面研究的资料凤毛麟角，不知从何处下手；二是关于松花江的资料稀缺，因为松花江的地理位置及特点决定了它的研究价值并不像长江、黄河那样高，尤其是有关江心岛的资料接近空白，使人顿生巧妇难为无米之炊的感慨。

看来只靠网络搜寻资料是不够的，我们得另辟蹊径才行。

12 月 24 日

到底哪里才能有我们想要的资料呢？我们想到了很多可能的地方，如水利局、水文站、水科所、测绘局、航运局等等，要想得到这些社会力量的帮助，光靠我们两个学生是不行的。于是我们分头发动家长，尽一切可能寻找在这些单位的熟人。

功夫不负有心人，经过多方打听，我们终于联系上了省航运局的人员。正如久旱逢甘霖，我们看到了黎明的曙光，看到了希望。

首先接待我们的是一位领导干部模样的人，听了我们的来意，他皱了皱眉，似乎并不相信我们有能力搞这么一项复杂的工作。他缓缓地说道："这项研究挺复杂，我们的研究人员恐怕也需要一年两年时间才能完成。"这话如一盆冷水当头泼下，在寒冷的冬日让人格外灰心丧气，我们自己也不由得对能否完成这个项目产生了怀疑。幸好他并没有拒绝我们的请求，而是从整体方向上给我们提供了一些可行的建议。例如只分析面积变化，可以使研究简单一些，也便于操作。我们认真地记录下这些建议，毕竟在这方面没有经验，听一听专家的意见是很有帮助的。

后来他为我们联系上了勘查院资料室的 L 阿姨，她十分热情地接待了我们，问我们需要什么资料。当前我们最缺的就是图像资料，尤其是 20 世纪七八十年代的。过了好一会儿，L 阿姨才从堆积如山的图纸本子中找到一张 1972 年的松花江哈尔滨段地形图。我们不由得奇怪，怎么偌大个航运局竟没有几张江心岛的图片呢？L 阿姨解释道，这是由工作需求决定的。因为航运局关心的主要是航运，航道情况才是他们监测和研究的重点，而对于陆地和江心岛，除非该处有工程，否则没有必要进行研究，因而关于江心岛的资料也就不多。我们听后不免有些失望，看来资料的寻找不是想象中那么容易，各单位都有自己的侧重点，要想获得全面的资料，仅在一个地方找是不行的。

由于研究才刚刚开始，我们也不知道还需要什么进一步的资料，因此决定先带着一张图回去，以后需要什么再来。

我们终于找到了高清晰度的卫片和航片，可以继续进行下面的工作了。

1 月 12 日

令人心焦的期末考试终于结束，同学们终于可以长舒一口气，迎接美妙的假期生活了。但我们俩知道，一段全新的挑战才刚刚开始。

由于比赛时间的变动，我们不得不重新修改日程计划，在短短不到两个月的时间里，除了应付不停的补课、如山的作业外，还要全力以赴，争取把课题高质量地完成。

以下我们要做的还有很多。首先就是继续寻找资料，只有大量翔实的资料才能为我们的研究提供有力的保障；其次就是处理信息，尤其是对遥感图的处理，始终是一个难点；再有就是对研究方向的把握，在浩如烟海的资料面前，我们如同迷失在茂密的原始森林，茫然不知所往。需要解决的问题太多，想想都叫人头痛。

1 月 26 日

初步讨论后，我们认为影响江心岛面积变化的因素很多，我们不可能一一研究，因此决定只选三个比较重要的控制因素：水位、流量、含沙量。这些资料在网上是查不到的，我们只有再去航运局跑一趟。

节前的日子大家都格外繁忙，尽管接待我们的 L 阿姨十分热情，但仍免不了分身乏术，不停地在工作和我们的事之间忙碌着，弄得我们十分过意不去。

我们要寻找 20 世纪 70 年代至今的松花江水文资料和更多的图像资料。经过查找，终于幸运地得到了 1972～2004 年的水位、流量资料。但美中不足的是，由于航运局的职责范围是航运，因此为节省经费，一切资料都是只取所需，水位和流量都是畅流期的，因为江水封冻后无法行船，所以没有冬季的资料。而含沙量由于与航运关系不大，根本没有。图纸方面，L 阿姨费了好大劲才从无数图纸中找到两张实测图。为了让我们看得方便，她花费了近两个小时进行处理。先是把两张图复印下来，然后经过仔细测量和剪裁，把两张各有侧重的图严丝合缝地拼在一起，看上去好像一张图一样。最后经过再次复印，把它们真正整合在一起。

看着她紧张而一丝不苟的工作和那张精细处理过的地形图，我们不由得感慨万千。一方面对她无私的帮助感到十分感激，另一方面更感受到了科学研究工作的艰辛。我们还从阿姨的身上学到了一种严谨的精神，这种精神是做一切事情都必须有的，在我们的学习过程中更不可缺少。这一趟来航运局可以说是物质与精神双丰收了。

最后我们向 L 阿姨要来了她的电话和 E－mail，再三表示感谢后，我们满载收获离去了。

2 月 20 日

万事俱备，我们开始了真正的研究工作。

资料的充足保证了我们课题研究的顺利进行。我们先学习有关遥感的知识，这对我们来说并不很难。也就是用 photoshop，arcview 这两个软件，我们俩都有一定的电脑基础，这两项工作简直轻而易举。接下来是应用 3D 模拟动画软件，这可相当麻烦，每一步都需要大量的工作，而且枯燥无味，十分烦琐。还好，我们用极大的耐心完成了工作，每一步工作都孕育着我们的心血。

我们终于完成了为期三天的动画制作学习过程，也大致写完了论文，觉得十分轻松，不过如此嘛！

谁知今天发生的事令我们顿时从美梦中惊醒。

昨天老师打来电话，要在今天下午给我们指导一下论文。我们准时到了老师家，老师拿出我们五次修改后才上交的论文稿件，说道："这篇文章基本上不能用啊！"一句话犹如晴天霹雳，震得我们心胆俱裂！想那五易其稿，取材自四面八方，充斥着我们为之骄傲的复杂知识，洋洋洒洒近 2 万字的长篇大论，竟然不能用，这岂不是说前一段时间的努力全都白费了吗？

我们好不容易才镇静下来，集中心神去听老师的讲解。老师指出，我们的论文有许多问题，导致全文根本不成形。首先就是格式过于复杂，内容庞杂。因为我们几乎完全按照硕士研究生毕业论文的格式写作，而我们论文的内容又不像他们那样内容丰富，条理清晰，导致小标题罗列现象严重，内部关系混乱，让人读得一头雾水。其次就是摘抄过多，有许多内容与我们的研究关联不大，完全可以一笔带过甚至不提，但我们却花费极大篇幅把它们罗列起来，导致文章结构冗长，观点不清晰。第三就是有关自己研究过程的内容太少，而这才应该是论文的核心与精髓所在。语言也不够简洁、准确、优美，几乎是全盘否定。

面对如此惨痛的教训，我们不得不进行反思，造成论文不合格的原因何在？我们分析有以下几条：第一，缺乏写作论文的经验。以前我们从未接触过这样的学术论文，现在要自己写，在理解不深的情况下，自然会出错。譬如我们没有抓住论文的核心问题，而是过分追求篇幅、字数、科技含量，以致文章大、长、散、空，如同行尸走肉，没有骨头，没有灵魂。第二，思考缺乏深度。只是一味摘抄别人的东西并把它们简单地拼凑在一起，没有将其转化为自己的东西，殊不知这些是人人上网都能找到的，并无多大价值。

看来，论文是该认真重写了。

3 月 5 日

我们的研究已经进入最后阶段——数学建模阶段，只要将我们所拥有的资料利用数学方法进行科学的归纳整合，便可预测未来江心沙洲面积变化的大致趋势。现在摆在我们面前的一个最大难题就是如何建立起一个理想的数学模型。凭我们现在已有的知识还难以把握，于是利用宝贵的假期时间，我们前往哈工大拜访了哈工大数学系教授 L 老师。

在工大宽敞明亮的阳光大厅里，我们见到了风度儒雅的 L 老师。看过了我们的论文，L 老师有针对性地给我们指导了建模的理论、意义、方法和具体步骤。我们顿觉柳暗花明——原来建模的理论依据并未超出我们高中数学的范围，只是在高中基础上的深入强化，把知识从理论引向实践需要。我们亦同时被 L 老师身上学者所特有的谦虚文雅气质折服。两个小时很快过去，临别 L 老师再三叮嘱我们建模的一些细节，并借给我们一些参考书。

带着满脑子的数学知识和学习后的充实满足感，我们再次踏上新的征程。

3 月 15 日

一转眼已经到了市里答辩的日子，我们的心头不禁泛起了波澜。还好，出于对自己工作的自信，我们很快平静了下来。在前往市科协的路上，我们心中一遍遍回忆论文的方方面面，直到烂熟于胸。我们思考着评委可能提出的各种"刁钻"问题，同时不断给自己打气："放心吧，一定能行！"

到达市科协门口，外面已经围了好多学生，各路高手在这里汇聚，就看谁技高一筹了。这时已经有老师在喊我们的名字了，看来来得正好。我们急忙奔上楼去，深深吸了一口气，敲开了"考场"的门。

这是一间不大的办公室，两个老师在迎接我们，深红色的办公桌上摆着两台电脑，这情景再普通不过了，我们绷紧的心弦瞬间松弛了下来。

老师先跟我们唠叨了一些无关紧要的话，显然在帮助我们平静心绪，随后话题转到了我们的论文上。从我们研究的基本内容到其中的一些细枝末节，评委老师的问题涉及方方面面，还好，这些问题都是我们在研究中曾经遇到并认真思考和解决过的，于是很顺利地通过了。短短的 5 分钟很快过去，最后两位老师还自言自语："就这个还有点意思。"这让我们对自己的课题更加充满信心，看来近半年的努力没有白费，收获的季节到了。

不久传来喜讯，我们通过了市里答辩。由于我们的课题好，还让我们写"我与科协"的征文。

一分耕耘，一分收获。我们的付出得到了肯定，这更坚定了我们的信心。

4 月 15 日

苦苦的等待，长久的奋斗，艰辛的付出，我们终于等来了最后的拼搏。那将是我们付出的见证，那将是对我们付出的肯定。

经过精心的准备，我们踌躇满志地来到了省科协。

大客车拉着参赛选手来到了江北，美丽的景色映衬着我们的自信。为了展示我们的工作和动画模拟，我们还特意带来了笔记本电脑。

经过几小时的等待，终于轮到了我们，我们一开始展示，就引起了各位专家的兴趣。专家们都围过来问这问那，我们则侃侃而谈，一一解答他们的问题，气氛很活跃，因我们的科技含量高，一个专家还说我们的工作是两个博士生才能完成的。殊不知所有的工作只有我们 2 人完成，我们是三中的学生，就要有三中学生的优秀传统，无论多么难的事，只要经过奋斗，就一定会成功，玉汝于成，舍我其谁。答辩完成时，我们满怀信心地走出房间。

答辩如此成功，这是我们事先没有预料到的。

出门后问带队老师，他也表示我们进行得很好，一定能通过。

在攀登者面前没有不可逾越的山。

5 月 21 日

突然得知我们没有通过省里的答辩，惊得呆若木鸡，不知所措。难道我们几个月的努力已经付诸东流？曾经的付出，无数个自习课的舍弃，无数次图书馆的奔波，查阅资料，无数次在电脑前奋斗到一两点钟，换来的，仅仅是"没通过"三个字。我久久无语，一连几天，都魂不守舍。

问其原因，说课题不是我们做的。我们大惑不解，课题的每一步都是我们亲手做的，论文的每一个字都是我们反复推敲的。怎么能如此主观臆断，只凭一句"不是你们做的"，就全盘否定了两个有志少年几个月的艰辛付出？

当得知结果无法更改时，我们反而平静下来，进行了理性的思考。从中我们也明白了许多，其实失败也许并非偶然，大致总结了一下失败的原因：

虽然我们的选题新颖、见解独到，但是比起许多其他选手各种新奇的小发明，我们的论文和资料在趣味性上显然不够。可能我们的研究在科学性、实用性上要远远超出其他选手，但在短短的几分钟的答辩时间内，我们无法全面系统地展现我们研究的优势和广泛的应用前景。加之评委事前并没有认真阅读我们的论文，只是大略地浏览一下，对某些内容尚未了解。答辩过程中，我们的方式也有一定的问题，我们只顾滔滔不绝地叙述自己项目的优点，却没有及时观察到评委们的疑虑，过分的炫耀虽然产生了震撼的效果，却也让评委对项目的真实性产生了怀疑。其实我们也意识到了评委的一些疑虑，例如有一个评委问我们：这个项目有多少是你们自己完成的，我们肯定地告诉他是百分之百，但这一句话也许并没有多大说服力。

痛定思痛，虽然这次的失败让我们近半年的辛勤工作化为泡影，也耽误了不少学习时间，我们的学习成绩都有所下滑。但总体来看，这次活动对我们的影响是积极的。在大量的实践中，我们提高了能力，增长了见识，收获了许多宝贵的精神财富。落下的学业可以再补，在校期间的实践却千金难求。这是人生中一次难得的经历，无论成败，它都将成为我们人生中绚丽的一笔！

长风破浪会有时，直挂云帆济沧海。是高山就会展现巍峨，是英雄就会展现强者的容颜。我们会期待下一次的考验。

让暴风雨来得更猛烈些吧！

教师指导体会

从2003年参加"中国科协青少年科技创新人才培养项目"课题培训到亲自指导第一个课题，有三年多的时间。随着对课题研究参与的不断深入，我逐渐从当初的激情澎湃、无限憧憬而变得沉静，进而又对我所从事的事业进行了深刻的思考。

1000多个日日夜夜，在参与指导活动的艰辛与付出之余，我对如何进一步改善和提高青少年科技素养、培养青少年科技创新意识的文化环境进行了深入思考。要营造良好的环境，离不开社会各界同仁的理解和支持，离不开家长的鼎力相助，说到底，这是一项社会工程。

最近看了一些统计数据让我着实惊诧了许久：中国专利局最近统计，中国国有企业每年的专利申请量还不及日本一家公司多；中国人口占全世界人口近四分之一，中国每年申请的专利总和仅占世界专利申请总量的千分之一；我国人均国民生产总值的能源消耗为发达国家的六七倍，我们的很多企业和生产部门还在使用着那些早应该淘汰的落后技术。我们的家电出口额数量巨大，可利润呢？我国生产的 DVD 整机售价约为 40 美元左右，其中要支付的知识产权费用就高达 21.3 美元，最后只有几美元的盈利。目前我国 DVD 生产较集中的南方地区已有 100 多家企业破产，而且这种趋势已逐渐从 DVD、彩电波及手机、PC 等其他产品领域。劳动密集型产品占我国出口份额的比例高达 85%，这些产品没有自主品牌和独立技术，只是靠机械模仿和廉价劳动力赢得了暂时的市场，产品毫无生命力。我们不能只看数字的增长就沾沾自喜，GDP 已经世界第四了，仿佛已跻身世界强国之列。归根结底，还是因为缺乏大量的创新人才以及由他们推动的生产力的最终进步和提高，这不由得使我们的眼光又落到了中国教育上。

再来看我们追赶对象的近况：美国医学科学家协会颁发的一份 2005 年度杰出青年医学研究者的获奖名单，638 名申请人中 7 名获奖者有 5 名博士后，而另外 2 名则是在校的高中生。多么令人震撼！一个高中生在他处于成长阶段时就能获得生命科学方面的国家奖项，不能不说这是一种创新教育和创新文化的成功。

我们怎样改变现状、迎头赶上？我们又怎样培养具有首创精神和品格、具有创新意识和能力的新一代接班人？我认为应该实实在在地做好以下六项工作：

一、创新在课堂

"教学改革"不应仅仅是一场场的演出，而要贯穿于教学的始终。教学中教师要善于营造一个宽松、民主的学术氛围，建立师生平等的关系，互相交流，互相切磋，鼓励学生发表新的观点。要淡化书本的权威和教师的权威，只有在无"权威"束缚和民主、自由的环境中，才能创新。

二、积极培训教师，帮助他们上好每一堂课

教师要进行持续的甚至是终身的相关培训，使他们能按照新的教育理念来组织教学，并要提高教师本身的科学素养，使教师树立强烈的活动和辅导意识，具有高尚的品德以及高度的创新意识和耐心。

培训的质量是决定教师观念能否迅速转变的关键。我觉得霍益萍教授组织的几次教师培训都非常成功，主要是由于她善于把新的教学理念融入培训：分组、讨论、陈述、答辩、讨论、评价、修正……所有人都必须参与，所有

人都必须一丝不苟，所有人都有了十足的热情、高涨的投入和责任感与荣誉感。我为这种方法深深折服，并把这种方法应用于自己教研组的教师培训和课堂教学，产生了很好的效果。

在教学中，当我给学生以舞台，给他们以机会，鼓励他们勇于表达自己、表现自己时，当孩子们的激情迸发出来时，你会觉得你的教学不再是机械的、枯燥的、无味的重复，这是在与一个个渴求知识的心灵进行对话与碰撞。教师的一个眼神、一个动作、一句幽默，都能引起他们的共鸣，这时的教学已经进入了一个自由的王国，教学活动对教师、对学生都将是一种享受和快乐。每次上课之前，教师都充满了对教学创造的渴望和期盼收获的兴奋。

可是我国目前的教育状况，教学中让每一位学生成为主体还不大可能。怎么办？只能在课堂上留一小段空白给学生，哪怕是三五分钟，使他们在这短暂却宝贵的时间里自由驰骋，释放情感，或提问、或讨论、或有感而发、或吟唱、或表演，不拘形式，不拘小节，不拘内容，师生无所不谈、无所不及，其乐融融！

这样的教学已不仅仅是对知识、技能的传授，更应该是情感的交流，心灵的沟通，生命的对话。这样的课堂才是和谐的，这样的课堂才充满阳光，充满生命的活力！

三、开设科学研究课

在学校开设或选设科学研究和活动课课程，更为科学、迅速地提高学生的科学素质。

四、开展科技活动

科协等各类相关部门要为孩子们提供更多参与科技活动的机会，提供开展科技活动的场所，为孩子们搞课题研究牵线搭桥，提供便利。

五、培养创新人格

由于创新具有巨大的随机性和不确定性，同时又具有巨大的风险性。因此，它需要有锐意进取，敢冒风险，不怕失败的精神，需要学生有活跃的思维、顽强的毅力和坚忍不拔的精神。这种精神和品格的培养更应放在科技创新的首要目的之中，我们首先培养的是"人"，然后是"才"。

六、形成创新文化

历史和现实都告诉我们，任何一个技术创新活跃、经济繁荣的时代，都需要重大的人文创新来导引、需要文化的繁荣。比如：17世纪世界科学的中心由意大利转向英国，出现了牛顿这样的科学巨星，技术上有了蒸汽机等众多的发现、发明与创造，用科学史家和科学社会学家默顿的话说，是因为"17 世纪英格兰的文化土壤对科学的成长与传播是特别肥沃的"。18 世纪后期到 19 世纪，科学中心转移到法国，是因为法国大革摧毁了路易十四以来的专政制度，启蒙哲学和理性精神打破了旧的世界观的桎梏，理工学院的创立"为人民中被埋没的各种人才敞开了大门，铺下了自由发展的道路。"

种子的萌芽、成长需要土壤、阳光、空气和水分，创新思想萌生后也需要精神和物质的支持，需要适宜的环境条件，只有这样，"种子"才能健康成长，最终开花结果。

现在我国急需形成一种良好的、有利于创新精神成长和壮大的文化氛围，即尊重自由探索、尊重首创精神、奖励和激励创新、鼓励发挥集体智慧和团队精神的理念，使大众对创新产生共识和积极的态度。一旦这样的创新文化形成一种力量，它就会深深熔铸在民族的生命力、创造力和凝聚力之中，使人有一种广博的思维视角，有一种海纳百川的宽广胸怀，具有博采众长的能力，社会也必定会巨人辈出、欣欣向荣。

尽管在这里谈到了目前在科技创新活动中存在的一些问题，但对正在为之奉献的事业，我们还是十分珍惜而执著的，并充满了信心和力量。毕竟通过我们实实在在的努力，社会正在点点滴滴地改变，在一步一步地前行。我们坚信，只要经过我们几代人的不懈努力，我们的合力会在不久的将来奏响中华民族新的、更和谐的乐章，结出华夏文明新的、更伟大的硕果！

为学生搭建攀登的"脚手架"

——韩荣珍老师和她的学生

教师简介

韩荣珍，女，河北省实验中学（石家庄二中）高级教师，毕业于河北师范大学生物系。河北省生物学会会员，中国科普志愿者，中国青少年科技辅导员协会会员。曾评为校级教育科研先进个人，石家庄市市优秀骨干教师，省级中小学生科技教育先进个人，河北省科协系统先进个人，多次荣获国家、省、市级优秀辅导员、优秀指导奖、优秀科技教师荣誉奖，石家庄市"青年创新奖"。

参加学校课题的研究实施工作；参与"研究性学习"课题的指导实施工作；参与编写多部论著，数十篇论文获国家、省、市级一等、二等、三等奖。自制多媒体课件、教具，多次在各级研讨会展示并获省、市、校级一等、二等奖。多次承担市、校级优秀示范课展示、研究观摩课任务，多次参加优秀课评比并荣获校、市、省一等奖、国家级二等奖。

多年辅导学生参加全国、河北省、石家庄市的"生物知识竞赛""实验操作技能竞赛""探索者创新实践活动""全国生物百项活动""全国青少年生物和环境科学实践活动""全国青少年科技创新大赛"，数十人获国家、省、市级一等、二等、三等奖，有近百人荣获中考、高考加分及保送奖励。

科技创新活动成绩突出，曾带学生参加国际亚太地区"第三届亚太经济合作组织青年科学节"的交流活动，携学生赴丹麦参加"青年科学家大赛"的交流活动。

教师日记（2004年9月至2005年5月）

指导日记（一）

原定周三下午为高二学生举办生物科技动员讲座，日程安排已提前一星期公布。本以为感兴趣的学生会坐满整个阶梯教室，没想到上课铃响了，几个年轻的生物教师坐在了第四排中间的位置，前几排零零散散地坐了十几个学生。猛然间我感到一阵失落，打算取消本次活动。我问学生，怎么就你们几个？别的同学呢？原来高二年级今天有广播操比赛，他们几个班刚比赛完，跟老师说了一声就来了，好机灵而又对生物科学充满热情的学生，我的心里涌起一丝暖意。回答完我的话，学生们悄无声息地睁着期待的眼睛看着我。我又重新打开已经合上的笔记本电脑，迅速进入正题。

我首先介绍了科技活动的相关赛事、项目评选的标准及要求，分类介绍了自己多年来所辅导获奖的一些学生项目。讲座结束后，几个学生围了过来，问着他们感兴趣的问题。我耐心地回答他们的疑问，一个学生引起了我的注意，言谈中表现出对生物的喜爱和痴迷，她很想参与生物课题的研究，只是现在还没有好的想法。几个学生仍缠着我想多了解些科技活动如何选题和实施。天黑了，我让他们有好的想法可随时打电话或在电子邮箱给我留言。

我很庆幸今天没有放弃对为数不多的几个学生的讲座与动员，使他们对生物科技活动更富激情，但愿他们会有好的想法与思路。

指导日记（二）

前几天有几拨学生预约与我交流课题的有关事情，下了课我径直向生物实验楼走去，一进门几个学生就围了上来。

那天调换办公室，刚好大课间，我招呼活动的几个学生帮忙。好热情，一下来了好几个。原来他们都认识我，前几天听过我的讲座。我仔细一看，有几个是那天走得很晚的，其中高挑的女生叫小雪。"课题想得怎么样了？"有的说还没想好，有的说想作夹竹桃的，有的说想作水方面研究的，只是不知道该怎么做。小雪说她想作激素方面的研究，这几天他们刚学了激素调解这一章的内容。小雪的话引起了大家的共鸣，几个同学连说带闹地讨论了起来。快上课了，我打断他们道："每个同学的想法都很好，回去抽时间每人写个课题思路，周三下午到生物实验室交流，怎么样？"

今天，他们都来了。

学生们在实验室里围坐一圈，各自陈述他们的选题思路。我要求他们按四个方面展开陈述：①选定的课题题目；②选这个课题打算做什么；③初步打算怎样做；④需要什么样的条件，自己能找到哪些条件，需要老师帮助提供哪些条件。每个同学陈述完后其余同学可自由发言，发表自己的看法。

由于是第一次如此交流，刚开始他们较为拘束，每人只是按要求完成对自己课题的陈述，交流看法就有些冷场。我只好直接对学生的课题进行单一的评价，然后慢慢引导学生融入其中。到了小雪陈述的时候，气氛显得活跃了一些。我干脆完全放手让学生进行评价交流，虽然见解还有些天真和稚嫩，但在交流中体现了思维火花的碰撞，取得了初步的成效。

指导日记（三）

这一段时间，大部分同学已基本确立了项目研究方向，并分组进行了选题交流，开始分头查阅资料。部分同学想在学校上网查阅资料，我与电教负责老师约好今天开放微机室。

微机室里，十几名同学早已各就各位，熟练开机后进行着网上漫游，他们都上过微机课，有的还是网络高手。这时小雪气喘吁吁地走了进来："老师您帮我看一下行么？"小雪给了我一张纸，上面写着：

1. 研究内容：植物激素对动物生殖发育的影响。

2. 本课题设计实施以下几个方面的操作：

（1）各种植物激素对小白鼠生殖、发育影响的研究。

（2）对发育未成年小鼠后期捕食能力影响的研究。

（3）植物激素对农作物负面影响的研究。

（4）简单研究调查植物激素的施用量与产量之间的关系。

通过上述的操作与研究，发现植物激素的正负作用，为有效预防负面影响和有效合理的应用提供依据。

3. 需要小白鼠、小笼子、植物激素、小鼠饲喂室等条件，自己能解决。需要老师能随时帮助我解决疑难问题。

看样子她把上回选题的方向作了调整。

"查资料了吗？"我问道。

"查了些资料。"小雪说，"资料上说：一些食品研究专家建议，应使果农和菜农了解科学使用'植物激素'的重要性和滥用激素的危害性，让全社会对科学使用'植物激素'有一个共识。还有的说，中国一些省份已经对'无公害农产品'和'绿色食品'作了具体规划，但大多着眼于'农药安全使用方面'，尚未涉及'植物激素'的安全使用标准。"

我心想，资料内容查询得很是恰到好处，不过让她自己评价会更好。便问道："你觉得自己的选题如何？"

小雪说："我觉得我选植物激素作为研究方向选对了，所以我决定做这个课题。"

我引导道:"植物激素有哪些,你记得吗?"

"有吲哚乙酸——生长素、细胞分裂素、乙烯、脱落酸、赤霉素。"

我又问道:"那你打算先用哪一种呢?"

小雪愣了一下:"这我倒没想过。老师您说选哪种合适?"

我点拨道:"你可再查一些相关资料,具体选哪种你自己定。不过注意选农业生产,特别是蔬菜水果生产上常用的为好。"

这时,几个同学在网上找了几个站点,仍找不着所需的资料,围过来咨询。小雪在旁边建议道:"你们可以试一下'北大天网搜擎',敲入相关字再敲回车慢慢找就可以了。"

我让其他几个同学用了几分钟时间简单交流了自己上网的经验,又简单说了几个上网的方法和常用网站,同学们又进入了入迷而细心的搜索查询。我又接着和几个同学进行课题的个别交流。那天持续到很晚,同学们才恋恋不舍地离开。

指导日记(四)

今天第八节课是体育课外活动时间,我在备课室上网查阅一些资料。"韩老师!"我抬头一看,是满脸沮丧的小雪。我合上笔记本电脑,领她到大厅的沙发上就座。

我问:"实验准备得怎么样了?"

"已经做完了。"

我惊讶道:"这么快?实验记录带来了吗?"

小雪不好意思地说:"没有记。"

我看着小雪:"用了几只小鼠?几种激素?"

小雪眼睛发亮:"三只小鼠,两种激素。"

我追问道:"现在三只小鼠有什么不同的现象?"

小雪低了一下头:"现在没有什么现象,都死了。"

我安慰道:"死亡也算是一种实验现象,你分析死亡原因了吗?"

小雪沉思了一下:"我本来想在家里养,可妈妈不让,嫌脏。我只好放在地下室养。那儿不见光,没暖气。上周期中考试,光顾复习了,有几天没喂,我想可能是冻死的,也可能是饿死的,或者是病死的,我也搞不太清楚,有两只也可能是饮添加剂植物激素水死的。"

等小雪讲述了她的实验过程,分析了小鼠的死因后,我又引导道:"生物课上学过实验的设计了吗?老师说过实验设计和实施中应该注意哪些问题了吗?"

小雪忽闪了几下眼睛："记得老师翻来覆去强调实验设计应注意两个方面：一是要注意严格对照，无对照不足以说明任何问题；二是单因子变量。"

我想还是让她自己发现实验中的问题吧，便进一步引导道："你在实验中注意到这些了吗？"

小雪兴奋道："三只小鼠中我留了一只没有喂植物激素，当做对照组。另两只作为实验组，每一只只饲喂一种植物激素，其他的所有条件比如喂养的场所、温度、湿度、喂食量完全相同。我做到了实验中的严格对照，也做到了单因子变量。"

我首先肯定了小雪实验中正确的方面，继而指出了她最大的缺陷在于实验的设定中没有设计重复实验，即多设计几个组内实验对象。她说，怎么书上的实验都没有提到重复。我解释道："书上的实验大都是些单纯验证性实验，重复没有必要，所以只注意了实验操作中的完全对照和单因子变量两个方面。"

小雪认真地听完我的分析后说："我觉得我的实验中还有一个很大的缺陷，就是没能给小鼠最适宜的外界环境条件。"

我赞成道："这也是试验成功与否的一个关键。下一步你打算怎么做？"

小雪看似有些犹豫地说道："我还没想好，三只鼠都没养好，小白鼠多了，条件不具备先不说，要养到生小白鼠好像挺有难度的。"

我忙给她鼓气，告诉她，实验虽然没成功，可毕竟获得了许多宝贵的实验设计经验，回去多想想该如何进行下一步实验。

小雪选的这个课题很有新意，如果半途而废很可惜。我想，最大的问题是选材不太妥当，小雪已经意识到这一点了，还是不宜操之过急，让她回去再好好想想，下次看她有什么新想法吧。

指导日记（五）

上次我带几个想用细胞培养做实验的同学去肿瘤研究所实验室参观，也通知了小雪同去。几个同学决定利用那里的实验条件完成他们的实验，小雪好像没有什么收获。在与专家的交流中，小雪提出了能不能对小鼠的生殖细胞进行体外培养，并运用人工授精方法来观察植物激素对小鼠从生殖细胞、受精到胚胎发育过程的影响。研究所的专家告诉小雪，这个实验难度很大，需要采用药物法让小白鼠定期排卵，并取得卵细胞和精子，进行试管内受精和培养发育成胚胎。这些生物技术操作复杂，不是高中生能胜任的。小雪很沮丧，回来的路上也没有加入同学们的谈笑。

今天我又带几个学生去师范大学生命学院参观，并确定实验事宜。

实验与交流进展得很顺利，剩余时间学生们参观了学生的实验室。一部分学生正在用果蝇做遗传试验，满屋子是熟悉又难闻的乙醚的冲鼻子味道，感觉又回到了十几年前的学生时代。几个同学看了一会儿又去了另一个实验室，小雪却与几个做实验的大学生们小声地聊着什么。小雪好奇的样子启发了我，果蝇不就是很好的选材吗？小雪正思考自己项目的实验选材问题，她是否想到果蝇这个材料了？果蝇生长发育及生殖周期短，用它做实验倒是个绝佳的材料。想到这儿，我告诉负责实验室的齐老师，我的学生大部分项目都有着落了，今天来师范大学生命学院又解决了一部分实验的落实问题，只剩小雪等几个学生了，能不能让小雪她们在这儿做几组实验。齐老师表示全力支持和欢迎，说他也正在进行一个果蝇的遗传试验，这段时间也需要加班。

我看小雪聊得差不多了，便悄悄把她叫了出来，一起来到齐老师办公室。

我问："聊得怎么样，有收获吗？"

小雪道："我记得夏天吃完西瓜忘了收拾西瓜皮，到厨房时，看到几只小虫在西瓜皮上美餐，这小虫长得和苍蝇有几分相似，但个头要比苍蝇小得多，当时我还捉了几只。现在才知道那是果蝇。刚才我问了那几个大学生，果蝇是常用的遗传实验材料，生长发育及生殖周期很短，寿命也不长。"

我笑笑问道："有什么新打算吗？"

小雪显得很兴奋："韩老师，我想用果蝇来做我实验的材料，您看怎样？"

我看看齐老师："齐老师是专家，你可咨询一下。"

齐老师乐道："傻丫头，你们韩老师早给你想到了，连实验时间都给你安排好了。我这里有些果蝇实验的材料，你拿回去看看，准备好了随时可以来做实验。"

小雪很激动："谢谢韩老师！谢谢齐老师！"

回去的路上，小雪眉飞色舞地和同学们交谈着。

指导日记（六）

前一段时间我外出，学生们给我定期汇报课题实施的进度，有问题及时联系，以便帮他们解决出现的各种问题。我感到能认识那几个研究所实验室的专家是多么的幸运，他们都以极大的热情和严谨的科学态度帮我指导着学生，如果没有他们的帮助，很难想象实验会有什么进展和收获。特别是齐老师，他对小雪比自己的学生还要好。他在自己做实验的同时还时常照应着小雪的实验，在小雪到不了的时候帮他观察果蝇的生长状况，并通知小雪实施下一步实验的时间。这种对下一代的关怀与呵护是多么的无私啊！

今天是小雪实施下一步实验操作的时间。我先到另一个研究所看了一下在那里实验的学生，对他们的下一步实验作了安排。等我赶到师范大学生命学院实验室时，小雪正用天平进行最后一批实验果蝇的计数与称量，操作规范而娴熟。称完后小雪利落地把桌面收拾得干干净净，把实验用具摆好便开始进行下一步果蝇的连续培养操作，左右两手的配合是那么的默契和熟练，很有专业科研工作者的样子。看着她规范利落有条不紊的操作，我就想起刚开始计数、称重配平时她的笨拙与实验操作时手忙脚乱的尴尬，开始时总有几瓶果蝇因被污染而不得不淘汰。短短几轮实验下来，她竟有了如此熟练的操作技能。

等我与齐老师交谈完，发现小雪早已把她用的操作台收拾得干干净净，装果蝇的瓶子已放入恒温箱中，小雪正拿着抹布擦拭其他的无菌操作台。这一幕与刚来时的情景成了鲜明的对照。记得第一次试验结束时小雪满脸兴奋，嘴里嚷嚷道："韩老师，终于操作完了，就等过几天看结果了。"

我看看操作台一片狼藉，便指着台子说："实验结束了吗？"

小雪冲我伸伸舌头，冲到操作台前像在学校实验室一样把用具摆放整齐。

当时齐老师在一旁笑着引导道："小雪记性好，一定记得这些用品是从哪个橱柜里拿的，能找到位置放回去吗？"

"能。"小雪很快把物品进行了归位。操作台面有些脏，小雪随手拿起齐老师特意放在台边的抹布擦了起来。

齐老师说："小雪，顺便把操作台的玻璃也擦一下。"

小雪被动地把抹布伸向玻璃机械地擦起来。

想到这里我轻轻地笑了。站在身旁的齐老师说："小雪已经养成好习惯了。这段时间小雪每次做完实验，都会把这个实验室彻底整理干净。如果时间早都会主动找事帮我做，她变得比以前有心了，更懂事儿了。"

我与小雪告别齐老师，顺路来到附近另几个同学做实验的研究所，与他们一起回家。几个孩子凑到一起很是热闹，话语间，一个同学说："我妈妈在学校门口等我，说是这一段时间辛苦，要请我吃顿大餐，犒劳犒劳我。""你妈妈这么支持你！我父母要有你妈妈的一半儿支持就好了。"小雪的这句话提醒了我，到了该说服扭转几个家长对待孩子实验的态度的时候了，否则学生们心里会有疙瘩，影响后期的课题实施。

指导日记（七）

今天开家长会，会后几个家长陆续到我办公室与我交流学生的学习情况。最后走的是跟我做课题的学生家长，这些家长相互说起孩子的名字都很熟悉，孩子成了他们沟通的纽带。

我问："怎么样？这段时间孩子们学习还算稳定吗？"

一个家长说："前一段时间他参加活动有些耽误时间，再加上闹情绪，成绩直下滑。这一段成绩还算稳定，学习时间的安排紧凑多了，不像以前那么拖拉了，效率好像也比以前高了。"

我说："这应是预料中的。我让小雪拿回去接着修改的论文稿子看见了吗？孩子的条理性很好，只是语言表述有些欠缺。"

家长道："这几天她正抓紧时间修改呢。等她改完我先帮她把把关，再让她交给你。"

另一个家长说："我孩子成绩上倒没有很大的波动，这段时间跟着韩老师参加活动，长了很多见识，比以前泼辣多了。"

我不禁想起那个学生刚开始不善与大家交往，总躲在角落里的情景，便笑道："几个月的变化还是蛮大的，现在他已经和小组的同学打成一片了，也没有因科技活动而放松学习。"

一个家长道："在参加科技活动小组之前我就与她约法三章，首先就是不能放松学习。这一段时间她学习的时间虽然有所减少，可学习的效率却有所提高。"

又有一个家长搭话道："这段时间我的孩子成绩虽有波动，可他学习的劲头还是蛮高的，还给自己定了上哪所大学，学哪个专业的目标。照这样的学习劲头，我想就像韩老师说的，波动是暂时的。"

小雪的家长前一段时间为了孩子实验耽误时间的事不断与我联系，要求我以老师的身份停止孩子参加实验项目的实施。当时我已经想到孩子和家长意见不统一，闹矛盾了。家长说服不了孩子就想来个"曲线救国"，让我这个组织者出面用强硬的方法把孩子驱逐出我的科技小组。我做了一些说服工作，小雪的班主任也帮着做了不少学生家长的工作，很有效果，可家长心里的疙瘩好像并未全部解开。小雪的家长一直等到最后，家长们的一言一语特别是几个和小雪做伴儿去做实验的几个学生家长的话，应该对她有所触动。

我说："刚才几个家长的孩子都跟着我做课题，有时间你们可以多交流。"

小雪家长道："刚才班主任老师在家长会上还表扬了小雪他们几个有实验项目的同学。前一段时间孩子的成绩直下滑，我很担心。我试图阻止她参加科技活动，结果适得其反。"

我问道："现在有什么想法？"

家长说："我现在彻底想通了。事实上跟那几个家长说的一样，小雪这一段时间参加科技活动会有所分心，成绩或许有些波动，只要合理安排时间，这只是暂时现象。"

这下小雪应该没有后顾之忧了。

指导日记（八）

小雪在生命学院经过了近两个月的实验，快要收尾了。我让小雪把实验数据整理一下，全部带来给我看。

小雪来后，我便问她："小雪，带来了吗？结果如何？"

小雪从袋子中拿出一沓写满数据的纸放在桌子上，有些忧郁地说道："老师，我觉得实验结果好像不太理想。实验数据太多了，根本看不出明显的差异。"

我宽慰道："果蝇生长发育的时间、体重、寿命方面的数值本身就不高，所以决不会像人、鼠等生物数据的差异那么大。并且有一套科学处理数据的方法，在没有进行科学处理之前，你这样下结论有些太早。"

小雪睁大眼睛看着我道："是吗？可是，这么多数据怎么处理？对了，我回去就把数据输到 EXCEL 表格里，用 EXCEL 算平均值我会，很好算的。"

我看着小雪又兴奋起来的样子笑道："数据处理可不是仅仅求平均值那么简单，仅仅求平均值的做法是最没有可信度的。"

小雪满脸疑惑地问道："是吗？还需要怎么做才能增加可信度？"

我答道："比如说方差计算，以此来证明实验的差异到底有多高，误差如何，可信度到底有多大。"

小雪又问："老师，我做实验的时候是严格操作和记录的，决不会有误差。"

我答道："没有误差的实验是不可能的。"

小雪疑惑道："算出误差会不会影响项目的说服力？"

我解释道："实验中的误差是允许的，只是有一定的限度。要用方差计算看其结果的差异是否显著，如果方差计算差异不显著，植物激素对果蝇某方面的影响就不大，这也是一种结果。"

小雪为难地说："方差计算一定很难，我不会怎么办？"

我告诉她："齐老师可是实验数据处理的专家，我已经与齐老师约好了，他会给你们几个需要数据处理的同学培训，记着要按时到。"

齐老师教给学生如何用 EXCEL 软件进行数据处理。我陪着学生听了几轮，才基本掌握如何用 EXCEL 来进行方差计算和数据处理，而学生们一遍便掌握了。听完后的同学，在另几台电脑上练习操作，小雪来得较晚，但她接受能力强，很快便掌握了操作方法。针对小雪的项目齐老师又进一步给她讲了如何用 EXCEL 软件设置回归曲线和方程及验证可信度的方法。

今天我的收获也不小，在实验数据处理方面我也开了不小的眼界，收获不菲。

指导日记（九）

学生们的研究项目大多正处于数据的整理和处理阶段，该对他们进行论文书写的培训了。有几个同学的论文初稿已经完成，可以看出他们是下了一番苦功的，可是论文无论格式还是内容差距都很大。

今天是课题组全体同学论文写作培训的时间，我让学生们围坐在一起，几个已完成初稿的学生先陈述自己论文的格式，然后大家讨论。

一个学生说："我是按实验报告的模式写的。"

另一个也附和："我也是，论文里的实验目的、原理、材料用具、方法步骤、结果及分析都有，很全的。"

有同学补充道："好像还有实验的结论吧？"

大家你一言我一语，论文的核心变成实验报告了。

我引导道："有看法不同的吗？"

有一个同学质疑道："论文和实验报告的书写完全相同吗？"

另一个男同学说："我查阅了一些科研论文，与实验报告有相同的地方，但差异还是较大的。"

他身旁的另一个同学证明："我们是一起查的，还打印了一份呢。就是这几篇。"说着他把文章摊放在桌面上，大家都把头伸了过来，大有争抢的架势。

我赶忙说："大家不用抢，这几篇可传着看看。我这儿有几篇范文，大家也传着看看。"

让大家传看了一会，我又动员："看完了吗？接着谈谈自己的看法。"

这个说："好像所有论文都有几百字的摘要和关键词。"

那个质疑道："论文还没写就先写摘要吗？"

我解释道："摘要当然要在整个论文写完了才能写，否则就不能称之为摘要了。"

这时一个同学抬起头来："怎么还有前言？有必要吗？"

我解释道："很有必要，在前言中应先总体陈述一下问题，这有助于说明与项目相关的要点。然后简单综述一下有关的研究发现和理论，是为了说明你对前人已完成工作的理解和目前你的研究项目所处的前后关系。在前言中，还应包括你的假设、你研究的动机以及你所想达到的目的。"

又一个同学问道："韩老师，后面的内容好像与我们实验报告的内容很相似？"

我说："我们书上的实验多为验证性实验，而我们项目研究过程中实施的实验多为探究性的。所以书上的实验与我们的项目实验差异较大，在论文的书写上也是不同的，当然，论文的书写还要因课题的内容而定。"

经过讨论与交流，学生们终于明白了论文书写的基本格式和所涵盖的内容。

指导日记（十）

这段时间学生们一点也不轻松，我和他们的预约几乎天天有。每个人的课题不同，论文内容也不同，虽然组织他们进行了如何书写论文的交流，可具体到实际写论文他们又不知如何下笔。我只好让他们照猫画虎，写写改改，经过大家的努力，论文的书写与修改也告一段落了。

今天是结题交流的日子，也是准备参加科技创新活动的赛前准备。

我要求把论文的内容做成投影，每人用 5 分钟时间展示，用 5 分钟时间接受其他同学的提问。

交流按顺序进行，同学们准备得都很充分，一个个满脸紧张而又兴奋的样子。学生们轮流展示，相互提问，了解各自项目实施、完成的情况。几个刚加入科技活动小组的学生好奇心很强，刚开始的时候还很拘束，在其他同学热情的感染下，他们也很快融入小组交流中来。

当小雪展示完自己的作品后，同学们你一言我一语地就自己感兴趣的问题提问，那几个后加入的同学也好奇地问小雪："你是怎样一下子想到要做这个课题的？"

小雪说："我并不是一下子就想到，经过了几乎一个学期的时间，走了好多弯路，我才想到用果蝇来实施这个实验。"

又一个同学问道："你怎么会估计到植物激素对果蝇会产生如此大的影响？"

小雪解释道："只是预期和希望罢了，直到实验数据汇总出来还无法确定。不过，结果真的出乎我意料。"

交流时间快要结束时，我要求他们把所有电子文稿资料传到我的邮箱里。学生们并没有马上散去，他们三五成群地聚在一起，兴奋地交谈着。

指导日记（十一）

通过组织科技活动，我深刻地体会到培养学生创新能力作为教育发展方向的重要意义。让学生充分搭建和利用各种"脚手架"，进行自主创新实践，从而实现他们的充分发展。活动过程中我尝试着以"四环节渐进构建法"模式构建学生的活动，活动实施的目的大致分为以下几个方面：对学生进行思想品德教育，构建社会经济可持续发展的人文教育，提高科学素养与能力，培养创造性人才个性教育。

在科技创新活动的实施过程中，我以"四环节渐进构建法"为模式进行活动的设计与实施，具体包含以下四个环节：

第一，创设情景氛围。首先要建立学生自主管理体系，实施组内的分工协作与资源共享。其次要进行组内讨论、共同反思。同学在组内围绕专题的中心问题阐明各自观点，发表见解，进行民主讨论，形成一种民主和谐、积极参与、科学探究的氛围。

第二，生成型目标设置。首先进行社会实践调研，让学生自主管理。学生根据各自的兴趣爱好自由组成实践活动的板块调研小组，民主推选出负责同学，自主建立学生的自治管理体系。让学生作为活动的主要控制者，形成活动目标，对活动内容进行组织加工，安排活动的顺序，以生成、实施活动方案。其次是生成目标设置。学生分工进行同一板块不同方面的社会实践调研，对调研资料进行组内成员间的交流、汇总，以达到资源的进一步共享。学生在与社会生活的接触过程中发现问题，并从中筛选一个设定为自己要研究解决的难题，进而鼓励学生构建生成个人风格的研究目标。

第三，搭建创新"脚手架"。首先是准备，放手让学生进行目标设置的方案设计，查询知识、技能、设备的不足之处，列表汇总，进行自查。让学生在力所能及的范围内进行知识、技能等各方面的自我补足。其次是构架，根据学生现有水平和条件进行适当的拔高，请有关专家、教授共同为学生的创新活动构建适宜的"脚手架"。

第四，协作研究，拓展学生"最近发展区"。首先是研究和试验实施。学生根据自己的方案设计，进行实验操作和数据搜集。参与的学生自治管理，协同工作，相互合作，共享信息和资源，共同担负研究工作的责任，共同完成研究任务。其次是论文和报告形成。要求学生对研究结果、数据进行整理、分析并得出结论，这也是书写论文、报告的过程。

我在科技创新活动中要求学生，实施一项活动要善始善终，结束时必须有一个良好的收尾，以达到预期的教育目的。要求如下：

1. 产出形式：调研报告、论文，完整的活动记录、活动日记，一套完整的相关资料、照片或录像等。

2. 成果展示方式：班级内建立专门的宣传栏，学校内进行展示，校报投稿，校内网站展示，建立专门的科技活动网站，自我推荐到一些网站、刊物发表。

3. 组织学生参加以下大赛：学校科技月评选活动、市级探索者科技创新大赛、省级科技创新大赛、省级发明创造大赛、中国科协创新人才培养项目实验学校各届年度展评活动、全国小小科学家评比、全国青少年科技创新大赛、宋庆龄少年儿童发明奖等。

我尝试实施"四环节渐进构建法"科技活动，建立了一个较为完善的流程体系，使科技活动具有系统性和可操作性。活动过程中注重学生的自主参与，他们会借助于"脚手架"，构建和拓宽自身的自主超前发展区。

学生日记（2004年9月至2005年5月）

小 雪

学生日记（一）

上星期就贴出了生物组韩老师做生物科技创新讲座的海报，从小我就对生物感兴趣，见过不少同学参加生物科技创新活动及获奖的喜报。生物科技创新活动怎样做？做什么？我和几个同学好想参加，可是今天下午有广播操比赛，我们班比赛结束后，我看看时间，让人兴奋的是还来得及听讲座。我们和班主任说了一声，一路小跑踏着铃声冲进了一阶教室。一位瘦高利落的女老师正在讲台前调试笔记本电脑，她应该就是韩老师。左右一看，只有十几个人。等了一会儿，韩老师看了看我们，又皱了皱眉头合上了笔记本电脑，大有要走的架势。我心里直念叨，老师开讲吧，人是少了些，谁让活动安排冲突了呢。老师问了我们几句话就立即打开笔记本电脑，开始了她精彩的讲座。

没想到生物科技有那么多交流和获奖的机会，有那么多方面的内容可做，真让我开眼界。特别是没想到我们学校的同学做了那么多、那么好的科研项目，好羡慕他们，我也想让老师帮我找一个选题方向。可老师说要靠我们自己想，从身边、从生活中去发现需要解决的问题，来选定自己的课题研究内容和方向。缠了老师半天仍然是这句话，老师还说我们几个合起来就能赛诸葛，让我们多思考、多交流。虽然没捞到现成的课题，可收获不菲。回去按老师说的多查些感兴趣的资料，考虑一下身边的难题，我一定要选个精彩而有趣的生物项目做。

学生日记（二）

那天课间韩老师调办公室我们去帮忙搬东西，老师与我们探讨起选题的事。正好，这几天的生物课讲植物激素和动物激素调节部分的内容。我就跟老师说："韩老师，我想做激素的研究。"老师说："可以呀，想用激素做哪方面的实验？""我想做激素影响动物生长、发育和生殖的实验。"老师问："想用什么做实验材料？""我觉得用小蝌蚪比较合适。"有的同学附和我："青蛙是变态发育，观察生长发育是挺合适。"有同学笑道："这么冷的天，小蝌蚪还躲在妈妈肚子里，陪妈妈在泥洞里睡懒觉呢！"有同学幸灾乐祸道："现在是冬天，要等明年开春才能有实验材料，好漫长的等待呦！"我瞪了他们一眼有些急了，可灵机一动想起去年牛膝的课题是用小白鼠，"那我就用小白鼠做实验，我有个叔叔在药厂，他们那里有实验用的小白鼠。"

老师的东西很快搬完了，老师说："谢谢你们，快上课了，抓紧时间回去上自习吧。"我们着急地问："老师，我们的课题怎么办？""你们周三下午有时间吗？""有时间。""那好，想做生物课题的同学，抓紧时间先写个思路，周三下午到生物实验室集合。"

今天下午在生物实验室，韩老师让我们围坐在一起进行课题陈述、交流与评价。刚开始我对其他同学的课题不知道该怎样说，后来老师给我们做了示范，慢慢地对同学的课题我们也能提出一些建议和评价了。轮到我了，我简要介绍道："我的题目是激素对小白鼠生长发育及生殖的影响，打算通过用激素饲喂小白鼠，观察激素对小白鼠生长发育和生殖的影响。"有的同学说："小白鼠生殖周期还算短，可以作为实验材料。"另一同学说："你选什么激素？"我答道："打算用动物激素，像甲状腺激素。"又有一同学插嘴道："甲状腺激素的作用早就知道了，这岂不是印证性试验吗？"有同学附和道："是缺少创新性。"我忙问："用植物激素呢？"老师说想法很新颖，让我再查阅些资料，简单写一下实施方案。

今天我很高兴，结识了几个兴趣相投的同学，在交流中学到了一些新知识，受到了不少启发。

学生日记（三）

今天听说韩老师组织我们活动，我把设计调整好的实验思路带上，急急忙忙跑上后面实验楼三层的活动地点，却扑了个空，原来地点变成电教四层的网络微机室了。等我气喘吁吁地跑过去，那些同学一人占了一台微机正聚精会神地操作，让我看得有些手痒。在家里父母可以随便上网，对我上网却严加限制，太不公平了。不过，先让老师给我看看实验计划再说。

老师接过计划，快速地看了一遍，问我查了相关资料了吗，我把所查到的资料要点说给老师。老师没有直接评价，而是让我自己评析，我很兴奋地把我觉得选对方向的感觉告诉老师。老师又引导我发现了设计的不足之处，看样子我还得继续查阅资料。有几个同学查资料无果，向老师请教方法，老师让大家停止上网，先交流上网的经验体会。

大家你一言我一语地说道："可以用 google 敲入关键词搜索。"

"百度好，搜索功能很强，速度也快，我就是用它找了好多资料。"

"找资料是一个慢活，得静下心来找。"

有同学附和道："我同意，以前我上网搜资料时东一下西一下，结果收获不大。网上搜索就像钓鱼，要有耐心，否则会收获不大。"热闹地交流了一会儿后，老师就打断了我们："同学们的经验都很好，因为时间关系，先说这些，一会儿我给你们在黑板上写几个网址，其他同学也可以推荐几个网址写上。另外，把你们要检索内容的相关字键入空白地址栏中，敲回车键就可以。"

没想到还有这么多方法。我选用了老师教的方法，效果很好，只是仍需要有很大的耐心去搜索。铃声响了，看看其他同学都没有动的意思，直到老师一催再催才把搜到的资料放进邮箱关机回家。

学生日记（四）

那天，在微机室和老师交流了实验方案后，我就下决心开始实施我的计划。晚上，我给药厂工作的叔叔打电话，说我需要养几只小白鼠做实验。叔叔听说做生物实验，很支持，问我，借一个笼子养小白鼠够吗？我想了想问他，借 3 只行吗？叔叔满口答应。

第二天晚上，叔叔送来 3 个装着小白鼠的笼子，一进门，妈妈的脸色就有些不对。我赶忙解释说，是生物老师布置的养小鼠实验。叔叔也在一旁帮我说好话，妈妈也就没脾气了，只好让我养，但有一个条件就是不能耽误学习，并且只能在地下室养。小鼠养了一段时间倒不很费劲，叔叔想得很周到，连鼠粮都给准备好了。我每天定时给它们添加饲料和水，饲料硬邦邦的，据叔叔说，是为了给他们磨牙而特制的饲料。

韩老师说，植物激素要选常用的为好，我查阅资料，了解到，目前市场上果品、蔬菜等农副产品生产中大都施用人工合成植物生长调节剂或激素类似物，其中防落素和润禾宝是两种常用的人工植物生长调节剂，可以促进植物的生长发育，提高产量。我托叔叔帮我买回了两种药剂。当天，我就开始分别给一只小鼠每天定量地滴喂一滴防落素，另一只喂润禾宝，第三只小鼠不喂药剂作为对照。

时间过得真快，这段时间光惦记着养小白鼠实验了，学习的力度有些不足。马上要期中考试了，只能临阵磨枪了，否则对妈妈没法交代。熬了几天终于考完了，我回家后猛然想起了小白鼠，这几天鼠粮全都喂光了，本打算让叔叔给送些来，因为考试全忘了。我急忙冲到地下室，一看就呆了，三只小鼠都一动不动地躺在那里，全死了。上次看的时候，喂植物激素的两只实验小鼠有些打蔫，死了也是情有可原，可对照小鼠也死了，是这几天降温冻死的还是饿死的也闹不清了。忙活了这么长时间算是白干了。

犹豫了几天，我终于鼓足勇气去找韩老师。韩老师听我讲完实验过程，鼓励了我，肯定了我实验中正确的一面，又给我指出了不足，还让我自己分析失败的原因，使我意识到，实验条件和实验材料需要改进。

学生日记（五）

上次随老师去肿瘤研究所实验室参观，本希望能有所收获，可落空了，我有些心灰意冷。小蝌蚪的假设被否定了，花了那么长时间喂养的小白鼠也死了。大部分同学的实验都有着落了，而我的实验材料问题一直未解决。面对这几次的失败，我真有点想要放弃了。

想了很久，昨天我正想给韩老师打电话，告诉她我不打算再做这个项目了，结果老师先打来了电话。

"小雪，考虑得怎么样了，有新想法了吗？"。

我不好意思地说："我现在真是一点头绪都没有，实验所需要的动物材料，选了两次都失败了，我没有什么合适的研究对象了。"

老师安慰道："只是两次失败，没有什么大不了的，你不要忘了，爱迪生经历了两千多次的实验失败，才发现用钨丝做成的灯泡最合适，你才只不过失败了两次。想要自己动手做成一项实验是很不容易的，万事开头难，你一定要对自己有信心，千万不要放弃。依你的性格，不找到合适的研究对象是不会甘心的。我安排了几个同学明天去师范大学生命学院参观交流，你也一起来吧，看能不能找到合适的实验思路。"

我马上应道："好的，我一定去。"

老师的一席话真可谓醍醐灌顶，我整个人都清醒了很多。原本有些丧失信心的我，又重新有了力量，变得信心十足了，我想，或许明天会有所收获。老师说的对，要想取得成功就要经得起失败，我的执著不放弃，一定会有回报的，我一定要用成功来证明我自己。

今天我们来到师范大学生命学院参观实验室，在那里我们有针对性地与专家、教授进行了咨询和交流。我们又参观了几个实验室，其中一个实验室有一些学生正在摆弄一些小虫做实验，实验室的齐老师好像跟韩老师很熟，我便放大了胆子凑近看几个学生做实验。

看了会儿，我抑制不住好奇地问他们："我记得在吃剩的西瓜皮上见过差不多的小虫。它叫什么？"

女同学看看我答道："这是果蝇，西瓜皮上见到的应该就是它。"

我很感兴趣的问道："你们用果蝇做什么实验呢？"

另一个男同学边操作边说道："做遗传实验。"

我又问道："做一轮实验需要很长时间吗？"

男同学抬头道："不长，它们生长很迅速。12 天左右就可完成一个世代。"

女同学搭话道："不仅如此，每个受精的雌蝇可产卵 400～500 个，因此在短时间内就可获得大量的子代，便于作遗传学分析。所以，一般的遗传实验都用果蝇。"

我心里一阵兴奋，忙问道："果蝇好养吗？"

女同学冲我笑道："操作很简单，怎么，对果蝇感兴趣吗？"

我又咨询了一些有关果蝇的情况，韩老师就把我叫到了齐老师的办公室。我好兴奋，韩老师与我想到了一起，并且还和齐老师商量好随时可以开始实验。我真庆幸能跟韩老师他们一起来参观，也庆幸自己的坚持。

我又可以开始新一轮的实验了。

学生日记（六）

这一段时间，我对果蝇实验的操作越来越得心应手了，原来几个小时才能做完的实验，现在一个多小时就能搞定。前一段时间，韩老师外出开会，我犯了一次大错，打电话给韩老师："韩老师，我犯错误了。我不知道把实验数据随手放在哪里，怎么也找不到了。"

韩老师安慰我道："别着急，再想想可能放哪儿了？"

我带着哭腔道："能想到的地方都找了。"

韩老师并未责备我："没关系，下回注意一下就行了。"

我着急地说："那怎么办？这一轮实验白做了。"我脑筋一转又道："能不能根据以前的实验数据补编一下这一组数据？"

韩老师说话的语调一下子变了，从来没有这样严肃过："科学实验允许误差，但掺不得半点假，即使千分之一的水分都不允许。如果只是为了预期的结果而编造数据，那可信度又会有多高？"

韩老师进一步告诫我道："准备一个专用的袋子，把实验数据随时放入固定的袋子里，这样可防止课题实施过程中出现不必要的遗漏。"

我问道："老师，有没有可弥补的快捷方法？"

韩老师语气缓和了："没有任何捷径，只能重新补做实验。"

通过这次事件，我体验到了科学实验要求严谨、细心，掺不得半点虚假的成分，这是作为科研工作者必备的素养。

今天是预约进一步实验的时间，韩老师说先到附近研究所再来师范大学。实验做了一多半时，才发现不知什么时候韩老师已站在我身后了，她示意我接着做，就去了齐老师的办公室。剩下的实验很好做，很快做完了。我像往常一样收拾好材料用具，接着清理实验室内的卫生。回去的路上，韩老师还特地表扬了我，说我近期无论在实验的技能上还是习惯上都有了很大的进步，还说齐老师夸我主动找活干，比原来更懂事了。我说齐老师那么好，为我提供了那么好的实验条件，那么多的帮助，我这么做是应该的。韩老师进一步认可了我的做法，她说这是最基本的为人之道，也是未来从事科研工作的人应具备的基本素养。

学生日记（七）

家长会后，妈妈的态度来了个 180 度大转弯，对我参加课题实验的事不再絮叨了，而且表示了支持，只是提醒我不要把学习放松了。记得刚开始的时候，为了做课题的事没少和妈妈起冲突。刚开始我用老师作挡箭牌，妈妈拿我没办法，后来她才知道我是自愿参加的活动。我去师范大学做实验都要瞒着，可时间一长就露馅了。我动员叔叔帮忙说好话，妈妈就拿我的成绩单给叔叔看，告诉叔叔我因为活动耽误了学习，决不允许我再参加。

为这事妈妈专门给韩老师打电话，请韩老师出面让我打消接着做实验的念头。由于我的坚持，那段时间并没有停止实验操作，但可以看出妈妈还是老大的不乐意。

韩老师开会回来后，妈妈到学校去了一趟。班主任找她谈了两方面内容：一是我这一段时间学习有些波动，但经过努力，有回升的趋势；二是我跟韩老师实施的项目实验的问题，说参加活动虽会耽误些时间，但也是一种锻炼，对学习的负面影响是暂时的，从长远看利远远大于弊。

据说妈妈还见了韩老师，韩老师一定为我说了不少好话。回来后妈妈对我参加科技活动的态度有较大改观，但还是有些强硬地威胁我说，如果近期学习成绩回升不到原有水平，就不允许我跑出去做实验。也怪我前一段时间太分心，成绩有些下滑，不过，这一段时间，我学习很是努力认真。学习时间虽受影响，可效率比以前提高了。

这次家长会妈妈好像受到的震动不小，回来还提到了几个与我一起参加科技活动的学生。我趁机说那几个家长对他们参加活动都很支持，妈妈说这几个家长都见到了，自我感觉对我参加的活动是支持不够，以后如果有什么困难，会尽力帮助我。妈妈终于完全放手让我参见活动了，真是太好了。

学生日记（八）

实验已近尾声，前几天韩老师让我把前面实验的所有记录整理一下拿给她看。我了解到实验只是项目实施的一部分，并不是最难的。知道了项目要增加可信度，必须进行方差等难度较高的数据处理和计算。后来韩老师给我们找了实验数据处理的专业用书，根据我们这些同学的不同要求，每人给我们复印了一份。韩老师说她对如何用计算机软件进行数据处理也只懂皮毛，回头会联系几个专家给我们培训。

在师范大学接受数据处理培训后，我练习了一下还行，基本上掌握了。我的实验数据中涉及了不同浓度的润禾宝处理，对不同的润禾宝浓度与果蝇寿命的变量关系需要采用 EXCEL 软件中的回归分析，所拟的回归曲线仍需采用 EXCEL 软件中的相关系数测验进行分析。针对这些，齐老师特别为我增加了辅导内容。经过几小时的练习和与其他同学的交流，我终于能独立操作了。韩老师直夸我们，说我们的接受能力比她强多了。

回去后我大约用了一周时间输入了全部数据，并对数据进行了处理。数据处理完毕，结果一目了然，差异很是显著。正如韩老师说的，数据没处理之前是不能轻易下结论的。

通过这一段时间的数据处理，我终于掌握了 EXCEL 软件基本的和较为复杂的功能，初步具有了实验结果分析的能力。

学生日记（九）

前几天韩老师组织进行了论文书写的大讨论，通过讨论我们懂得了论文书写应包含的内容：选题背景、方法步骤、结果及分析、讨论、结论、致谢、参考文献、收获体会等几部分。

记得那天当涉及致谢一项时，我们不约而同地问："为什么论文中还要加致谢一项？是论文格式的必备内容吗？"

韩老师告诉我们："作为科研论文，没有致谢一项不会对论文本身造成什么影响。但是，做人应有感恩之心，实施本项目每个同学付出都很多，但应想到自己课题顺利实施过程中的支持者和帮助者，对他们所给予的技术、材料、场所、仪器设备上的帮助，甚至包括父母的理解和支持，都应有感恩之心。"

我们问："把参考文献列在后面，会不会有抄袭之嫌？"

韩老师说："作为规范的科研论文，必须记录所有你实验中提及的参考文献。成功者总是站在巨人的肩膀之上，才拥有现在的成就的，参考文献就是众多学者为我们构建的巨人的肩膀。列出参考文献的另一含义是，说明你所采用的方法、理论依据、技术手段的出处及可信度，还有就是对原文作者的尊重及感谢。"

经过几个星期的努力，我的论文初稿完成了，自我感觉良好，该有的内容都写了，在修辞上也下了不少工夫。心想如果拿给韩老师，一定会得到她的称赞。

韩老师看完文章后笑着说："小雪很有文采，只是科研论文不需要华丽的辞藻。需要的是简洁明了、言简意赅的陈述，要实事求是，决不能夸大其词，那些夸张的语句不能有。"韩老师又评说道："论文最需要修改的地方是结果的分析、讨论、结论等方面，陈述上不用拐弯抹角，把中心内容表达出来即可。"

等韩老师说完，我想起摘要还没写："论文这么多内容，摘要必须把每一个内容都写全吗？"

韩老师解释道："摘要介绍研究课题的精髓，虽然内容简明，但形式完整。人们应该能从阅读你的摘要中对你的课题有一个确切的了解。课题细节和讨论不要出现在摘要里，也不能包括致谢、收获体会、参考文献等内容。"

我想摘要的要求蛮高的，不过总不会比论文还难写吧？论文书写上韩老师说得对，我太注重辞藻和修辞了。看来科研论文的书写与普通文章相比差异很大，只要朴实无华、有理有据、深挖精髓即可。

学生日记（十）

韩老师要求我们好好准备结题交流会，我准备了展示论文内容的投影、解说词和我打算要向其他同学提的问题，以及对其他同学和老师围绕科研论文内容进行提问的回答。

今天大家凑到一起并不是第一次了，彼此之间非常熟悉。

结题交流刚开始时，韩老师还提了几个问题，到后来，同学们的提问越来越多，连韩老师都成旁观者了。那几个新加入小组的同学更胜一筹，刚开始还很含蓄，可等到我展示的时候，他们几个的问题占了我们问题的一多半。结题交流结束了，我们的感觉比高考取得优异成绩还好，同学们都很有成就感。那几个新来的同学也分成了几拨，围着我们问个没完。

他们很想知道我的课题是怎么想到的，是不是韩老师直接给的。我知道他们正处于课题题目的选择与确立阶段，便不厌其烦地给他们介绍了课题题目是如何确定的，以及确立并实施试验方案的曲折过程。他们眼里透着新奇与羡慕，我心里则充满了成就感。对于他们提出的学习和课题研究时间冲突的问题，我也根据自己的亲身经历提出了告诫。

学生日记（十一）

顾名思义，科技创新活动就是让学生在科技方面进行一些发明创造，开拓他们的思维，从而培养他们的创新意识。科技创新活动给了学生们足够的空间，把学生们从一味依赖课本和习题的学习中解放出来，这对中国的基础教育来说是一大进步。

但是现在仍有一部分人对科技创新有误解，认为搞这些研究为时过早，不但得不到任何成果，反而浪费了时间。要知道面对现今中高考的巨大压力，时间是多么宝贵啊！

其实这些都是杞人忧天。就拿我来说，曾经也是一个死钻课本的书呆子，对一些不能理解的东西就完全靠死记硬背，那种痛苦不言而喻。但自从我参加了科技活动，在各个方面都受益匪浅，无论是在学习上还是动手动脑能力上都有显著提高。在参加过程中不但可以有效巩固课内知识，通过查阅各种资料，我接触到了更多课本上没有的知识，激发了我的学习兴趣，增强了我的学习和实践能力，对一些问题的理解也更深刻了。

正是科技创新活动，使我在有新思路后的选题过程中，通过不断思考、讨论及与老师、同学的交流，锻炼了我的思考、判断能力，逐渐形成了更为严谨的思维习惯，使我增强了资源共享的团队合作意识。在将设想付诸实验的过程中，因为实验结果本身的不确定性以及许多外界因素的影响，所得到的数据和预想的结果相差很大是常有的事，这需要用科学的热情及意志去战胜沮丧的心情。在进行成果展示及论文答辩时需要将自己的研究成果清晰、明了地表达出来，并且要解释回答专家评委提出的各种疑问，这不但提高了我的交流沟通能力，在对专家评委可能会提出的疑问的思考、准备过程中，还能开阔自己的思路，发现更多的新问题。

通过活动，我在学习生活中面对新事物、新问题时，比以前考虑得更完善、更全面了，而且还能从不同角度进行分析、思考。科技活动使我体会到了一种成就感，使我对学习有了新的认识，更加明确了今后学习的目标。

21世纪什么最宝贵？人才！没错，这句经典话语反映了一个社会现实。而要想成为真正的人才不能光靠高分数，还要有其他各方面的能力，其中最主要的就是创新精神。只有勇于创新，才能拼出一片天；只要勇于创新，一定会有所收获。所以应该让更多的同学来参加科技创新活动，他们也一定会领悟到其中真正的创新精神！

教师指导体会

通过参加2003年《中国科协青少年科技创新人才培养项目》课题组组织的教师培训以及多年来指导学生科学探究活动的经历，我深刻体会到，加强学生创新思维的培养对提高全民族素质具有重大意义。要做好这项工作，我认为应从以下几方面入手。

一、教师自身教学思维模式的改革

作为教师，在教学思维模式的改革中应把重心放在由"单向传递式的教学思维"向"双向主体交叉式的教学思维"的转变上，做到主导与主体的统一。在教学中，教师必须明确自身的"主导地位"，把自己的首要任务定位于"导"。例如，我在讲"生殖"一课时，对于男性生殖系统这一课内容的处理，并未仅限于对重点知识的照本宣科，还进一步通过启发性的提问加深学生的理解与记忆；通过对"古代太监"这一实例的引入及分析，使学生对相关知识的理解又深一步，思路进一步拓宽；在此基础上，给学生充分活动的余地，让他们去讨论、分析、解决实际生活中的实例及疑问。例如：计划生育男性的结扎会使男性丧失第二性征而变成太监吗？对此问题的分析及释疑，充分体现了学生的"主体"地位，真正发挥其潜能，从而达到学以致用的目的。

二、了解学生的思维发展，深化"启发式教学"

教师要真正发挥主导作用，必须了解学生，掌握他们的思维发展规律，积极培养学生的抽象逻辑思维能力。

中学生的年龄一般在十三四岁至十八九岁，这是一个人由少年进入青年的过渡时期，学生的生物性和社会性发展趋于成熟，他们的思维发展已达到了很高水平，具有更高的抽象、概括以及独立思考的能力。但其思维的发展仍远远落后于生理的发展，他们从不同渠道接受信息的能力极强，特别是对新奇事物表现出极大的兴趣，通常以个人好恶支配自己的行为。他们的"自我意识"极强，又处于心理上的"断乳期"，可以说这是一个学生自我发展、充满矛盾的"可塑期"。作为教师，应根据学生此时特有的思维发展特点，积极培养学生的个性，深挖其潜能，培养学生创新型的思维品质，要实现这一目标，必须深化"启发式教学"。

孔子曰："不愤不启，不悱不发"。启发式不仅是一项具体的教学方法，它要求无论采用哪种手段、方法都要具有启发性，有利于唤起学生的兴趣和求知欲，使学生把学习当成自己切身的需求，而不是强加给他们的任务，变"要我学"为"我要学"，使学生的主体作用得以充分发挥，进而使他们的思维模式得到健康发展。因此，了解学生的思维发展规律，依据学生思维发展的规律深化"启发式教学"，以启发式的教学为指导思想，是作为教师培养学生素质和创造性思维的必由之路。

三、创设情景启发学生的创造性思维

人的思维能够在解决一些创造性问题的时候逐步提高，因此我们要尽可能多为学生提供一些有利于发展创造性思维的机会，要做到这些，应从以下几方面着手。

（一）丰富感知材料

感知是思维的基础，也是激发学生兴趣和求知欲的原动力。可充分利用多媒体引导学生感知一些日常看不到的生命体系结构组织及生理活动。例如，在高中生物"遗传的基本规律"一节内容中，我把豌豆花的结构和严格自花传粉、闭花授粉的特性，孟德尔相对性状的遗传实验以及生物技术——人工异花授粉等，以变静态为动态的图解形式加以演示。这种生动形象富于动感的画面，加深了学生的感知。

21世纪是信息时代，教师可让学生亲自通过网络获得与本学科相关的多方面信息，拓宽他们的视野。这不仅可以激发他们的兴趣和求知欲，进而加深他们的理解和记忆，而且可使感知材料得到高效的累积。

一切理论的基础来源于生活，是生活中感知材料的升华，我们周围存在着与人自身相关的各种因素，并彼此构成了各种复杂的关系。《生物》这一学科本身就是这一关系的具体体现。因此，作为教师，特别是生物教师，更应特别注意学生对这些感知材料的挖掘和积累。

（二）培养学生高层次的抽象思维

在学生对具体事物的感知构成鲜明而确切的表现后，教师应启发学生把感知材料进一步抽象为概念和理论的系统，形成一种科学的思维方式，引导学生用内化的知识、观点和思维方式来分析解决实际问题，充分调动学生的主观能动性，使他们真正达到由"愤"而"启"、由"悱"而"发"。例如，在讲"伴性遗传"一节课时，我让学生累积有关色盲和血友病等遗传病病史，如英国的维多利亚女王家族、俄国的罗曼诺夫家族和西班牙巴本家族曾经是历史上血友病蔓延的三个皇家贵族。在此基础上，教师可引导学生进行比较，发现此病都与维多利亚女王有关，她是造成此病流行的"罪魁"，且女性总是会成为致病基因的携带者，而男性发病率却又远远高于女性。"为什么会出现这种现象？"学生会以极高的热情进行分析，找出伴性遗传区别于常染色体的显著特点，最终抽象为理论。只有这样，从学生已有的知识、经验结构出发，创设情景，有的放矢，循序渐进，既不脱离学生原有水平，又高于原有的智力和知识水平，才能使学生逐渐形成和发展高层次的抽象思维能力。

（三）激发学生的创新意识

问题是思维的起点，它孕育着极大的智慧潜力和创造的萌芽。要激发学生的创新意识，教师在教学中首先应创设问题情景，建立探究式思维体系。例如，高中生物"激素"一节，可提问学生："果实的发育与哪部分结构有关？是哪种物质作用的结果？"让学生通过实例的分析，最终得出结论："发育着的种子合成的生长素，促进果实的发育。"进而引导学生："果实的形成与种子的发育都必须经过受精作用吗？"使学生能很好地解释市场上的无籽番茄形成的机理，以及生长素在实践中是如何应用的，使学生的形象思维得以发展，抽象思维能力得以提高。常言道："纸上得来终觉浅，绝知此事要躬行。"教学中应多引导学生去观察、分析、动手、动脑。例如，让他们观察行道树的形状，园艺工人修剪的方式，分析其原因，发现其机理；亲手用生、熟马铃薯进行对照实验，观察渗透现象并得出相关结论，进而运用所学知识加以解释。这样，学生会在观察中思考，在探究中发现，在实践中应用，使其思维能力和创造能力得到发展和加强，进而能把握学习的主动权，成为学习的主人。

问题情景的设立，并不意味着"牵着学生的鼻子走"，应充分信任学生，给他们充分活动的余地，让他们放开手脚，发挥自己的主观能动性。生物实验可以说是给学生动手、动脑的大好时机。教师可以指导、启发学生，依据实验最基本的原理，小心谨慎而又不受束缚地加强手与脑运用的结合，使学生所感知的课本知识得到验证，进而升华为理论，使抽象思维在此基础上得以形成、发展以至创新。我的学生李昂，在色素提取实验中，依据原理，按自己的思维进行违反常规的操作，我并未加以批评，而是正确的启发引导他根据自身实际操作的经验、体会写出了"叶绿体中色素的提取和分离实验改进"一文，并荣获省级奖励。教师要能因势利导，适时地抓住学生思维瞬间的火花，鼓励其创新，而不是对创造性思维进行扼杀。

作为教育工作者，要具有与21世纪社会发展相适应的教学思想，依据中学生思维发展的规律，以启发式教学为指导思想，把科学文化知识和学生实际能力的培养结合起来，把精力集中在学生分析问题和解决问题能力，以及创新意识的激发与培养上。只有这样，才能使学生在逐渐具有逻辑思维能力的基础上，挖掘自身的潜能，积极思考，进而成为与未来高科技社会相匹配的高素质创新人才。

课堂教学中播撒创新的种子

——何文轶老师和他的学生

教师简介

何文轶，男，1961年4月出生。国家级高中骨干教师，云南省中学化学特级教师，第二届全国十佳科技教师，云南省创新教育十佳教师，昆明市首届优秀科技工作者和有突出贡献的优秀专业技术人员。

先后在景谷县一中、楚雄州一中和昆明市一中从事教育教学和管理工作，兼云南省化学教育专业委员会常务理事、云南省教育科学研究院兼职教研员和云南省中小学教材审查委员会委员、云南省高中化学教学质量和课题规划专家指导组成员。

在27年的教学工作中，教法新颖独特、效率高。历届任课班级的化学或理科综合高考成绩居全校第一，辅导学生参加全国高中化学竞赛和科技创新大赛，数百人次获全国、省和市一等、二等、三等奖，6件作品获国家专利。承担或参与多项国家级和省级科研课题的研究工作，研究成果在第17届国际化学教育大会上受到国内外专家的高度评价。多年参与云南省高考模拟考、会考或质量检测化学试题的命题、审题，以及高考研讨和教师培训等工作，参加编写或审查的教辅用书10余册；有60余篇论文在各级刊物上发表或获奖。

教师指导日记（2005 年 8 月至 2006 年 5 月）

8 月 25 日

从同学们的作业中看到，同学们中考的化学成绩较好，但对化学科学的认识和获得化学知识的方法，与课程改革的理念和新教材的要求仍相距较远。特别是许多同学认为学好化学的基本方法就是"背多分"。这是对化学科学的误解，对化学教育功能的误解。

8 月 26 日

通过高一化学绪言课的教学，向同学们介绍：化学科学的发展对人类社会进步的贡献，化学科学的创新魅力，学习化学科学对青少年健康成长特别是创新能力培养的重要作用。分析高中化学与初中化学在学习要求和学习方法等方面的异同，激发同学们对化学科学的热爱之情，激发学生自主学习的欲望和创新意识，结合具体化学知识，引导学生进行探究性学习。指导学生对初中学习方法进行回顾与总结，并与高中学习方法进行对比分析，用心体验高中各门学科的特点和学习要求，尽快适应高中的学习和生活。

9 月 15 日

通过交流，我明显感觉到同学们对化学的认识和学习方式在发生着较大的变化。为了不断提升学生对学科知识和学习方式的认识，引导他们关注和培养更高层次的学习素质，自己首先得多读点书，不断地更新教育理念，加深对创新教育的认识，不断改进教学方式，为学生的创新学习营造良好的氛围，以自己的创新意识影响学生，以自己在教学中的创新行为激励学生。

美国创造学家史密斯主张在培养创造性的个性中，"教育者的第一作用就是设定开发创造性的条件，创造所需要的生理心理、社会及知识环境。"创设这样的环境就是：在教学上，学校应建立有助于师生创新能力发挥的教学机制，容许、鼓励教师创造性地教，学生创造性地学；为学生提供与展示能激发创新能力的校园环境和教学情景；建立友善的、民主平等的、富有创造性的学生集体，以此来激发学生的创新能力。

9 月 16 日

随着同学们反思和交流的深入，他们开始思考一些更深层次的问题了。

例如：一位同学在作业中这样写道："首先，要学会将所学知识联系到社会生产实践中。在初中时，我们学的大多都是基础知识，感到化学似乎与生活没有直接联系。但是，高中的化学与之不同，很多内容都是结合社会生产的，只有投身于社会生活中，才能将高中化学学好。因此，要求我们留心身边的小事，尽量与化学学习相结合。其次，我们应学会举一反三的能力。高中学化学，不能仅仅停留在书本上的知识，如果只是死记硬背，是很难把它学好的，最重要的是将学过的知识应用于其他方面中，用所学知识去掌握其他的化学技能。最后，我们更应注意'为什么'而不是单一的知道'是什么'。总之，学习化学应灵活运用，不要呆板。"

得再加把火。来个专题讲座吧！努力将学生对化学科学的认识提高到一个新的高度。

9月28日

从同学们的作业、近期的各种奇思妙想和所问的问题来看，创新的火花在同学们的大脑中不断闪现，势头不错。看来，得来点科学研究和科学方法知识的介绍，以帮助同学们理解科学的本质，了解科学研究的基本过程和方法，从而引导他们勇于实践，在实践中体验创新的艰辛与愉悦，强化他们的创新意识。

10月15日

近来，许多同学找我谈了许多创新设想，我以前几届学生的研究性学习作品、近几年我校学生在青少年科技创新大赛中的作品、全国青少年科技创新大赛和明天小小科学家奖励活动中的获奖作品为例，为学生分析和讲解什么是综述性研究、创新性研究和原创性研究。

建议每一位同学准备一个专门的笔记本，随时把自己头脑中的各种新奇的想法记录下来，一段时间后进行整理，并与同学和老师一起进行交流探究。

10月17日

今天与普同学共同探讨了她提出的几个小发明的设想，感触很深，看似平常的学生，竟有这么多新奇的想法。特别是关于制作拉链的想法非常好，我们针对每一个具体的创新点、选用的材料和制作的细节进行了反复的研究，最后确定了制作的具体方案。

10 月 18 日

不少学生有了许多创新的设想，我感觉许多方案还是很有价值和前途的，但要具体地做出来，难度还是相当大的。我自己的动手能力还不错，但机械原理、识图和绘图能力却远远不够，还得加强学习啊！

同时，还得通过学校与相关部门协调，充分挖掘省市科协、发明协会的专家和学生家长等社会资源，让他们为学生的发明创造把握方向，请他们给予学生具体的指导和支持。这样，才能使学生的创新设计变为现实的作品，才能使学生创新能力的提高落实到具体的实践中。

10 月 21 日

今天，普同学十分兴奋地带着她的第一件作品来到我的办公室，我看后很高兴，与她就使用过程中的每一步细节进行了反复的实验，并找来几位男、女同学一起探讨、体验使用过程中的方便和不方便之处。最后，又就材料的选择、尺寸、制作要求和美观等方面的问题进行了探讨。

回家时才发现天已经很晚了，但心里感到十分高兴和愉快。看到学生们的创新作品，看到同学们思维碰撞所闪现的创新火花，感受到同学们对创新活动的热情，感受到同学们在创新中茁壮成长，是科技教师特有的享受！真是舒服！

10 月 28 日

为了能更好地指导学生开展发明创造活动，我还得学习一些有关专利的知识。今天我从网络中了解到：专利信息的利用已经成为科研体系最主要的创新依据，专利意识已经成为现代文化的重要组成部分，也是现代人应该具备的重要素质之一。现代科技的高速发展涌现出越来越多的新技术、新产品、新方法，随着越来越多的人对知识产权认识的提高和专利保护意识的增强，我国专利申请的数量逐年提高。

专利检索是从事科学研究和新产品开发的一项基本功。通过今天检索的情况，我对学生提出的各种设计方案的价值和可行性有了全新的认识，明确了方向。今后还得和学生一起多到专利网上跑一跑，发明创造才不至于走弯路或做无用功。

10 月 30 日

今天下午，又与几位同学就啤酒瓶的防爆和金鱼缸清洗的小发明作品进行了深入的探讨，初步确定了制作方案。

晚上，又有同学来找我谈关于金属钠性质的微型化实验设计方案，我向他介绍了国际上和我国目前关于微型实验的开展情况，并将自己制作的一些微型仪器和实验药品借给他，让他自己去进行实验探究。

连续 3 周，我除了上课外，课间、中午和晚自习的时间，都在与同学们一起讨论和分析他们对探究课题的界定、研究中遇到的问题，以及研究报告的表述、论证和几项发明作品的最后定型。

11 月 3 日

临科技创新大赛申报的期限没几天了，这几天恨不得 1 天当做 3 天用，有的时候，真感到大脑不够用了！

11 月 7 日

今天看到了学生的十几件作品，在与学生的交流和思维碰撞中，我们都切身感受到"实践是检验真理的唯一标准"。一切"新"思维、"新"方法，只有通过实践的检验才能判断其方向的正误。为了培养、提高学生的创新精神和实践能力，必须强调一种感性体验，要通过创设一定的情景，让学生经历不同层次的实践活动，使其创造得到升华。

在传统教学中，教师多以传授显性知识为主，忽视了它是浅层次的，而且易于遗忘的特点。隐性知识却是学生通过体验、顿悟、自省、自觉而得到的极易保持的知识，与学生的创新能力有着内在的、必然的联系。隐性知识越丰富，学生的创造力越强。因此，教师在教学中，要抛弃以"量"为主的知识观，突出学科知识的基本观点和基本结构，做到以"质"和"结构"为主，关注学生隐性知识的获取。在具体的教学实践中为学生营造民主、宽松、和谐的氛围，找到学科知识与学生的兴趣点和兴奋点的联系，就能极大地激发学生学习的自主性和创新的欲望。

12 月 20 日

在初评中，专家非常欣赏"防尴尬裤用拉链"。同时，也提出了尖锐的问题，我与普同学一起分析后，不约而同地想到了设计和制作适合于不同裤型的系列拉链样品。

12 月 24 日

才几天的工夫，普同学就把系列作品送到了评委手中，他们一致给出了最高分！

3 月 2 日

根据大赛组委会的通知，今年我校的参赛项目有 21 个，共有 22 人参加复赛。因此，组织管理和答辩指导的任务很重。我既要指导好学生的参赛答辩，还要安排好学生的休息和饮食，让家长和学校放心。我要重点做好以下几项工作：

第一是根据参赛项目、地点和时间将学生分为三个小组，每组由同学推选一位组长，负责组织和联络工作。再选一个大组长协助教师进行管理，安排好大家的食宿。

第二是赛前必须对参赛选手进行两轮模拟答辩。这样做，既可加强指导的针对性，又可锻炼他们的应变能力，还能促进同学之间的相互交流和学习，增进友谊，强化团队意识和热爱学校的意识。

第三是在比赛过程中，要随时关注每一位同学的情绪变化，采用各种方式及时进行疏导和调整，保证每一位选手都以饱满的热情和积极进取的心态参加每一场比赛，充分展示各自的才华，力争发挥最佳水平。要求同学之间要相互支持和配合，充分展示昆明一中学生的风采。

第四是要求同学们在比赛过程中一定要尊重评委和每一位参赛选手，实事求是地回答评委和同学提出的每一个问题。既不要盲目自大，也不要自卑。要敢于面对自己作品中的不足，善于向评委和同学请教。

第五是要求同学们要充分利用一切机会，多看、多听其他参赛选手的作品和介绍，善于向他人学习。多角度思考问题，力争从他人的作品和介绍中得到启发，不断提升自己发现问题、提出问题和分析、解决问题的能力。

第六是要求每一位同学准备一个专门的记录本，每天将自己的收获和感受认真记录，比赛结束后，进行整理，并向家长汇报，最后交给辅导员。

3 月 5 日

比赛在紧张地进行着，同学们时而兴奋不已、时而灰心丧气，每天晚上都得与他们一起分析比赛的情况和专家评委提出的各种问题，要求同学们相互支持、鼓劲加油！

3 月 7 日

经过 3 天的奋力拼搏，我校取得了 8 个一等奖、7 个二等奖和 6 个三等奖的好成绩。

3 月 16 日

新的挑战又来了，过去只听说过有某某产品受专利的保护，某某产品中有多少项专利。对外开放以来，我们在国际社会中，特别是在科学技术领域和经济发展中由于专利等原因，常常受到种种不公平的待遇，严重地制约着我国的发展，总感觉专利这东西很神秘。

但现在，有这个机会来迫使自己学习一点有关专利申请的知识，也是一件好事。所以，今天专门到书店买了《专利法》和《专利法实施细则》。

通过学习专利法知识，我深深感到：在科技飞速发展的今天，自己还得树立终身学习的理念，不断学习新知识，让自己的思想和知识能适应现代教学的需要；为了使学生在科技创新的道路上健康成长，必须培养学生的科学道德观，对学生进行专利意识和法律意识的教育，引导学生逐步树立知识产权保护的观念，树立终身学习的观念。

3 月 20 日

今天，带着普同学到省知识产权局、省专利局和省发明协会咨询了有关专利申请的相关问题。通过与相关专业人士的咨询和交流，我又学到了不少关于知识产权方面的专业知识，最后决定与学生一起共同完成申请工作。

为加快进度，先由学生完成初稿和制图，然后由我对照样本和专利法相关规定逐一修改补充。

3 月 28 日

这两天，我一直在研究专利申请文件的书写，查阅了公文写作和法律文书的书写规范。这让我再次体验到书到用时方恨少。指导学生开展科技创新实践活动对教师的素质要求真高，我得不断地学习各种知识，不断地拓展自己的知识视野，努力提升自身的综合素质，才能更好地把工作做好，真正促进学生素质的全面提高。

4 月 6 日

通过几天的努力，我们终于完成了专利申请书、权利要求书、说明书和附图等工作。今天下午，我们带着申请资料再次到省专利局请教相关专家，他们浏览后非常满意，边逐项审查边赞叹道："你们在这么短的时间内，第一次申请专利，就写出如此规范的申请书、说明书和附图等，真不简单！昆明一中的师生素质就是高！只需要把'尴尬'这个形容词去掉就行了，因为在专利名称中不允许用形容词。"

我们感到很兴奋，学生的自信心也得到了极大的提升。在创新的过程中，我们切身感受到师生共同成长的乐趣！

4月16日

今天，收到专利申请受理通知书，我非常高兴。当我把受理通知书交给普同学时，全班同学都非常兴奋，这是学生的第一项专利！同学们创新的信念和欲望得到强化，也为我校的科技创新教育工作起到了催化剂的作用。

5月4日

根据大赛组委会的安排，我向全省参加复赛的各位辅导员和领队介绍了我在带领学生开展青少年科技创新实践活动中的情况。

5月6日

在省级决赛中，"防尴尬裤用拉链"受到评委的高度评价，在对外公开展示期间，备受观众青睐，成为最受观众喜爱的作品，荣获一等奖，省市电视台对此作了专门报道。后来，在宋庆龄少年儿童发明奖评审中又荣获全国银奖；并受中央电视台的邀请，在《异想天开》节目中专题播出，在全校师生中引起轰动，极大地鼓舞了师生的创新热情。

经过参赛同学、辅导教师的艰辛努力和全力拼搏，我校作品在云南省第21届青少年科技创新大赛中获奖21项：学校荣获"2005～2006年度大手拉小手青少年科技传播活动优秀科普活动奖"、实践活动一等奖1项、学生竞赛项目一等奖6项、二等奖5项、三等奖8项。其中3项进入全国决赛。

学生日记（2005年8月至2006年5月）

普 莉

8月26日

今天上了高中的第一节化学课，老师发了2张白纸，让我们写出所知道的化学知识，以及获得这些知识的方法和途径。下课后，同学们都说这样的课从没上过。

8月28日

今天上了化学的绪言课，令我们终身难忘！让全班同学感到非常兴奋！

通过学习，我们知道了：化学对人类社会进步的贡献如此巨大，化学与我们的生活联系如此紧密，化学科学蕴涵着如此丰富的创新方法和技能，学习化学科学对我们青少年的健康发展具有如此重要的意义。老师对化学科学的热爱，对科学本质的认识，对创新教育的理解，对教育事业的忠诚深深地震撼着我们！我们体会到，自主学习、探究学习和合作学习是多么的重要！创新对我们的成长是多么的重要！创新对中华民族的伟大复兴是多么的重要！

9 月 13 日

今天，老师让我们交流各自在初三和高一学习化学的情况，同学们的交流和老师的简明点评，让我受益匪浅，引发了我更多的思考。细心观察生活中的化学问题，让我体会到生活无处无化学，处处留心皆学问。看来，学会观察是学好各科知识的重要环节。今天的交流既展示了自己的优势，同时也知道了自己与同学的差距。要想学得更好，就得不断改进学习方法，学会创造性地学习。

在我心目中，化学只不过是一门枯燥乏味的必学科目，当然，那是初中时的认识。近一个月的高中生活，改变了我对化学的看法。在我眼中，化学已是一门有趣的学科，它不仅仅是为了让我们应付考试，它培养的是我们的动手和动脑能力。化学科学是丰富多彩的，它具有极大的发掘空间，它能让我们放飞创造的翅膀。

9 月 19 日

听了何老师关于如何培养创新能力的讲座后，我们切实感受到创新对一个国家和民族兴旺发达的重要性。创新能力的培养对于我们中学生来说是何等的重要，它对于我们今后自立于社会，成长为对人类社会进步有所作为的人的作用是考试成绩所无法替代的。

9 月 20 日

何老师的作业令全班同学非常意外：请把自己在学习和生活中思考过的、想到过的或做过的与别人不同的问题和解决问题的设想、尝试的情况写下来。如果有兴趣、有价值、可行的话，我们一起把它做出来，去参加青少年科技创新大赛。我们都感到这样的作业很有趣。

我忽然心动了，这可是难得的机会。以前，我很喜欢看中央电视台的《异想天开》栏目。看过之后，给我很多启发和灵感，当时就想过许多小发明的方案，可就是没机会，这次机会终于来了。

下课后，我找何老师谈了我的一些想法。他听了非常高兴，要我专门用笔记本把在脑海中突然闪现的各种创新点子、念头及时记录下来。一段时间后，再用心看一看、想一想，可能就有了新的观点和发明的设计方案。这样坚持下去，一定会使自己不断产生新的理念，投身创新的实践中，体验创新的乐趣，促使自己成长为创新型人才。临走时，何老师借了两本《历届青少年科技创新大赛获奖作品简介》给我。

9 月 24 日

仔细阅读获奖作品后，我发现那些小发明作品往往原理很简单，但设计很巧妙。并且，从那些发明作品中，我可以看到作者都是生活中的有心人，他们善于观察生活，在生活中发现问题，然后想办法去解决问题。

像他们一样，我也看到了生活中有很多不尽如人意的地方。我开始想解决这些问题的方法，并把这些问题和设想的解决方法记录下来。整理之后，竟有了碳素笔墨水的添加、裤子用拉链、脑控交流器、计量药瓶和教学用语音与文字转化系统 5 个方案。这令我兴奋不已，越想越觉得自己的创新能力还是不错的，一定能得到何老师的赞赏。

10 月 17 日

我满怀信心地将 5 个方案交给了何老师，何老师仔细地看着我的每一个方案，不时就一些具体问题要我讲出设计的目的和实现的方法，并一一肯定了每一个方案的创新点、可取之处，存在的缺陷或作为中学生还难于做到的方面。

最后，何老师告诉我："拉链这个方案结构简单，但构思很巧妙。发明虽小，但能解决生活中经常出现的尴尬，很有价值。再下去查阅相关资料，看一看在历届青少年科技创新大赛作品集中是否有相同或相似的作品，也可以到网上查阅是否有相同或相关的专利。若没有，就先把这个方案做好，最好把实物样品做出来，那样就更有说服力，就可以参加比赛了。其他方案，也可以进一步完善，即使现在做不出来，把它写出来，以后有条件了再做。"

我欣喜地接回方案，它就是我希望的寄托，是我的创新能力得到的第一次肯定，也可能是我的第一件发明作品———种新式的裤用拉链。

10 月 30 日

我今天第一次上专利信息网查询有关拉链的专利信息，真没想到，竟有近千条。经过半天的查询，我非常欣喜，没有与我的小发明相同的专利，这就意味着我的发明还是具有创新性的，我一定要把它做出来！

11 月 1 日

我把设计方案的简图绘制了出来，原来自认为还有点美术功夫，并且那些设计在脑子里挺清晰、挺简单的，可真要把它的具体结构按一定规格绘制出来，还真不容易。在何老师的具体指导下，我在反反复复修改之后，三张结构简图终于成型了。我非常激动，感到周围的一切都那么美好！

我开心地打电话告诉父母，我将有一件发明作品了，周末回家我就要将它做出来。妈妈问我，这东西你能做出来吗？真的有用吗？我满怀信心地回答："能，你们就看我的吧！"

马上就可以把想法付诸实践了，真期待周末早点到来。

11 月 5 日

终于盼到了周末，回到家的第一件事就是翻箱倒柜找材料，找出我的一条牛仔裤，决定让它成为我的第一件作品，还买来了电烙铁。忙活了一天，才知道这件小作品可不是那么容易完成的。

由于之前自己主要是从原理上进行设计，对拉链的构造、所用的材质没有进行认真研究，做的过程中才发现尺寸和位置与设计图相差较大，材质选择也不当。原先的三个设计方案都实验过了，就是实现不了设计的目的。我开始心急起来，想不到好的设计与好的产品之间还有这么大的距离，真是不做不知道，一做吓一跳。

这时，爸爸对我说："你先别急，设计本身就只是一种想象的东西，它需要在实践中不断改进和完善。你再仔细研究这拉链的构造，然后改进你的方案。"

我慢慢静下心来，仔细地观察拉链的构造，还真让我有了意外发现。我试着改进原来的方案，将铁片焊接在拉链活动的手柄上使其延长，然后把裤扣焊接在铁片的顶端，再把按扣的两片分别固定在裤腰和裤扣背面。这样比原来的方案更简便了，制作也简单了许多，成本也降低了。

11 月 6 日

在昨天工作的基础上，又忙活了近一天，作品基本完成，我自己反复使用了几次，确实能实现自己预想的目的。看着眼前的作品，不禁感到无比欣慰，因为它是我用心血和努力做成的第一件作品，虽然还不够完美，但我相信，下一次一定会做得更好。

11 月 7 日

回到学校，迫不及待地把作品拿给何老师看。何老师反复实验了几次，高兴地赞叹道："一个小姑娘既有创新意识，又有这么强的动手能力，真不错！将来一定很有前途！"何老师和我一起认真研究了几个具体的细节问题，敲定了最终方案。何老师又找来几个同学，让他们一起找一找，这样改进后，在使用中还有什么不便之处？

同学们都十分惊讶："这是你自己想出来的？真是你做出来的？这小小的改进，解决了我们生活中的一个大问题。若再做得漂亮一点，生产出产品，我们一定要买。"

最后，何老师要我重新绘制新方案的设计图。有了第一次的经验，这次绘制工作得心应手多了。

这一夜，我兴奋得难以入眠。原来，创新并不那么神秘，而且这么有趣！

12 月 6 日

申报昆明市青少年科技创新大赛的日子到了，我详细填写报名表，首先得为我的小发明起一个新颖独特的名字，这可着实让我费了一大番心思。名字得切合实际，但又要突出其功能，还要新颖，让人容易记住。何老师的一个提议让我觉得很满意，最终作品命名为"防尴尬裤用拉链"。

12 月 20 日

在初评中，许多专家非常欣赏"防尴尬裤用拉链"。可是有一位"重量级"评委的提问却很严厉，而且很尖锐，他说我的作品裤扣太大，穿着会不舒服，而且只做出了牛仔裤的实物样品，那是否说明这个设计只适用于牛仔裤这一种裤型。我回答："这个设计是普遍适用于各种裤型的，因为不同的裤型主要不同之处是裤扣，设计的原理不用改变，只需要更换裤扣部件就可以实现。"可这位评委还是认定我没有做出其他裤型的实物作品，说服力不够。我感到十分着急。

下来后，何老师与我对照作品，仔细分析评委们提出的每一个问题。何老师又找来几位同学，让他们进行实验，鼓励他们大胆提出疑问、建议或批评意见。在此基础上，何老师与我认真分析了评委和同学们的意见和建议，对作品的每一个细节进行推敲琢磨，并拿出了改进方案。

我今天真的长了不少见识，一件小小的作品，竟要考虑到方方面面的问题，要经过这么多的实验和论证，这也许就是人们常说的科学精神和科学态度吧！看来，搞科学研究和发明创造对人的素质要求是挺高、挺锻炼人的，也挺让人长本领的。要想成功，没有韧性，没有锲而不舍的精神是不行的。只会死读书，只会考试，是不能适应现代科技和社会发展需要的。

12 月 24 日

有了新的方案和前面的经验积累，我回家找来了一条西裤、一条休闲裤和相关配件，很快就做出了两件新作品。

复评时，在两件新作品面前，所有评委都赞许地点了点头。此时，我才松了口气，作品中的缺陷和不足终于通过我的努力给弥补了！真爽啊！

3 月 4 日

真正的比赛终于开始了，首先进行的是昆明市的初评和复评。今天早上，何老师告诉我们，本周末将参加答辩，下午放学后，参加答辩的同学全部到科技活动室进行模拟答辩。

何老师介绍了答辩的程序和注意事项后，让我们用 5 分钟时间阐述自己是怎样想到做这个课题（或发明作品）的，其主要理论依据或原理是什么，采用了哪些科学方法来完成课题研究或发明作品，主要的创新点是什么，得到什么结论，作品的价值何在，然后老师和同学们提问。

最后，何老师对每一位同学的答辩进行了认真细致的分析点评，肯定了每位同学的优势，指出了应该改进的方面。

3 月 6 日

原本性格比较内向的我，要面对十几位专家介绍我的作品，的确是对我的一次挑战，心里特别紧张。一想到这是我倾注了很多心血，做出了百般努力才成功的作品，我一定得精彩地将它展示在所有人面前，让它的价值充分体现出来。于是，我不断地告诉自己：我一定行的！并精心准备了答辩提纲。

3 月 7 日

今天是令我最难忘的日子。

当我完整地把作品的构造和功能向评委们介绍之后，他们对我的作品都很感兴趣，并一一传看，连连发问，我胸有成竹地一一回答。评委们都赞许地点了点头，给予了很高的评价，并建议我尽快为这件发明作品申请专利。

3 月 20 日

根据专家的提醒和建议，我和何老师开始着手为我的小发明申请专利。这是我第一次真正接触专利，过去只是听说过，根本就没想过我会与申请专利有关。

何老师将《专利法》及《专利法实施细则》等资料拿给我，要我认真学习。读后我才知道专利在科学技术领域和社会经济发展中的地位和作用，了解了专利的分类、申请的条件和程序等。

3月24日

今天，何老师和我首先到云南省科技厅知识产权局，向专职人员咨询专利申请相关手续的办理程序和方法。专利申请处的朱老师热情、细心，结合具体实例向我们讲了专利申请的条件、方法和程序，并仔细询问了作品的相关情况。我这才知道，原来专利申请需要那么复杂和严格的程序。

最后，朱老师告诉我们，我的这项作品符合申请条件，可以委托相关机构代理申请，也可以自己申请。

在何老师的建议下，我决定再次检验自己的能力——自己申请。

4月2日

我从专利网上下载了有关实用新型专利申请的系列表格，在何老师的具体指导下，参照样本，认真撰写了实用新型专利申请书、权利要求书、说明书、说明书摘要等文件，又经过了何老师的精心修改。当我们把全套申请文件交到云南省知识产权局的朱老师手上时，她大吃一惊，只加了两个专业术语，就合格了。我的能力再一次得到肯定，我真兴奋！

4月16日

今天，当何老师高兴地把"实用新型专利申请受理通知书"交给我时，我兴奋地跳了起来。我——一名普通中学生，拥有了我的第一项专利。全班同学都为我高兴，向我祝贺！我在电话中告诉妈妈这个好消息时，她还不相信这是真的。

5月1日

初战告捷，我的作品以昆明市发明类第一名的成绩进入了云南省青少年科技创新大赛决赛。这将是要求更高、更严格的比赛，可我对自己的作品充满信心。

在决赛中，向评委介绍作品时，我明显感觉自己表现得沉着多了，经过进一步改进和完善的作品得到了各位评委的一致好评。

决赛还有一个程序是对外展示。每一位参赛选手必须自己制作展板，向观众介绍自己的作品，接受观众的质询。评委要观察你的各方面表现，最后综合评定每一位选手和作品的获奖等级。宽阔的展示大厅内陈列着来自全省各地选送来的几百件作品，3天时间里，每天都是人来人往。我的作品被安排在很显眼的展位上，常常被许多观众围着问个不停，一天下来已是口干舌燥，晚上还要参加笔试和技能测试。

稍有空闲时，我也作为参观者，在展示大厅仔细观看其他参赛选手的作品，并认真听取他们的讲解。

从各式各样的作品中，我得到了很多启示：生活中一定要做有心人，因为生活中处处充满着知识，生活是人们灵感的源泉；决定要做一件事时，一定要尽最大的努力，不管结果如何，在这个过程中一定能获得很好的、珍贵的东西。

5 月 5 日

比赛结束了，我的发明作品"防尴尬裤用拉链"获得了云南省青少年科技创新大赛一等奖。

对我来说，获奖不仅是肯定了我的发明作品，更重要的是激励了我，使我无论对学问的研究，还是创新发明都更有信心和决心了！在今后的人生道路上，我会更加勤于观察、善于思考和勇于创新！

晚餐后，何老师请来两位评委和我们一起在公园游览、交流，他们都是全省知名的科学家。闲暇时，哼着小曲儿，听着 MP3，他们是那么普通，那么平易近人。交流中，他们又是那么风趣幽默，对我们每一项作品的评价又是那么客观、科学，非常真诚地指出存在的问题和进一步探究的方向。对我们提出的每一个问题，他们都引导我们从不同的角度和不同的侧面进行思考，并结合具体实例引导我们对不同问题进行科学分析。

与科学家的近距离交流，让我茅塞顿开，充分感受到科学的乐趣和魅力。参加科技创新实践活动既能启迪我们的智慧，增强创新意识，又能锻炼我们独立工作的能力，学会科学分析和处理遇到的各种新问题，还能让我们体验到创新的乐趣和科学方法的魅力！

5 月 6 日

3 天的竞赛结束了，何老师让我们静心回顾进行科技创新活动的经历，记下自己的收获，向家长汇报。

作为初次参赛的我，这次的经历远远超过了单纯意义上的比赛，重要的是它带给我一次学习与交流的机会，在收获中不断完善自我、超越自我。我不仅了解了科学素养的重要性，同时也认识到：今后我要更谦虚，更努力地去实现自己的理想。

参赛的经历让我难忘，而整个参赛过程中的收获更是一笔宝贵的人生财富。

从最初的设想，到做出第一件样品，不断地改进和完善、完成作品，再到初赛、复赛和决赛，历时半年多。半年多的实践创新，我的认知能力得到了提升，我明白了对待科学要有实事求是的精神，还要拥有探索未知领域的信心和勇气。科学的探索与研究是一个漫长的过程，必须付出时间、精力、汗水和心血，同时，我们也能从中享受到它带给我们的快乐。

比赛很短暂，但意义很深远。短短3天，我的思想已在不知不觉中发生了变化。参赛带给我的远不止是获奖而感到的骄傲，更重要的是自己的思想得到了升华。在听取其他同学介绍作品时，我不仅接触到了许多新知识，也感受到了其他选手的精神风貌。我懂得了其实失败本身并不可怕，可怕的是你从中什么也没有学到。人生是永远的竞争，而奋斗则是唯一的出路。

想起当时评委们问的问题，一瞬间不知所措的感受，我从中领悟到，不论我们的处境是多么糟糕，我们仍然有很多优势，仍有很多资源还没来得及挖掘。糟糕的往往不是我们的处境，而是我们当时的心态。只要能以积极的心态去面对，我们就会发现，我们的处境也许没有自己想得那么坏。

不论做什么事，除了要注意事物的表面外，更重要的是要领悟其中的内涵，从细节入手，完善自己的理解能力，从不同的方面来提升自己。这次比赛，还锻炼了我与他人相处的能力，学会了用平常的心态、热忱的心灵、赞美的眼光和谦逊的态度看待周围的事物。

人人都有机会选择自己的人生，人生中有很多有待于我们去寻找、去发现、去成就的事情。我们应该以一种全新的努力、全新的观念让自己的人生变得丰富多彩。如果说比赛已经结束，倒不如说这还只是刚刚开始，因为我们站在这个起点上，就应以全新的姿态去面对生活，走向新的人生。

教师指导体会

一、回顾

2003～2005年，我参加了第二期中国青少年科技创新人才培养项目实验学校科学教师培训学习。回顾整个培训过程和近3年的创新教育工作实践，感受到此次培训主要有以下几个特点。

（一）理念新，起点高

担任培训工作的专家在人格、学识、科研水平等方面都具有很高的修养和造诣。相关的学科前沿报告，让我们了解了国内外各门学科的发展方向和前沿研究热点，开阔了视野，学到了许多新的学科知识，能站在更高的层次认识学科问题。

在第一轮培训中，通过紧张的学习、研讨、开题论证和论文答辩，在专家的指导和与同学的研讨中，我们各方面的能力得到锻炼，科学素养得到显著提升。在学员探究和模拟训练中，我们对新课改的许多理念有了新的认识，逐步树立了新的教育理念，更加坚定了改革的信念，增强了开展课程改革的信心和动力。

各位教授和专家的工作态度，工作作风，实事求是、坚持真理的科学精神，以及对事业的执著追求和强烈的社会责任感，都让我们切身体会到什么是敬业，什么是爱国，什么是科学精神。

（二）方式新，效率高

在第二轮培训中，我们在各自的岗位上，积极投身教学改革，应用全新的教育理念指导学科教学，促进了学校的改革和发展。许多学员还勇于开展科技创新教育工作，在具体指导学生进行课题探究、科技创新竞赛活动的实践中，还得到专家的及时指导、帮助和鼓励。我们学会了如何指导学生开展科技创新活动。同时也大大增强了我们开展科研的信心，提升了进行科研的能力。

在第三轮培训中，各位学员就指导学生开展青少年科技创新实践活动的体会、经验进行汇报交流、总结、反思，然后听取专家点评。使我们的科研能力得到进一步提升的同时，又把我们引入了基础教育改革的前沿，对当前教育改革的基本理念、课程标准和具体的教学设计进行了深入细致的研究。在对高中课程标准和新教材的剖析、研讨、听课、评课、单元和课时教学设计方案的撰写、交流、点评和修改时，在专家的指导和与学员的研讨中，让我们了解了全国各地的课程改革情况和同行研究的问题和方向。

在整个过程中，从各位专家、教授所从事的科学研究的过程和成果、对历届创新大赛作品的分析、对学员开题报告和论文答辩的点评，以及学员们的交流和切磋，让我们领悟了科学研究的全过程；进一步明确了选题的原则和方法，掌握了开题报告和科学论文撰写的规范化要求。使我们对科学研究的内涵、过程和方法有了更加深刻的认识。切实提高了自身开展教学研究和指导学生开展科技创新活动的能力。

通过学员的共同探究和专家点评，在思维的碰撞过程中，打破了我们固有的思维模式，激活了创新的欲望，培养了创新思维能力。让我们对教学的三维目标和教学设计有了新的理解。

二、反思

反思自己十多年的教育实践，我国的高中学生一方面对丰富多彩的客观世界充满好奇，渴望了解各种事物及其变化的原因。另一方面，在分数就是能力、高分就是高素质的评价标准面前，又只能屈从于分数的重压。学生普遍重视对知识的记忆，更多地关注能使自己在应试中得高分的解题技能，很少思考学科体系的基本观点和结构，更少关注自己在学习过程中思维方式的变化。更多同学喜欢的教学模式是：教师周到细致的讲解——学生专心听讲；教师简洁明了的板书——学生认真笔记；教师画龙点睛的总结——学生加强对知识的记忆；教师布置足够的课外练习——学生通过大量练习获得应试技能。在这样的背景下开展科技创新教育难度很大，既要保证眼前学生每次考试中的高分，又要转变他们的学习观念，改变学习方式，培养创新能力。

当前，新课程标准对教师的教学提出了新的要求，这是开展创新教育的一个契机。我们必须加强学习，深刻领会新课改精神，在课堂教学的改革中突出创新教育理念。同时，还必须将创新的教育理念拓展到教育的各个领域。

一是向课堂外延伸，引导学生接触自然，了解社会，参加课外小组和社会实践活动，让学生更多地自主探索，合作交流，动手操作和创新思维。打破学校与教室的教学空间概念，打破传统教育面向书本、面向已知、面向教学本身的封闭状态，向社会延伸，向电子网络延伸。通过学生从社会实践和动手操作中激发兴趣、引发联想，形成创造性的、永不枯竭的源泉和动力。

二是向学生的个性延伸。个性是人性在个体上的表现和反映，它是人们的生活、心理和社会性诸方面一系列稳定特征的综合。创新教育必须重视人的个性，重视学生心灵自由和心灵世界的独特性，真正满足学生的需求。

作为教师，我们应该明确，中学阶段是人的世界观、人生观、价值观形成的关键时期，也是创新精神勃发的时期，如果引导不得法，就会扼杀他们的创新精神。培养学生的创新精神，重在关注其"发展价值"，就是要着眼明天、着眼未来，让学生勇于和善于创造成功，实现理想。在实际教育和教学过程中，学生能独立、创造性地解决一道难题，克服一个困难，能产生灵感，做出有意义的小发明、小制作、小节目等，从表面上看，可能不一定会取得明显的分数效益和社会效益，但却锻炼了学生的心智，培养了能力，是极为宝贵的。我们应该给予及时和充分的支持和鼓励，不断强化学生的创新意识和成功感。只有这样坚持下去，创新教育之路才会越走越宽广。

认识过程的基本原理启示我们，要培养创新人才，就要使教育教学合乎人的认识过程的一般规律和特点。处于不同阶段的学生，其创新意识、创新精神和创新能力的培养目标不同。在基础教育领域，主要是激发学生的好奇心、求知欲和想象力，培养学生创造性的思维品质，培养学生的科学精神和人文精神，发展学生的探究、发现和初步的创造能力。在教育教学过程中，要注重发挥和发展学生的创新意识和创新思维能力。还要充分吸纳当代自然科学和人文社会科学的最新成果，建立符合学生全面发展规律，激发学生创造性的新型教育教学模式，形成相互激励、教学相长的师生关系，使每一个学生都能充分发挥自身潜能，张扬个性，努力实现全面发展。

经风历雨见彩虹

——李金华老师和他的学生

教师简介

李金华，男，1995年本科毕业，吉林省实验中学工作，2002年全国高中物理奥林匹克竞赛优秀辅导教师。

2004年所辅导的学生在省创新大赛中有5人获一等奖，全国创新大赛中取得3块金牌、1块铜牌，并获"英特尔英才奖"。获全国优秀科技辅导员称号和全国电脑机器人竞赛教练培训结业证书。

2005年辅导的学生获第二届项目实验学校年度展评第一名，在省创新大赛中有11人获一等奖，在全国创新大赛中取得3块金牌、2块银牌、4块铜牌，奖牌总数在全国各校中名列第一。带领学生代表中国队赴韩国参加"2005年韩国科学节"交流访问活动。获省高中物理实验设计改革创新大赛特等奖，在第五届"明天小小科学家"奖励活动中，所辅导的4个项目全部进入全国前100名，取得1金、1银、2铜的好成绩，获奖的项目总数在全国各校中位居第一。

2006年1月参加第五十七届英特尔国际科学与工程学大奖赛（Intel ISEF）冬令营，5月带领两位学生参加在美国举行的第五十七届国际比赛，获国际认证证书。获省高中物理教学设计大赛特等奖，被推荐为第七批享受长春市政府特殊津贴人员。所辅导的学生在省创新大赛上有15人获一等奖，在全国创新大赛中获得4块银牌、2块铜牌。被共青团中央评为"全国青少年科普创新教育先进工作者"。被聘请为宋庆龄少年儿童发明奖专家委员会委员。所辅导的项目在第五届"宋庆龄少年儿童发明奖"全国决赛中获3块金牌、4块银牌。辅导学生有6人进入第六届"明天小小科学家"百人名单，4人进入前40人名单。

1996年获长春市青年教师大赛讲课第一名，1997年被命名为初中"十佳教师"，2002年获长春市青年教师大赛讲课第一名，2003年被命名为高中"十佳教师"，2005年获全国"十佳优秀教师"称号。

现为吉林省骨干教师，长春市中心备课组成员。承担 6 项国家级科研项目、2 项省级科研项目，其中有 3 项已结题并获全国一等、二等奖。已发表国家级论文 7 篇，省级论文 6 篇，市级论文 6 篇，著书 20 余本。

科技课学生动手做

李金华、李珅在钓鱼台颁奖典礼上

李金华给学生做科普报告

马赫、李金华、李珅在钓鱼台颁奖典礼上

李金华在课堂上

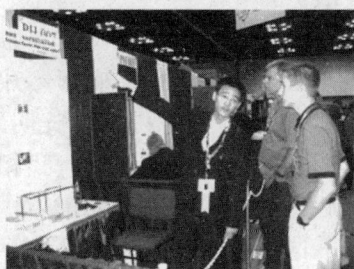
李珅在国际比赛中

教师日记（2004年9月至2005年11月）

面对曦光而飞
——写给那些执著于幕后工作的开拓者

踏着岁月如歌的行板

我们　努力

我们　拼搏

挥汗如雨

只为了洒下一世清凉

鞠躬尽瘁

只为了生命无怨无悔

信念是一棵树

对抗炎热风雪

实践是一张犁

开拓不倦的追求

怀揣着梦想上路

即使失败也要勇敢地付出

别在意结果　一切骄傲

都因为我们执著地探索

9月9日

这是一次难得的机遇，在参加了"中国科协青少年科技创新人才培养项目"的培训之后，我的心底蓦然升起一缕希望之光。

9月9日，历来都是一个光明的日子。我决定今天给参加科技创新实验班的同学们上一堂课。说实话，我相当激动。把这次课当作了我教学生涯中一个新的起点。大教室内座无虚席，同学的脸上都洋溢着兴奋的神情。对于他们来说，这也将是人生和青春的一次历练，或许会跌倒，或许会遭遇磨难，然而，无论如何这都将是一次难得的挑战和探索。

这次课的主题是向同学们讲清楚学校为什么要成立这个课外辅导班以及此次活动整体运作的思路。

只要参与，就会有所收获。今年暑假，我校的7位同学在全国青少年科技创新大赛上获得3金2银2铜的好成绩，打动了众多的学生和家长。国家为

108

了鼓励更多的青少年参加科技创新活动，在保送上大学的政策上也给予了一定的优惠。在这样的形势下，学校开展科技创新活动比以往有了更为有利的条件。

　　时间不觉已经过去了一个小时，我让同学们休息一下，同时也让他们自己思考和酝酿。这时候学生陆续把报名表交了上来，其中有一位同学给我留下了深刻的印象。报名表要求在照片栏贴照片。可能因手头没有胶水，这名同学拿出了一把小刀，在照片栏的角上割了四个豁口，然后将照片的四角插入豁口，最后他又在照片的背面贴了一块透明胶，防止照片掉落，聪明和细心尽显。

　　回到家，从报名表上我开始认识了他——李珅，高二（一）班的劳动班长，参加学校科技创新实验班的愿望很强烈，各方面能力都较强，动手能力突出，成绩优异，家长也支持，家庭经济状况一般。在"自我综述"栏内，他将自己参加科技创新班的想法、目的和自身的优点写得条理分明；说自己从小喜爱动手，一直希望发挥自己的独特才能，可惜没有老师指引方向；最后表明了自己坚定的态度，希望参加学校第二期科技创新实验班。

9 月 10 日

　　今天下午，李珅同学来到了我的办公室。他向我表达了自己参加科技创新实验班的迫切愿望，说自己从小到大一直喜爱科学，喜欢发明和制作。

　　机会面前人人平等。这名学生这么有诚意来到我的办公室，而且能力突出，我找还来不及呢，怎么可能拒绝他呢？

　　"这条路上可能遇到很多的艰辛和挫折，到头来也许连个奖都没有。"我提醒他说。

　　"没关系，过程也是重要的收获。"他回答。

　　于是我把他收到了自己的门下。

9 月 29 日

　　今天由信息技术老师讲述计算机方面的全国赛事和科技创新实验班学生在网上交流的方法。创新实验班的学生来自高一、高二两个年级的各个班，为了便于平时大家联系，我在网上建立了一个群，大家在网上交流可以通过QQ，今天要求每人申请一个 QQ 号，然后加入到班级的群中；另一个联系的途径是使用电子邮件，为了锻炼学生使用邮件及附件的能力，我给他们布置了一个作业：

　　1. 上有关科技创新的网站下载 10 篇和科技创新有关的文章，粘贴在Word 文档中，并整理成标准文档。

109

2. 从百度中搜索全国青少年科技创新大赛并阅读相关文章，把此网站设为快捷方式。

3. 从 Google 中搜索明天小小科学家奖励活动并阅读相关文章，把此网站设为快捷方式。

4. 申请一个 QQ 号作为科技创新专用，登记实名，并把我的 QQ 号加为好友。

5. 申请一个电子信箱，把下载的文章以附件形式发给我。

6. 将学生自己的初步想法（课题）形成文字材料拿给我讨论分析。

作为指导老师，我很为今天的课程设计而高兴，因为我不但为学生设计了他们需要达到的行为目标，更为他们设计了达到该目标需要的路径。我相信，在这个过程中，我也会不断成长，"教学相长"就是它的意义所在吧！

10 月 13 日

为了进一步拓展学生的思维，我请了学校的另一位物理老师为同学们专门讲述如何做物理教具方面的研究。这堂课使大家认识到，新型教具的制作也是科技发明的一项内容。具体的实例也是有的，如第十八届全国青少年科技创新大赛有个获奖项目《一种更合理的光的波长的测定方法》。

思维的僵化，势必使人故步自封，而思维的拓展和延伸，将会带领他们走向更广阔的天地。

10 月 20 日

经过这么长时间的培训，同学们的思路已经不再局限于学习过的内容了，许多同学都确立了自己的研究方向。

王昕瞳同学从网上了解到如今货币电子化带来的财产损失，于是想做一个关于 ATM 机密码保护的工程类项目，很有新意也很实用，不过模型的制作却是个难题。

车鑫璐同学想做一个车辆牌照的智能识别系统，这需要有很强的计算机能力，还需要自学大量的专业知识作为基础。

马赫同学由自然界中存在的 1 升水加 1 升酒精体积却小于 2 升的现象，即 $1+1<2$ 的现象，想在自然界找到类似的更为神奇的 $1+1<1$ 的现象，他问我可不可能，我告诉他说这将是一项漫长而艰难的发现之旅。

樊越黎同学想做一个新的物理教具——新型左手定则演示仪，听说已经制作了好几种模型了，只是我还没有看到。

邢呈巍一组 3 人的课题是对我国大中型城市汽车快速发展利与弊的调查分析，汽车对城市经济发展造成的正负两方面影响，属于社会学科，需要收集大量的相关材料。他们已经有了近期计划，打算先进行 1000 份社会问卷调查。

其余同学的研究方向还没有确立，但大家的想法都非常丰富。

从学生阐述自己课题的过程中可以看出一些差别，女生的表达能力要强于男生，而男生的思路比女生更灵活，更具有创新性。

10 月 25 日

下午，李珅又来到我的办公室，他想继续研究"姆佩巴现象"。上届的几名学生已升入高三了，而课题的研究还需要继续深入下去，经过这段时间的接触，我觉得交给他还是比较放心的。所以没有多说，我就把研究的相关资料交给了他，让他先初步了解一下内容，看看能不能继续研究下去。

他走以后，我心想：这是一个善于迎接挑战的孩子，虽然有些文弱，但是镜片后的那双眼睛传递出来的却是心灵的坚毅。"姆佩巴现象"的研究已经有了一些成果，但科学是没有止境的，愿他能继续发现问题。

10 月 27 日

今天的科技创新课是指导同学们如何写开题报告。

撰写开题报告是进行课题研究的首要工作，通过开题报告的思考与写作，可以帮助研究者清楚地了解自己为什么要做这个课题，究竟想做什么，想得到什么，怎么做，能否达到自己的预期目标。若分析后觉得不能，则可以马上调整自己的方向和目标，使课题目标的达成有可能性，从而避免"大题小做"或"小题大做"。

同学们试着写了自己项目的开题报告，结果发现，他们普遍对自己项目研究的目的写不清楚，经常是舍本逐末。能力培养和提高的关键在于平时的积累和运用，给他们多一些锻炼的机会可能就会更好一些。通过科技创新活动可以锻炼学生的学习能力，这可能就是国家鼓励学生搞科技创新的初衷之一吧。

11 月 3 日

李珅又来了。他告诉我说，他已经对"姆佩巴"论文研读了很多遍，对问题的理解达到了一定的深度。这几天他收集了很多关于"姆佩巴现象"的材料，对其他人的研究也有了了解，同时确立了自己的研究角度，力求突出创新性。

不管怎样研究，做实验是很重要的，实践出真知嘛。所以我要求他先准备实验的器材，该买的就去买，能借的就去借，近几天先在家中的冰箱里做实验。等过几天气温达到零下的时候再转到室外。

其实我一直很为他的研究担心，在一个大家已研究得很透的课题面前，很难有所突破。

但他有股牛劲，我知道。

11 月 5 日

李珅说他在冰箱内用两杯 150g 的水，一杯开水和一杯纯净水做实验。结果他在使用不透明的冰箱做实验时无法直接观察实验现象，所以白白浪费了几小时，但同时他明白了做实验并不是很容易就能成功的，进而懂得了科学工作者的艰辛。下次实验想改在室外进行，既便于观察，又使环境稳定在室外的低温。

这次实验虽然失败了，但能想出解决的办法，也说明他在认真思考。因此，我也认识到了一个道理：主观上的努力自不必说，客观条件的许可也是事业成功的先决因素。

12 月 12 日

今天虽然不是数九寒天，但气温达到了 $-10℃$，可以做实验了。李珅仍然使用上次的实验器材做了一组实验。结果由于仅凭肉眼观察，具体哪个先完全冻成冰，他无法观察到。因此实验改用温度计测温，当水的温度突破了冰点，就说明水已经完全冻成冰了。但在室外做实验太冷了，而且不能长时间观察，李珅对我说，他打算和家长商量一下买个门透明的冰柜。

由于他家的经济条件不是很好，我一直没有提出换一个透明冰箱的建议。虽说买一个冰柜对城市家庭来说并不是很难办到的，可他是个极懂事的孩子。今天他主动提出来，一定是得到了父母的支持。

12 月 19 日

李珅的实验在紧张进行中。我怀着一种忐忑的隐忧，等待他的结果，希望他能有更进一步的突破。

"每次实验水在结冰的过程中都发生膨胀，对其中的温度计有一个向上的力，温度计每次都会被冰拱出来，测温不准确造成数据无效。"他无奈地说。

"温度计固定难度很大，不过这对于你来说应该不成问题，可以动手制作一个支架固定啊。"

"另外的问题是你这几次使用的温度计精度不高，物理实验室正好新进了几个精度高的温度计，可以借你一用。"听完他的汇报，我安慰他说。

其实这些难题在我的预想之中，"别急，阴霾过后总会出现太阳。"

12 月 25 日

　　李珅初步想出了解决问题的办法，使用铁丝和铁夹固定温度计。这次的实验他真的看到热水先变成了冰，他高兴极了。

　　我告诉他如何处理实验数据，并教他画实验图像，提醒他注意从图像中发现规律性的东西。

　　果实往往藏在叶子的后面，只要具备一双明亮的眼睛，善于发现。

12 月 26 日

　　今天教李珅分析实验图像，帮他认清 XY 轴代表什么，曲线的斜率代表什么。

　　在我的提示下李珅将影响水降温时间长短的因素分析了一遍，做简单的验证实验排除了一些因素，最后得出冰柜的制冷能力、低温环境温度与实验对象的温差、容器的导热能力、实验对象的质量等等因素都会较大地影响水的导热的结论。他最后发现其中造成最大影响的因素可能是玻璃烧杯，因为玻璃烧杯的厚度不一样。

　　看来，结论就像矿藏，只有剥离了层层外衣，才能接近它的本质。

1 月 1 日

　　这几天我暗自观察，发现李珅有时候死盯着一个东西不放，呆头呆脑的，真有点"独上高楼，望尽天涯路"的境界和味道了。是不是他又碰到什么难解的问题了？中午我把他叫到办公室。他来了，眼神有点飘，我盯住他的眼睛，听他陈述：

　　"在实验中我发现热水的蒸发快于冷水，这个发现对实验的结果会产生影响，又经过反复实验后我发现，由于热水蒸发量比冷水高，热水更容易完全冻成冰，所以蒸发是一种影响因素。"

　　"但这是否是唯一的影响因素呢？"我提示他继续思考，如何能够排除蒸发的影响，继续实验？他紧锁眉头，做凝神思考状。突然，他双手击掌，兴奋地告诉我："李老师，你看可不可以这样：①让实验对象——热水的质量大于冷水，大于的量就是热水比冷水多蒸发的量；②让热水与冷水在初温相同、质量相等的时候再进行降温。"

　　真是个聪明的孩子！

1 月 11 日

　　在实验中发现水在 4℃ 有一段时间温度不发生变化，我和李珅思考其中的原因，过去我认为从碰撞方面解释，此时水分子间的距离更小，发生的碰撞更多，能量传递更快。李珅自己从分子能量的转化方面进行分析，提出了自己的一套合情合理的解释，这让我感到他真的有了明显的进步。

就应该这样，不拘泥于别人的见解，不轻信他人的观点，独立思考，才能臻于完美。

1 月 16 日

现在的天气更冷了，我们的讨论却更加热烈了。我们在一起反复分析发生"姆佩巴现象"的原因，认为其中最有可能的是溶解在水里的气体影响了水导热，使冷水导热变慢。但是由于最近几次实验温度计经常发生移动，实验都失败了。

现在李珅已经对实验的失败习以为常了，他还对我说："失败并不是那么可怕，可怕的是我们失败之后一蹶不振。"他也是说到做到，从失败的实验中吸取了很多经验教训，没有因为实验的失败而放弃研究和失掉自信。我想，正是这一点才更难能可贵吧。

1 月 25 日

"在哪里跌倒的，就要在哪里爬起来。"鉴于上次的教训，我提议他做一次逆向思维实验，因为去年全国比赛时曾有一位专家提出应该做降温的逆过程——升温实验，所以我让李珅试着自己设计升温实验方案，他对我说："我早就有做升温实验的想法了，您就看我的吧！"

世界在向你关闭一扇门的时候，同时也会给你打开一扇窗。试着逆向思考，结果会令人耳目一新。

1 月 31 日

最近的加热实验出现了冷水升温比冷开水慢的现象。李珅做了很多组实验，但是时间差不明显。他自己想到了增大时间差可以使用控制变量法，控制影响因素以此增大时间差。

他又将水浴加热法增加到实验中，但实验中出现了意想不到的问题。尽管水浴加热很稳定，但是加热速率太快，时间差仍不明显。另外温度计的固定方法不是很好，时常发生由于温度计位置变化造成实验失败的现象。

苦恼一个接着一个，打击也是一连串的。我想找个时间安慰他，可是又想到这些挫折正好可以强健他的筋骨。边走边看吧，风雨之后定能见到美丽的彩虹。

2 月 20 日

果然，大年初一李珅就打来电话，拜年之后他说终于找到合适的容器和加热方法了。

原来大年三十那天的年夜饭上，他感觉装饮料的易拉罐非常适合作容器。而在大人蒸饺子时他又发现了"蒸"这种加热方法。回家后他简单做了一下对比实验，发现易拉罐比玻璃烧杯、不锈钢杯等作为实验的容器更合适。"蒸"的加热能力太弱，不过稍加改进，他就发明了"蒸煮"加热法，即采用开水的表面作为热源进行加热，结合了蒸和煮两方面的优点，相当于"烤"。

我为他感到高兴，生活处处皆学问，细心就能让他另辟蹊径。

2 月 26 日

又几天，李珅又想到了好的固定方法，他把市面上的酸奶盒改装为固定装置，思路很巧妙，恰好利用了易拉罐、温度计和酸奶盒结构上的特点，将三个东西严丝合缝地组装在一起。

我问他："你怎么想到利用它们组合的？"他自嘲地说："我现在都快像林黛玉一样敏感了。"

是啊，没有敏锐的感觉怎么成呢？宝藏总是躲藏在我们不易察觉的角落。一缕光的反射，一点味的芬芳，进入敏锐的大脑，瞬间就可以启迪心灵。

3 月 12 日

李珅课间来找我，谈起了最近实验中出现的读数困难：由于实验对象增加到 4 个，他在实验中同时读 4 个温度有困难，即使和他妈妈一起读数也是手忙脚乱。

我把数码相机借给了他，让他每隔一定时间拍一张照片，这样记录数据会相对容易些。

最近的实验需要用到化学上的一些仪器，还要使用化学反应的方法制取二氧化碳。李珅平时化学成绩很好，实验操作技能本身也不错，加上最近的实验研究，能力更是今非昔比，对付这种简单的化学实验应该绰绰有余。

我原本就不必为他担心。

3 月 14 日

李珅来办公室汇报已经完成的实验现象和实验结果："……初期的降温实验和中期的升温实验结果都不错，冷开水降温和升温都比冷水快，说明根据分子球形碰撞模型理论，大分子影响了水分子的导热，溶解气体分子是一种大分子……"李珅顿了一下，若有所悟地说，"那么能不能用另外一种物质作等效替代呢？"

最后我们锁定了酒精，它和二氧化碳的分子量很接近，有些物理性质也很类似。

今天总算是拨开云雾见青天了。这几个月辛苦忙碌下来的实验结果也算是一种对我们的精神慰藉吧。

4 月 5 日

李珅的实验还在顺利进行着。其他小组的同学已开始写论文、省赛报名、制作展板、准备答辩等工作了。

今天我把准备参加省赛的同学集中在一起，给他们讲了写论文摘要应注意的事项。

参赛学生的论文摘要是对其所完成研究工作的简明概括。它应该简洁明了地告诉读者该项目的主要内容及其意义。摘要部分是历届科技创新参赛项目最常出现问题的环节之一。评委和公众在看完项目摘要后应对该项目有一个相当准确的了解。摘要中不要包括详细研究内容和讨论，这些内容可以放在篇幅更大的书面研究报告中，或写在项目展板上。

我给同学们布置了一个任务，每人写一份 200～250 字的项目摘要，同学们开玩笑说，这是他们写的最短的一篇作文了。

我也回应他们说："麻雀虽小，但要五脏俱全！不能有遗漏和拖沓！"

"哈哈，哈哈。"

4 月 10 日

省级比赛的日期越来越近，应同学们的要求，我今天给他们集体讲了一些制作和设计展板的知识。

事实上，当项目展示比较好时，评委会更看重项目的科学性，展示时最重要的是你的口头表达，不要把太多时间用在展板的漂亮设计上。你出色的演示，其目的是为了使评委识别出你的项目是真正优秀的科研项目，是金子就让它放出光芒来。

等我忙前忙后地把这些内容讲完时，李珅举手说："老师，展板其实就是项目的形象设计，教师上课的板书，对吗？"我惊诧于李珅文学素养上的进步，他的高中语文成绩并不出色。

4 月 17 日

　　离全省比赛只有两周时间了，同学们的展板已经有了雏形，现在是修改阶段。利用这个周日，我想给学生培训一下答辩方面应注意的问题。

　　答辩是评审过程中最关键的步骤。在此过程中，可以向评委展示你的研究成果、未来计划以及研究的重要意义。为了获得最佳效果，必须能够有效地进行沟通。可分别准备 1 分钟、5 分钟的项目演示，1 分钟演示只需简单介绍研究项目的主题，5 分钟演示主要阐述研究重点、亮点，并请评委提问。

　　答辩者应该对自己所完成的研究项目有自信心，要相信自己的工作会得到认可，评委需要了解你所做的工作与成果，要把你项目最重要的特色全部展示出来。

　　切勿为了获奖参与该项比赛，切勿为了赞誉进行研究，切勿拿自己去和他人比较，切勿议论别人的研究如何，也不要强迫自己去做。进行研究是因为你热爱它，因为你可以改变世界，为你的团体与社会作出贡献，从研究工作中学习新的知识，发现周围新的世界，这才是科学的真正奖赏。

　　要勇于尝试新的事物，即使没有任何成果。很多事情都是经过反复失败才成功的，从错误中总结经验，在尝试新事物中学习新知识，决不轻言放弃。要知道，科学研究是一项充满乐趣的活动，不要让它成为你的负担。

　　同学们听了之后，都沉浸在思考和莫名的激动中。过了一会儿，李珅开玩笑说："李老师，你告诉我们切勿这个切勿那个的，你都快成老婆婆了。"

5 月 6 日

　　紧张的省赛终于结束了，比赛结果是令人满意的。全校 26 个参赛同学中有 11 人获得一等奖，有王昕曈的《ATM 机密码保护》、马赫的《1 + 1 < 1 吗——无机盐水溶液体积异常收缩现象的探究》、李蔚的《电话远程遥控器——回送信号在远程遥控器中的作用与实现方法》、樊越黎的《单臂旋转式左手定则演示仪》和李珅的《Mpemba Effect 的实验研究》等。不过这些一等奖的获得者中哪些人能够获得国家级创新大赛的参赛资格，需要等到 10 号才能够知晓，多么漫长的等待啊！

　　大家提议出去 HAPPY 一下，我觉得也是真应该庆贺庆贺了，孩子们付出的艰辛和努力算是有了回报。作为他们的指导老师，我也觉得是无上光荣啊。

　　在庆祝晚宴上，学生们非让我说两句不可。说心里话，我的确是有着无限的感慨。从教这么多年，虽然个人也取得过不少成绩，但这次却是学生们替我"露脸"了。从当老师的那一天起，我就希望我的教学能有这样的境界。我端着酒杯，深情地望着同学们，他们也正用热切的目光看着我，青春蓬勃的脸上展露着幸福的笑容。还有什么比这更激动人心的呢?! 人生路上历尽艰难和坎坷,不就是为了等待这些鲜花和掌声吗?

且行且珍惜。就让我和他们一起珍藏起这生命的奖赏,共同面对明天的岁月吧。

5月10日

结果出来了,还是有些出乎我的意料,车鑫璐和李珅的项目没有获得全国比赛资格! 车鑫璐的项目开始是想研究汽车牌照的识别,为此他自学了二十多本专著,过年的几天都没有休息一天,后来他把课题定在了汽车牌照的计算机算法研究上,课题结题时他请教了中国科学院的专家,专家认为项目不错,推荐发表在国家一级刊物《微计算机应用》上了。李珅的项目也是有深度、有新意的,没有进国家级比赛真是有些可惜了!

比赛的不可预知性在此刻尽显,任何优秀的项目都不可能是常胜将军。可摆在我面前的是如何开导这些学生呢? 机会并不是没有,还有一次,那就是在6月15日前申报“明天小小科学家”奖励活动,但要进前40名谈何容易啊! 摆在车鑫璐和李珅面前的道路愈加艰难了。

下午我没有将消息直接告诉给李珅和车鑫璐,只是告诉他们下一步的研究计划,很显然他们也理解了我的意思,选择了默默接受。我对他们说,机会总是有的,另外,做科学研究就得要耐得住寂寞。因为开拓者的路并不是总伴随着鲜花和掌声,如果只为了荣誉而奋斗,人往往就会迷失自己。

5月20日

果然,不出几天工夫,李珅再次来到我的办公室,从他的言行上可以看出,这次的失利让他更加坚定了搞科技创新研究的信念。他已经将项目作了更进一步的修改,制定了更详细的实验计划,向6月15日作最后的冲刺准备,参加国家级的“明天小小科学家”奖励活动。我鼓励他说:“我就知道你能够爬起来,这才像样嘛,不过一定要吸取国赛资格赛最终失利的教训。”

我感觉对于这样能够自我学习和自我调整心态的学生,今后的路必定走得更加稳定,更加长远……

9月23日

今天中午,第五届“明天小小科学家”参加终评的名单网上公布了,我校申报的四个项目都榜上有名,前40名也上去了2个:李珅的《Mpemba Effect 的实验研究》和马赫的《1+1<1吗——无机盐水溶液体积异常收缩现象的探究》。这两个同学都没能参加全国青少年科技创新大赛,为此他们的情

绪一度有些低迷，但这未必不是一件好事。

这两个项目都是基础学科，他俩的综合素质也不错。李珅的表达能力、理解能力和项目的完整性仍需加强，马赫的实验精度需进一步加强，但我们还有整整一个月的准备时间，我应该再好好准备一下新的辅导计划。

下午通知了马赫，他高兴极了。

李珅需要做更多的准备，白天他不在学校，晚上才找到他。我把网上下载的通知交给李珅，告诉他新的计划安排和工作顺序：

1. 完善研究日记。关键是当时的实验思路、细节、过程、科学的方法、遇到的困难、解决方法等。

2. 个人形象设计。形象气质的训练，可让专业人员帮助设计一下。

3. 展板的设计和制作。首先按照比赛要求，然后观察其他人的展板是如何排版、安排材料和色彩的，之后自己设计，最后制作。

4. 准备答辩和ppt。我给他出了30道和论文相关的问题让他准备答辩。

5. 科学素养培训。我准备了十多本科技书籍请他和马赫阅读。

6. 论文细节修改。

最后我拍了拍他的肩膀，一时无语。有一种无声的默契在我们彼此的心中激荡开来。我相信，他能读懂我心中的语言。磨难会让他更加成熟，未来的蓝图也将会在他的手中被描画得更加璀璨夺目。

11 月 4 日

秋天容易使人伤感，但北京的秋天却充满了果实的诱惑！

从长春走进北京，我的感触太多了。绚丽迷人的香山，雄伟壮丽的天安门，巍峨典雅的故宫，热闹繁华的王府井，每看一次，都会在我的心中留下不可磨灭的印象。但我已经无心再去留意这些，内心只反反复复回荡着这样一个念头：历史会记住这一天——2005 年 11 月 4 日，在我的生命历程中我会记住这一天。

北京的钓鱼台国宾馆正在举行第五届"明天小小科学家"奖励活动终评和颁奖仪式。主持人杨进用他那浑厚的声音宣布着获奖名单。会场大厅欢快而热烈的气氛在专家和在场的每一个人中间流动。我坐在领队席上，内心充满了激动和不安，两年来的准备和实验终于在这里得到检测和评判，那些日日夜夜苦思冥想的问题终于得到公平的验证。

最激动人心的时刻到了。只听到主持人用响亮的声音宣布："获得本次一等奖的有……吉林省实验中学马赫同学，题目是《1＋1＜1吗——无机盐水溶液体积异常收缩现象的探究》。"最终马赫同学获得了一等奖，李珅同学获得了二等奖，车鑫璐和樊越黎同学获得了三等奖。

这个结果，在我的预料之中。因为当我从那一天背起幕后的行囊踏上岁月如歌的行板时，我就为自己撑起了一棵信念之树，埋入地下的是一张实践的犁，追求着梦想也承受着失败。我们是拓荒者，在创新这片沃土上，也许我们还稍显稚嫩，但创新无疑已赋予了我们久经磨砺的科学底蕴以及绝非金钱物质所能换取的精神价值。它的理念和信仰必将会更多地播撒进学子的心田，如潺潺流水，如温暖朝阳。

起步，也是人生一次更加辉煌的开始。

学生日记（2004 年 9 月至 2005 年 11 月）

李 珅

作家王蒙有一本书，书名是《做一次明朗的旅行》，我觉得在人生的长河中，我们不断地漂流、冲浪，阳光和海岸是我们永远的向往。

我不敢说自己经历了很多，也不知道未来的人生道路是否平坦，可通过科技创新课程的学习，我收获了很多，也成熟了很多。如果用明朗来形容人的心境，那么我从科技创新学习及研究过程中收获的正是这种境界。

同时我也总结了几条经验：

1. 做研究要有计划，既要有短期计划，又要有长期打算。
2. 打好提前量，不要事到临头才开始准备。
3. 书到用时方恨少，现学现用是亡羊补牢。
4. 今日事今日毕。
5. 随身携带笔和本，及时记心得、日记，好记性不如烂笔头。
6. 熟能生巧。
7. 推动自己一直进行科技研究的不是对保送资格等功利目的的向往，而是对知识、科学的热爱。
8. 成功 = 99% 的汗水 + 1% 的灵感。

9 月 7 日

"唉，又发卷子了。"大家直叹气。班长手里拿着一大摞卷子走了进来，估计得有十来张。有的同学拿到卷子后说："嘿嘿，是'草纸'！"通常同学将没有题的卷子称作"草纸"。

我拿过来一看，"科技创新"！这不是我最喜爱的吗？我从小喜欢玩儿，家里的东西不知玩坏了多少，长大后转为"修"，从家里"修"到成为学校的"能工巧匠"。我从头到尾读了一遍，越读越兴奋，这不正是自己期待已久的好事吗？为了这一天我可是等了十年啊。儿时的愿望是成为一名科学家，上小学起我就一直在等，等一位能够在科学上给我指明方向、告诉我怎么"玩儿"的老师，无奈小学、初中都过去了，他仍没有出现。

今天，李金华老师致学生和家长的一封信摆在我的面前，大意是李老师组织的学校第二届课外科技创新实验班开始招生了。"他会是我苦苦等待的老师吗？"为了我心中的梦想，我一定要参加这个课外班。我简单地在心里衡量了一下，参加这个班，我的主观愿望强烈，客观上竞争对手不会太多，另外，我觉得搞科技创新的人首先需要有极强的毅力，其次需要有执著的精神，大多数人可能会半路退出的。

我将申报表认真填好，只差一张二寸照片了。照片已经照好，现在还没有洗出来。

家长支持意见的签字是我用"提升语文、英语成绩，稳定其他科目成绩"的承诺换来的。

"自我介绍材料综述"是我发自肺腑的，因而感情真挚，态度诚恳，信心坚决，义无反顾。材料最后有一句话："当机会来临的时候，不知你是否能敲开成功的大门。"老师用心良苦，我自然也心领神会，机遇永远只偏爱有准备的头脑。

我反复检查了几遍，确认无误。现在万事俱备，只欠上课了。

9月9日

第一次课的内容是李老师介绍成立科技创新实验班的初衷。他详细分析了当前的国际、国内形势，使我的眼界逐渐开阔起来。他说，我国要成为科技强国，国民的科学素养达到一定程度，就需要社会各界的努力。我校开展科技创新活动是基于国家的发展趋势，是一种培养人才的途径，同时学生参加科技创新活动可以保送上大学，对我们也有一定的吸引力。

家长一直担心参加这项活动会影响我的学习，正好李老师也谈到了这个问题，他分析说，搞科技创新不是影响了学习，而是促进了学习。这个结论让我茅塞顿开，看来妈妈的工作不用我费太多的口舌了，我非常希望能提高自己多方面的能力，尤其是科技创新的综合能力。我知道自己的动手能力一直是年级里最强的，有信心在科技创新实验班一展才华。

另外，今年暑假我校的《"姆佩巴效应"的探索研究》就已经获奖了。李老师的科技创新教学能力自然没得说，现在只需要我们这些班级成员的共同努力了。

9月10日

这几天寝食难安，心底总有什么东西激荡着，仿佛一条小船，一下子冲到了风口浪尖，兴奋与不安在心头萦绕。我找到李老师，表明了自己参加科技创新实验班的迫切愿望。李老师听了我的陈述，拍着我的肩膀鼓励我积极参与，科技创新活动充满着机遇与挑战，而且需要不懈的努力和顽强的斗志。他认为我有这方面的素养，要求我一定全身心地投入和付出。同时提醒我，科技创新并不一定能有好的成果，不要只想着最后的得奖。

这一点我自然明白。其实我参加创新班全凭爱好，并不一定要得奖，任何结果都是可以接受的。既然喜欢就无所谓回报。晚上又和父母坐在一起仔细研究一番，最后他们表示支持。并且说："咱们要尽最大努力，在科技创新方面咱们是最强的。即使不获奖也没有关系，毕竟剩余的时间足够参加高考了。如果没有考上理想的大学，还可以再复读一年嘛。"开明而又可敬的父母啊！

9 月 15 日

北国的金秋已经来临，坐在教室里，看看窗外的景色，天清气爽，分外怡人。

台上，李老师正耐心细致地布置课题，这次课的主要内容是如何选题。重点是把握"三性"原则：科学性、先进性和实用性。其中实用性为最根本的要素，理论只有应用到实践中去才会发生效力。我自己又总结出一条：选题要兼顾自己的爱好、特点。比如我喜爱动手做实验，搞工程类的比较合适，理论分析对我来说则是弱项。明确了这些后，头脑中有了方向感，以后的路就是朝着这个目标前进了。

9 月 22 日

今天，李老师介绍了全国青少年科技创新大赛、"明天小小科学家"奖励活动和国际科学和工程学大奖赛的评选侧重点。比如全国青少年科技创新大赛注重项目研究中体现的创新精神，而"明天小小科学家"奖励活动则更注重学生在研究中体现的科学素养，国际科学和工程学大奖赛对这两方面的要求都很高，但是无论哪种比赛都要求学生有创新的头脑。

李老师的介绍详尽、具体，因为有去年参加比赛的实战经验，所以今年比较得心应手。前面的学长已为我们铺下了一条探索之路，我们正好可以借此增长智慧、尽情翱翔。

9 月 29 日

教信息技术的吴老师向我们介绍了关于计算机方面的赛事。如机器人大赛、青少年电脑制作活动等。我不擅长计算机编程，但是很喜欢关注机器人方面的消息。

科技创新班第一次的作业很新颖，上网查找与科技创新相关的资料，分类后进行文字排版，统一字号和格式等，以附件的形式发到李老师的电子信箱。为了使大家能更好地参与到学习讨论中来，方便今后联系，吴老师教我们如何申请 QQ 号，如何加入到班级的群，如何登录班级主页。

从此以后，我们就可以在网上交流了。李老师教我们的知识就贴到班级主页上。同学们的想法也可以贴上去。有了这个班级，我可以和同学们交流自己的点子啦！

10 月 3 日

经过几天上网查找资料，我终于学会熟练使用搜索引擎。实践出真知，便利的网络无疑成了我的帮手，它仿佛是一双翅膀，让人自由地飞翔。

10 月 13 日

"十一"休假回来，创新班刘老师给我们讲述如何做物理教具方面的研究，新型教具的制作也是科技发明的一个方面。刘老师给我们扩展了思路，使我们知道任何一条路都可以创新。为了启发我们的选题思路，李老师给我们详细分析了对世界有重大影响的百大发明：①编织；②帆锯子；③锁；④地图；⑤轮子；⑥激光唱片……

听完后我有种感觉，发明创造好像也并不太难。

10 月 20 日

通过几天的集中培训和课余的积极思考，大家都有了初步的想法：有研究电脑的，有研究物理的，有研究化学的，有研究地质的，还有研究银行卡的。我的思路也逐渐打开了，想了很多点子。讲给李老师听，李老师说我已经上路了，只是这些点子还不适合做成项目。不过也没关系，想和做之间本来就有一段距离，有耐力的老马才能在困难的处境下找到走出沙漠的路。

还有一个很重要的发现，原来并不知道自己表达方面的缺陷，平时大家在一起神侃，还以为自己不错呢，没想到今天和同学们一起面对面地讨论，才感到自己口语表达的差距，自己讲话的目的性和条理性都不强。

10 月 24 日

今天上网时又查了一下我校上届学生研究的 Mpemba Effect，我非常感兴趣。今年他们升入了高三，没时间再深入研究了，但是我可以继续研究啊，毕竟科学研究是无止境的。我读着资料，渐渐地对"姆佩巴效应"产生了兴趣，我认为我可以对"姆佩巴效应"做更进一步的研究。如果深入下去，一定还会有新的发现。

10 月 25 日

下午，我找到李老师，谈了我的想法。李老师问了我一些情况后就同意了，看来他也有意把这个项目交给我继续研究，正好我自己找来了。不过，他反复告诫我说，研究物理、研究"姆佩巴"，只有一心一意地钻进去，做大量实验，才能出成果，也可能没有成果。最后他嘱咐我反复研读论文，力图找到新的突破口。

我反复读了几遍上届的论文，发现其中有很多可取之处，如碰撞模型影响水结冰快慢因素的分析。可是其中也有不完善的地方，实验缺乏完整性。单单从一个实验得到结论，缺乏可靠性。还有其他因素的影响，如容器、温度计、图像等，论文的描述也稍显简略。我要从这些方面入手，进行全面的分析和实验。

10 月 27 日

这节课学习了如何写开题报告，这是整体项目研究的第一步。刚开始的时候我还懵懵懂懂的，不知到底怎么写。毕竟这种研究对于我来讲还是全新的。不过，李老师讲完了，我也就豁然开朗了。简单地讲，开题报告就是写自己为什么对这个课题进行研究，具体就是自己在生活中遇到了什么问题，想到了哪些办法解决，提出的办法是否科学、合理等。

这段时间我又仔细查了一下关于"姆佩巴"的一些信息，发现都是大同小异，学长的论文已经提高了一个层次，我要更加努力，争取有新的突破。

11 月 3 日

天气渐渐转凉了，深秋的落叶踩上去很绵软，大地呈现出一派金黄，我的心绪也随着秋天的到来而渐渐饱满。

这次课是我们科技创新实验班上的最后一次集体课了，以后李老师将对我们进行单独辅导。每个人的项目和方向都不同，需要因材施教。

我要先设计实验方案，然后根据需要借实验器材。首先实验验证"姆佩巴"现象是否存在，再结合过去的研究改进器材和条件。我从学校实验室借了一部分实验器材，如：烧杯、量筒、天平等，一部分在家就地取材或到商店购买。

11 月 5 日

虽然这几天北方的天气转凉，但室外仍然达不到实验要求的温度。于是我先在冰箱内做实验。我准备了两只烧杯，烧开一壶水，称取质量为150g的水，放在冰箱内使其结冰，由于冰箱门是不透明的，我多次开门观察实验现象，影响了冰箱内的温度，实验结果不明显。等到气温降下来再实验吧。

12 月 12 日

今天室外的气温已经达到了 −10℃，适合做实验了。我在室内将水配好，拿到室外，等待它们结冰。这个过程太漫长了，我反复看了几十次，屋里屋外来回跑，可是由于兴奋，脸上全是汗。大概过了一个半小时，水中开始出现冰，又过了几小时，水终于结成了冰。可是两杯水哪一个先完全结的冰，我没有观察到。

如果一直在外面观察，也许效果会好些，可是外面太冷了，一直坚持下来有很大的难度。因此我找李老师告诉他想更换实验场地，同时要用更精确的温度计，随时测试两杯水的温度。

12 月 20 日

今天的气温是 −17 ~ −10℃。上午雪太大了，下午转为小雪。午后，我继续做实验，使用从学校实验室借来的细而长的玻璃管温度计。温度计不容易固定，使两杯水的温度计固定在同一个位置更不容易。

尽管实验过程比较长，但我坚持观察和记录。不过，温度计精确度只到个位，精度明显不够。

和李老师交流实验过程时他说实验室新进了几只数字式温度计，量程是 −50 ~ 150℃，精确度0.1℃，液晶显示的，可以借来完成实验。

12 月 21 日

如何把温度计固定在烧杯上？我尝试做个支架、用绳子和夹子固定温度计，然后将烧杯放好，观察实验现象。这是我的一个发明，不知道管用否。

12 月 25 日

回家做实验，发现实验过程中温度计由于水结冰体积膨胀受到了一个向上的力，使温度计不能停留在同一个位置，极大地影响了实验的精度。怎么样才能固定住温度计？至少温度计大体位置不偏离烧杯正中心呢？因为水结成冰膨胀的力非常大，不想一个好的办法就没法走出目前的困境。

我试着用强度更大的铁丝绳和铁夹固定温度计，烧杯本想也固定在架子上，但实际操作起来很困难，水不容易加入烧杯中，而且这样做可能又造成烧杯与外界接触面积增大，产生导热环境（温差）不同，所以我没有固定烧杯。

今天的实验比较成功，我看见热水先变成冰，先达到 -1℃ 了，可是不太明显。有第一次成功就一定会有第二次。但是李老师说这还不算成功，我想就算是小小的成功吧。

12 月 26 日

我发现几次实验的结冰时间或达到 -1℃ 的时间不一致。我想可能与当时的电压有关，与冰柜的制冷能力有关。但有时时间差了近一个小时，这就令我不解了，难道还有其他影响因素。我回忆实验的每一个环节，看着实验器材，烧杯、天平、温度计，其他的因素等等，都不会有太大的不同。

问题出在温度计上？我买来两块新的 7 号电池给温度计换上，将两只金属探针插在同一杯水中，又用手捂着杯子，轻轻地晃动杯子，使内部的水慢慢升温，发现温度计的液晶显示屏上的数字同时等量向上跳动。我还将两个金属探针的触点挨在一起，显示的数字也是同升同降。说明温度计同步性很好，它不会是问题的原因。

会不会是其他器材的原因呢？天平？同一个天平称质量相同的物质，不会错。微调时用的滴管？也是同一个。环境？冰柜内相同的位置。只剩下……烧杯！

由于每次盛水用的是两只烧杯，我仔细观察了实验用的两只烧杯，上下左右每个角度认真看，结果我发现：烧杯壁的薄厚根本不一致。同一个烧杯的杯壁有薄有厚，更不要说两只烧杯了。

容器壁需要薄厚一致，塑料杯、不锈钢杯，用哪一种更好呢？最后我选择了不锈钢杯，因为它的制作工艺更精，并且导热更快。

1 月 1 日

我在实验过程中观察到，热水的蒸发比冷水快，这就意味着实验过程中冷热水的质量不同。为了消除误差，我称量了热水结冰前后的质量，发现 200g 的热水少了 6g，即蒸发量是 6g，所以我在热水中多加了 6g 热水，继续实验，并且记录的数据用 Excel 制成图表，实验结果体现得更清楚。

可能是程序设计有问题，用 Excel 制成的图是折线，没办法，只好手工制表了，我先在一张坐标纸上画出横轴和纵轴，横轴表示时间，纵轴表示温度。

实验数据要每分钟读一次，每次两个数，我在第一次记数时有些手足无措，所以第一次实验数据记录失败了，我只是大致观察了现象和用时。事先应该准备好一张纸，写好时间、项目空白格。

我将手表换成了液晶数字显示的表，这样时间就不会读错了，每次实验开始时，秒表计时开始。

1月2日

我打好了表格，调整好秒表，开始实验，虽然实验过程忙了一些，但我还是发现了原来实验中没观察到的一些现象。

两杯水在5℃附近时，温度变化很慢，大约2分钟温度几乎不变，之后水的温度迅速下降，虽然有准备，但还是措手不及，没有详细记录下变化，我仍是每分钟记一次数，而这时的一分钟变化了近1℃，在制图表时，图像的精确度就会受到影响。所以我就改进了记录方法。

当水温达到4℃附近时，采取每30秒记录一次数据，因为15秒记一次数据非常困难，实际操作起来会顾此失彼。

两杯水在达到冰点时，温度不再发生变化，这个过程是冰水共存物，这是一个结冰的过程，这个过程需要散失大量的热，所以时间非常长。

1月3日

通过今天的实验，我发现制成的图表精确度太差，而我一个人记录有些吃不消。我请母亲帮助我一同记录4℃左右的数据，这样每15秒一次的数据勉强记录下来。外面实在太冷了，改在阳台上做实验。

看着画出来的图像，4℃左右出现一个"平台"，说明溶液温度在一定时间内没有变化，而这个"平台"之后出现斜率极大的一段线段是为什么呢？

4℃——这是水密度最大的温度，是否与此有关呢？

1月10日

期末考试成绩公布了，我较以前有了明显的进步，年级52名，班级第二名。这可能和我的实验研究有关，因为通过这么长时间的创新学习，我的思想更成熟，思路更清晰，学习更认真。这些都是我在课本上学不到的东西，只有亲身体验过，印象才最深刻。

1月11日

我想用图表来观察温度"平台"的出现和4℃水密度最大的关系。我绘制了温度—时间图。图表显示随着时间的增加水的温度逐渐下降，但是到达4℃时，温度随时间变化很小。这是一个散热的过程，对于水来说，它不断地向外散发着能量，假设环境是不变的，散发的能量在单位时间内不变，即散热率不变。物理课上讲过：分子能量包括动能和分子势能，分子平均动能的宏观表现是温度。这种现象应该这样解释：水温在降到4℃时，分子动能不变，损失的能量由分子势能提供，分子力做正功，分子势能减小，分子间距离减小，所以水分子在这时相互靠拢，水密度最大。

原论文认为水在4℃时为热的良导体，可能也是一个原因，这时排列规则的小球更容易发生碰撞。

1月15日

热水和常温水降温实验。

这次实验记录数据的难度更大了，两个杯中的温度相差很少，几乎同时到达平台，又一起突然继续降温。尽管我有心理准备，还是忙中出错，有几个数据没有记录好，误差很大。水降温的过程实在漫长，到达冰点后通常是十几分钟降0.1℃甚至一个小时降0.1℃，我只好几分钟观察一次，就怕误差太大，影响实验结果。实验的结果说明，在冰点之前水降温的速率基本相同，而发生时间差主要是在冰点阶段。这段时间开水比常温水结冰速率快。

热水和常温水的差别：开水被煮沸过。这个过程对于水会有什么影响呢？改变了水分子的性质？结构？都不是，这是一个物理变化。没有改变水本身，而是改变了其中溶解的气体量。加热过的水中气体溶解的量减少了，造成了冷开水和冷水的最大不同点。再次证明溶解气体能够影响水导热。

1月16日

又失败了，温度计又移动了。尽管我用冷开水和常温水做实验，可是冰的力量太大了。我还没有想到好办法解决温度计的固定问题。

原实验在严格控制条件的情况下失败了几次，也都是因为温度计的原因。如果排除温度计影响，原实验可以发现冷开水先冻成冰。

1月25日

我想逆过程也应该能证明冷开水比冷水升温快。

今天，我准备了烧杯、石棉网、铁架台和酒精灯，开始冷开水和冷水的加热实验。

趁这几天比较空闲，做了很多次升温实验。实验过后，我觉得酒精灯作为热源不是非常稳定，我使用电炉作热源，用同一烧杯做了两种多组实验。

最后看到，在相近的加热条件下，冷开水比冷水加热至98℃用时短。水中溶解气体影响了逆过程，升温时冷开水比冷水快。我看到了希望在田野上迅速升起。

1 月 28 日

因为升温过程非常快，每两组的时间差很小，只有 5 秒左右，我就想办法增大这个时间差，由于是溶解气体的影响，增大气体溶解量即通过外界手段向水中通入 CO_2 气体，使两杯水溶解气体的差更大。第二个措施是改进热源：电炉的温度受电压影响，民用电压 220 伏，是有效电压，并不是固定的 220 伏，并且用电高峰造成电压不足。我想到了学习过的加热方法——水浴加热。如果实验用热源稳定了，实验就更有说服力。

1 月 29 日

今天学校实验室的工作人员休息，我只好借助家中的盆盆罐罐。水浴加热需要大量的水，我找来了一个中号铝蒸锅，将箅子放好，加水没过箅子，将烧杯放在箅子上面，此时我通过调节煤气阀的大小使水尽量保持在 98℃ 左右，我将烧杯和温度计事先固定好，然后同时放在箅子上，按动秒表记数。

可能是预料不足，这个水浴对烧杯内水的加热能力太强了，只用十多分钟水就加热到了 80℃，在加热过程中水温与时间的变化很不容易记录，我想，热源需要改进，容器用烧杯似乎不太合适，烧杯壁薄厚不同也会造成影响，改用不锈钢杯，不过，不锈钢杯也有它的缺点，温度计位置不容易固定。

1 月 30 日

改进加热装置、改进温度计固定方法、改进容器都不太好解决问题。我始终认为，制作一个支架是比较好的办法，将温度计和容器固定在一起，设想了多种方案都不理想，实用性太差了，还得想别的办法。

2 月 5 日

过几天就要过春节，可能没有时间做实验了。不过用这段时间理顺一下实验的整体思路还是很有必要的。

同质量的热水、冷水降温实验，结果热水比冷水降温快；同质量同初温的冷开水、冷水降温实验，结果冷开水比冷水降温快，结冰也快，那么逆过程是否成立呢？同质量、同初温的冷开水、冷水升温实验，结果冷开水升温比冷水快；改进实验器材、改进加热方法，冷开水确实比冷水升温快。

2 月 8 日

今天是农历大年三十，我们都到爷爷家过年。女人们准备着年夜饭，自然少不了包饺子，男人们打着扑克，孩子们喝着饮料等待新一年的到来。

我仍在想着实验中遇到的问题，虽然新年的喜庆气氛包围着我。饮料喝得太多了，我起身去厕所，路过厨房，看到煮饺子产生的蒸汽，我突然想起饺子是煮熟的，也可以是蒸熟的，是蒸饺子熟得快还是煮饺子熟得快？我问正在做饭的奶奶，当然是煮饺子熟得快。那么实验的加热方法应该用蒸。我如获至宝，非常高兴。

这时离零点还有几个小时，大家聚在一起吃年夜饭，大人们在大桌子上吃饭敬酒，我们小孩子在小桌上吃饭，喝饮料。当我喝完一听再要拿的时候，这个易拉罐很轻啊，是铝制的，非常适合我做实验。回家时，我把空的易拉罐都拿回了家，准备用铝罐做实验。爷爷家还有露露牌椰汁的铁罐，可以进行一下对照，看用哪一种更合适。

2 月 26 日

我将铝罐都洗干净放在阳光下晾晒。固定温度计的装置最好是现成的东西，不需要太多的加工，因为我知道人为因素越多，误差就可能越大，所以我在家中寻找是否有什么东西可以用来做支架。

晚上和母亲出门买食品，母亲像往常一样给我买了一联八盒的酸奶，我眼前一亮——这个酸奶盒不错啊，又结实，大小似乎也正好。

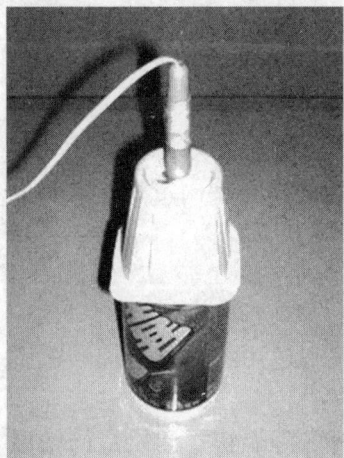

回到家，我把过去留下的酸奶盒找出来，洗干净，一手拿铝罐一手拿酸奶盒往一起一扣，咔，酸奶盒与铝罐紧紧地扣在了一起，梦寐以求的容器和支架终于找到啦！问题是温度计的探针如何固定在酸奶盒上。这个容易，温度计的探针与导线是通过一个螺旋拧在一起的，将螺旋拧开一点，四周是一圈缝，用这个缝夹在酸奶盒底部就可以了。我试着在酸奶盒底部剪了一个大洞，在洞的旁边又剪了一个小洞，因为螺旋外周长比大洞大，内周长和大洞相同，小洞的目的是让螺旋能够从侧面进入大洞，然后一拧，温度计就稳稳地固定在铝罐上的酸奶盒上了，易拉罐口也正好辅助固定了探针。

2 月 27 日

加热装置改用"蒸"，可是如果蒸，就要有蒸的环境，必须是密闭容器内充满了蒸汽，不过它也有缺点，由于温度计的外部显示表盘与内部实验装置用导线相连，导线穿过的地方有个小缝蒸汽易损失，密闭环境达不到，最致命的缺点是蒸汽可能通过易拉罐口进入水溶液中，影响实验结果。

选用200g的水，温度计探头刚好在中央位置偏上一点，这个位置大致代表了水的平均温度。

选取质量相同的铝罐做同一组实验，可以近似认为容器的厚度相同。

3月6日

可能是锅产生的蒸汽不够，没有在实验容器周围包围足够的蒸汽。而在厨房有过堂风，使迎风的容器升温慢，背风的容器升温快，再次实验时厨房的门窗关严，改用不锈钢盆装水，烧开，里面放一个烧烤架，使沸水刚好接触铝罐底部，做到这几点，我使水浴的温度保持在80℃，升温过程明显变慢，半分钟记一次数，这次实验结果是冷开水比冷水升温快。

3月7日

今天到化学实验室向老师借来启普发生器、酸式滴定管、滴管、大理石、稀盐酸、小苏打、导管、洗气瓶等，准备下一次实验。

实验室的老师待人很和气，他问了我借东西的目的，向我交代了仪器的使用规则，告诉我一定要注意安全。

今天是一个阳光灿烂的日子。

3月12日

使用启普发生器，固体试剂为大理石碎块，液体试剂为稀盐酸，随用随制 CO_2 气体，CO_2 中混有少量挥发的 HCl 气体，将混合气体通过盛有饱和 $NaHCO_3$ 的洗气瓶后，得到纯净的 CO_2 气体。将导管末端插入盛有冷水的易拉罐中，大约15分钟后，称量质量，使与对照容器中冷水的质量相同。

开始加热实验，我将冷水和 CO_2 水放置在桌上，等两杯水初温相同时，放在烧烤架上，按下秒表，进行记数。

眼看手写是存在较大误差的，最好借助照相机，我向李老师提出了我的想法，李老师就将他个人的数码相机借给我，让我继续实验。我受到了很大鼓舞，更加努力地投入到实验当中。

3月14日

有了这么多先进的工具，加上新发明的实验方法，实验一定会有一个完美的结果。

如果 CO_2 是影响因素，那么它在水中溶入量的不同应该引起结冰时间差的不同。所以，我想测出冷水和冷开水中 CO_2 含量的大小倍数关系，人为的调节含量的倍数关系。再进行实验，如果时间差随着 CO_2 含量增加而有规律地增大，不就可以证明 CO_2 是影响因素了吗？

开始我想用红外线光谱分析仪测量水中 CO_2 的含量，到吉林大学去做了几次，结果并不理想，和李老师汇报时一起谈到等效替代的方法，值得一试。那就需要用一种与 CO_2 相似的试剂代替 CO_2 在水中的位置和作用。

我们想到利用酒精代替 CO_2，酒精与 CO_2 的物理性相似，而且酒精溶解度无固定比，更加方便实验，所以我决定采用酒精做实验。

3 月 19 日

趁热打铁，我先做了酒精水溶液、冷开水、冷水、饱和 CO_2 冷水加热的实验。

结果含 CO_2 比不含 CO_2 的冷水升温慢 1 分钟，气体有影响。

含 CH_3CH_2OH 比不含 CH_3CH_2OH 的冷开水升温时间长 1 分钟，说明大分子影响水升温的快慢。

3 月 21 日

升温实验现象说明酒精影响了水的升温过程，验证了假说。验证实验的成功为下一步酒精影响水降温的实验提供了基础。

如何设计这个实验呢？首先从实验对象考虑。相同质量的溶液，只是溶液中含有的酒精量不同。那么具体酒精的含量要配置成多少呢？气体在水中的溶解度本身很小，如果气体是影响因素，酒精等效替代气体，那么酒精的浓度也应该和气体在水中的浓度相当。

4 月 6 日

我已经完成了不同浓度的酒精溶液的降温实验，绝大多数实验的结果是令人满意的，水中含酒精越多，降温越慢。只不过如果酒精的浓度过高，就会极大地影响水的冰点，使水没有固定的冰点，这个对象就不能同其他对象进行对比。

5 月的省赛即将到来，我将实验研究写成论文，今天又在李老师的指导下初步完成了论文的摘要。

5 月 6 日

紧张的比赛结束了，更令人紧张的颁奖仪式开始了。所有的选手都屏住呼吸，我的心更是悬到了嗓子眼，脑子里不时像放电影一样重播着半年来的研究历程。当辛酸和失败已经成为家常便饭，结果如何对我来讲都已经不再重要，正确面对结果和从研究中学习到的道理才是我今后学习生活中最大的财富。

妈妈当时也在场，她说在没有听见我的名字出现在一等奖行列之前，我是沉默的。妈妈理解我，因为我付出的不仅仅是汗水，更是对科学不倦的执著和热忱。我心里不看重奖项，实际上对一等奖还是很渴望的。在真正听到自己的名字被主持人念出来的时候，我没有过分的激动，但是我的表情轻松起来了。

在我回家的路上总是要经过南湖大桥，夕阳西下，景致煞是好看，仿佛在欢庆我胜利归来。

5 月 10 日

下午李老师找到我："李珅，你下一步要努力完善论文，同时提高自己的口语表达能力和与他人交流的能力，并且上网下载相关'小小科学家'奖励活动的参赛表格，仔细填好……"哦，我渐渐明白，我没有进入全国大赛。

回家路上又经过南湖大桥，夕阳西下。唉，景致还是那天的样子，似乎没有什么值得喜庆的地方了。我顿时领悟到范仲淹的那句名言：不以物喜，不以己悲。还记得初中时常考这句话的含义，现在什么都了然了，初中时的经历没有那么丰富，只是凭借课堂上老师的灌输，真不如实实在在生活中上的一课。

被淘汰意味着我基本与科技创新说再见了，这是何等的痛苦啊！就像恋爱中失去了恋人，钟表遗失了指针，大海中没有了鱼儿，地球上不再有生命。科技创新可能只是我生命中闪过的一颗流星吧，我似乎只有回到课本继续高考式的学习了。

5 月 20 日

科技创新在我的脑海中已经占据了一块永久的硬盘空间，彻底格式化都无法对这部分进行任何修改。这几天上课也有点心不在焉了，总是对科技创新割舍不下，我再次分析当前的局势：目前我的机会的确只有那么一点点，但是哪怕是 1%，我也应该为之付出 100% 的努力啊！怎么能因为一次小小的失利就一蹶不振呢？这还能成大事吗？古今中外哪个天将降大任之人不是苦心志，劳筋骨的啊？我已经走了这么长的科技创新之路，一切结果都应该看淡些，唯一所做的就是坚定地走下去。

我几乎是蹦跳着又来到李老师的办公室，李老师看到我又恢复了往日的活泼非常高兴："这才是真正的科技创新人才嘛，怎么能够因为这点小事影响自己的前进步伐呢？不过你也应该仔细总结这次失利的原因。"是啊，肯定是我的哪些方面做得不够好才让专家找到破绽了。为了参加"明天小小科学家"奖励活动，我必须继续完善自己的项目，总结以往经验，对项目和自己全面彻底地改进和包装。

9 月 23 日

白天我有事没去学校，晚上吃饭时接到李老师打来的电话，让我和母亲马上到办公室。

李老师满面春风地坐在宽敞的办公室里，显然是有好消息。当李老师告诉我，我获得了"明天小小科学家"奖励活动终评资格时，真有柳暗花明又一村的感觉，母亲都不敢相信这是事实。

回想起曾经彻夜实验、字斟句酌改论文，一切的辛苦最终却与全国青少年科技创新大赛失之交臂，自以为自此与科技创新无缘，谁知却有心栽花花不开，无心插柳柳成荫了。

为了庆祝，我们去吃了顿饺子，同时谈了下一步的计划。李老师一共讲了六点，并特别强调"努力"、"细致"四个字。他说，没有这四个字，做任何事都难以成功。

李老师今晚出差，临走前又嘱咐我几句。另外，马赫也通过了，我俩可以搭伴去北京了。哈哈，我俩可是难兄难弟，说起他呀，比我还惨。马赫的项目是 2005 年 2 月的第二届中国科协青少年科技创新人才培养项目实验学校年度展评的第一名，获得了直接参加今年全国赛的资格。可天有不测风云，他在全国赛的第一轮评审中惨遭淘汰，根本没能参加正式的评比。

这次的机会我们会更懂得珍惜。

11 月 1 日

凌晨 4：30 在火车上被冻醒了，兴奋得都没睡好觉。我赶紧将衣服穿好，出门在外要注意保护自己。

我发现李老师又在修改我的论文，可怜天下良师心啊。早晨李老师告诉我："论文有十多处错误，还得进行改动。"以前每次修改都有很大的进步和提高。

火车准时到达北京站。我穿得比较多，并不感觉北京的天气冷。出发之前我着凉了，还在床上休息了一天。此时呼吸着北京的空气，感觉身体已经完全恢复了。

我们一行人乘地铁转出租车，抵达北京外国专家大厦。

宾馆一楼大厅迎接我们的是一块醒目矗立的牌子——第五届"明天小小科学家"奖励活动峰会。我们终于到了，就像到达了《急速前进》中的一个标志，从这里开始了一段新的里程。

其他省市的选手陆续到达，可谓是各路豪杰云集于此。主办方之所以称之为峰会，就是把比赛相对弱化，学习和交流才是主旋律，重在亲身体验感受终评展示。

11月2日

上午8时，所有选手来到展厅准备，等待答辩。在评委来之前，我又想了一遍，准备好展示材料。李老师让我准备好MP3录音，录下这难得的与专家面对面的交流机会。

无关人员到8点半自动离场，工作人员摇起了铃铛。一位和蔼可亲的老先生走过来，第一次答辩的确是挺紧张的，不小心将水杯都碰洒了。

由于准备充分，我在紧张之余还是很熟练地向专家介绍了项目研究的过程，一些思路和想法是如何产生的，让评委体会我在研究中科学严谨的思维。介绍实验中出现的困难，解决问题的方法，体现了我在科学研究中不怕艰难险阻的精神。这些都是评委们看重的内容。评委一个接着一个，忙到最后总算答完了。

糟糕，还没录音呢，这么难得的和全国著名科学家面对面交流的经历只能留在记忆中了。

下午我们全体参观了北大、清华的校园和实验室，听了两场报告。清华的老师介绍了清华的教育和科研条件，建议我们报考清华大学生命科学学院。他还结合自身的经历，讲述了科学研究的艰辛，鼓励我们要在科学领域闯出自己的一片天空。

是啊，科学有这么多的相通之处，老师的一席话不禁使我想起了曾经的研究过程，从彻夜实验到参赛报名，从国赛淘汰到终评入围，我也经历过风雨，经历过彩虹，也跌倒过，也爬起过。跋涉至今，我成熟了，也长大了。感谢创新，感谢大赛，感谢这种全新的培养人才的机制，是它给了我一片沃土，给了我一片翱翔的天空，给了我生命中难得的机遇。

我想，此后经年，我都不会忘记这次人生的历练，我会枕着青年时代的梦想，卧听流水，静候科学的佳音频传……

教师指导体会

从参加全国首批"中国科协青少年科技创新人才培养项目"教师培训学习到现在已经有近四年的时间了。这期间我自己对教育的目的和功能、教学的方法和技巧、教改的方向和出路；对国家的命运和发展、学生的学习和成长、科学的探究和创新以及对教师人生价值的实现，都有了一些深刻的感受，教育思想和方法也在不知不觉中有了或多或少的转变。

几年来我在日常教学和课外科技创新辅导中都做过一些有益的尝试，试图给教育的内涵增添一些新的元素。

2003年9月，我在高二年级成立了三十多人的科技创新课外实验班，目的是想对学生进行系统的科学探究和科技创新指导。在每周两课时的活动中，教会学生如何选择研究课题，有了选题后再进行选题分析，即由学生讲述自己的想法，其他同学讨论，老师给予评价。然后在分析选题的基础上，针对学生的不同情况，结合研究性学习为学生将来的发展确立若干个研究方向，并将人员进行分组。

如有的小组从事机器人、传感器和自动控制方向展开研究，有的小组从事物理学小专题实验探究，有的小组进行科技发明与制作，有的小组在科学点子、科学建构、科学预测、科学幻想方面寻找突破口，有的小组在一些交叉的领域如物理与体育、物理与生活、物理与交通等方面撞击新的火花，有的小组目光锁定在中学教学中实验仪器的改进上等。

在同学们进行研究的过程中，我们一起学习了如何写摘要和开题报告，让学生体验如何进行科学探究。为了激发学生对科学的兴趣和培养学生的动手能力，在研究活动的中期，我对学生进行了四驱车组装及调试的培训，并在之后组织他们进行了一场四驱车现场组装及测速赛，这大大激发了学生们探究和学习的热情。

在最后学习阶段，我对学生如何写论文进行了指导。2004年4月，大多数研究小组研究课题结题，并提交了他们的论文，如：《关于"姆佩巴效应"的探究实验》、《液体点滴速度监控装置》、《灭火机器人》、《大米、玉米和大豆中微量元素的测定与研究》、《高级智能机器人》、《磁力刹车系统的应用前景和可行性分析》等。

针对不少同学进入高中后，学习积极性开始下降，表现为不愿思考，不爱提问，不敢提问，不善提问，甚至不会提问等现象，我尝试在平时的物理教学中注入研究性学习内容，使它们能有机结合。

在学习过程中，如果缺乏问题意识，就不可能触动我们的思维因子，思考和感悟也就无从谈起，真正意义上的学习自然也不可能存在。

为了培养同学们的问题意识，2005年，我请所教班级的每位同学就自己在自然、社会、人生、生活和学习等领域中提出自己感到困惑的若干问题。经过一段时间的收录、整理和文字修订工作，我对有些类似问题加以合并，有些涉及个人隐私的问题进行了个别交流。尽管有些问题还显得有些稚嫩，有些问题甚至属于假命题的范围，但我带领学生向成长、成才、成功勇敢地迈出了第一步。

爱因斯坦曾经说过，提出一个问题往往比解决一个问题更重要。教育的核心在于启迪同学们运用自己的心智能力去发现和探索问题，从而促进大家问题意识的养成。因此，善于发现问题及在平时学习中有目的地培养问题意识，意义甚为深远。

在提问的基础上，为了培养同学们分析问题、解决问题的能力，我再一次请每位同学从收录的问题中选择一个自己感兴趣的问题，通过图书馆或网上查阅资料、调查分析、实验研究、讨论整理等方法，像科学家一样进行科学研究，并写成一篇论文。

在这种探究的过程中，经常会有学生、家长、同事、学校的领导向我提出这样一个问题，甚至有时我自己也会反思——"搞科技创新会不会影响学生的学习？"

关于学习，按照它的功能一般分为五个层次：第一个层次包括基础课程和基本技能，俗称双基；第二个层次包括计算能力、语言能力、思维能力、分析能力、归纳能力、组织能力、社交能力等；第三个层次包括运用能力、自学能力、操作能力、管理能力等；第四个层次包括实践能力、想象能力等；第五个层次属于最高级别的创新能力。

传统的教育一般只能达到前两个层次，对部分学生也会涉及第三层次，但第四层次已很少涉及，更不用说第五层次了。目前我国教育的现状是重视前两个层次而忽略了后三个层次，致使整体显现出实践能力和创新能力后劲不足。新的教育理念下的创新教育却对学生五个层次能力都要进行充分的训练。

通过几年来我校对在科技创新活动中获得成功的同学的追踪研究发现，在繁忙的科学研究活动之后，多数同学的综合成绩不但没有下滑，反而较以前有了大幅度的进步，这可能得益于他的综合能力的提高，从而使学习效率得到了最大的优化。因此说，搞科技创新不是影响学习，而是一个通过挖掘自身的潜力，促进学习、提高能力、发展自我、超越自我的过程。

近几年来，我国的一些有识之士加快了在中学生中开展科技创新教育的步伐，政府的一些相关部门也作了相应的跟进，并在一些政策上给予了一定的鼓励，真的很希望这种态势能在相当长的时间里保持稳定，社会各界人士都能去呵护这颗有着无限生命力的嫩芽。

我们成功地测量了广州的高楼大厦

——卢光老师和他的数学研究小组

教师简介

卢光，1976 年 10 月生，2000 年 7 月毕业于华南师范大学数学系。现于华南师范大学数学教育专业攻读教育硕士。任教于广州市执信中学，为中学数学一级教师。热爱教育科研和教育改革，力行教育改革实践，撰写了多篇论文。《运用多媒体信息技术优化平面几何教学实验研究》获"广州市中学数学教学研究会第七届年会论文"评比一等奖；《网络课堂跟踪测试对高一学生数学知识迁移的探讨》在"2004 年广州市中学数学青年教师教学论文"评比中获一等奖，并于 2006 年 5 月获全国教育科学"十五"规划重点课题"引导学生自我发展的实践与理论研究"组优秀案例报告二等奖；《在高中数学必修课开展课题研究的实验报告》获"广州市中学数学教学研究会第八届年会论文"评比一等奖第一名。

教师日记（2005 年 10 月至 12 月）

工作以来，在广州市执信中学这个大熔炉里，我已和学生共同进行了多年的课题研究。我已习惯于将课题研究作为日常数学教学的一种辅助手段，更加关注学生在进行课题研究过程中的提高，课题研究对学生数学学习的促进。这次回顾几年来同学生在研究中共同成长的经历，从一个新的角度思考教与学的关系，我觉得，在关注学生的同时，也要关注教师自身。对教师而言，这是另一个继续学习与提高的课堂，是一个体会教学苦乐的过程。善于反思才会进步，这话一点也不假。

新的课题研究就要开始了，对我和学生来说，这都将是又一个全新的开端。未来的课题研究，成败不可先知，但这个过程一定是充满曲折的。

10 月 16 日

选择什么样的学生参与课题研究呢？一百多个学生的面孔——在我的脑海中呈现。最终我决定将范围缩小，选择那些数学成绩一般，最好是中等偏下，并且对数学学习兴趣不大的同学。

为什么要挑选这类学生呢？高中数学的难度陡然增加，由于初、高中数学学习的衔接处理得不好，加上测验成绩不理想，这类学生常常处于及格与不及格的边缘状态，想突破自我的愿望与成绩现状的矛盾使之产生了强烈的自我压抑感，从而产生畏惧心理，逐渐对数学学习失去信心和兴趣。挑选这类学生参加到我的新课题研究中，并在研究过程中观察其变化，看看能不能激发他们探索数学问题的兴趣，进而激发他们学习的热情，改变学习的方法。当然，也要他们有改变现状的愿望，并愿意参与这个实验，才有成功的可能。

10 月 20 日

我先找到两位同学，和颜悦色地动员他们："今天找你们来，是想组织一个研究性小组，通过对一些数学案例、模型等的研究，来提高你们学习、发现、归纳、总结、合作、沟通的能力，也会对你们的数学学习有一定的帮助。

"具体来讲，第一，你们可以通过这个课题研究学会科学的学习方法；第二，不要认为参加课题研究是浪费时间，这是另一种方式的学习，这种方式的学习和我们课堂上的学习是相互促进、相互补充的；第三，学数学，不仅仅是为了考试，进行与实际生活联系密切的数学课题研究，还可以帮助我们理解数学，并逐渐学会运用数学；第四，参与课题研究，可以拓宽你们的视野，不要把数学学习狭隘地理解为只是为了应付高考。"

我把好处详细列举，学生们看起来有点心动。他们也提了一个小小的要求："卢老师，我们参加了你的课题研究小组，那作为奖励，你能不能给我们补习数学呢？"

"只要你们有问题，随时都可以问我。至于补习，只要你们上课认真听讲，就不需要补习了。真遇到问题随时问我，马上解决。"

"哦！"他们没有明确表态。我马上又开始宣传："当然，在课题研究的过程中，很多课本上的知识得到运用，你们各方面的能力就可以在不知不觉中得到加强。如有必要，我也会考虑给你们补课的。怎么样，参加吧?!"我期待地看着他们。

他们两个用眼神交流了一下，最后一致表态，说出了我盼望的结果："好吧，我们参加。"我高兴地想开怀大笑，但最终还是将大笑憋在心里，把微笑留在脸上，交代他们下一步的工作："你们现在就需要发展组员，要求他们的写作能力比较强，最好是比较擅长心理描写的，这样有利于较好地记录研究时的心路历程，人数大概两个就够了，不要太多。从你们参加这个课题研究小组的第一天起，就要同时开始写日记。"

正是这两个学生，履行了他们作为"推销员"的职责，成功地寻找到了进行课题研究的伙伴，完成了课题研究必不可少的环节。

10 月 28 日

小组建起来了，全体组员共 5 名。我召集他们开了一个短会，并将两位同学的日记给其他 3 名组员看，给他们分析，并指出写日记时要注意的问题。我鼓励他们说："其实每个人的思维都有长处和短处，这些往往会影响你们的思维方式。听说过木桶原理吗？我们所说的木桶原理，也可应用在我们的学习中。如果有几个同学一起研究学习，加起来的学习效果就会比每一个人单独学习好很多，每一个同学在其中所领会的知识和得到的学习经验就会比我们当中最好的同学单独研究的要多得多，这就是我们所说的木桶原理中的长板理论。我们几个同学在一起学习研究，通过研究课题，一定可以使我们每个人都得到极大地提高，尤其是在学习方式上，我们可以通过主动学习和研究，在我们的数学学习过程中开辟出一片新的天地。"

"那我们到底有什么……什么利益？"还有学生执著地问。

我希望他们的思维角度更换一下，我说："也不可以说有什么利益……不可以用'利益'这个词……唉，反正对你们的思维有帮助吧！"

学生们终于接受了这个光荣而艰巨的任务，统一了认识，就要开始具体的行动了。

11 月 11 日

茫茫课题大海中，哪些才是适合的课题呢？或许是繁重的课业，或许是快节奏时代的影响，学生们的心有些急躁。

我对他们说："你们选择的课题，要具备三个条件：一是研究难度小，二要有价值，三要有可行性。"同时我也不失时机地对他们做思想工作："选择和确立课题是最艰苦的，选对一个好的课题就等于成功了一半，所以我们要花费大量的时间和精力寻找课题。我们每一个同学都要积极地投入进去，我相信大家一定可以克服任何困难的。"经过讨论，陈鸿睿和梁楚雯被一致推选为小组长，他俩组织其他同学正式迈入了本课题的第一步——选择课题。

讨论很激烈。他们的出发点是既省时又可以为数学学习服务的，还可以利用好教师资源。大家的意见很不统一，从研究立体几何到研究概率问题，再到"数列的解题技巧"。当学生拿出"数列的解题技巧"这个课题站在我面前时，可以看得出他们是等着听我赞扬的。

我跟他们先做了一番分析，然后问："提一个问题，你们研究的问题有没有一定的新意？"他们一脸的迷茫。从回答中知道，他们仅仅是从自己数学学习的角度出发，认为研究课题只是为了提高数学成绩。于是，我觉得有必要把他们带入一个更广阔的数学思维天地中，让他们认识到学习数学是在培养自己的质疑、推理、实践、逻辑、发现问题、解决问题等各方面的能力，而不仅仅是为了数学成绩。成绩只是我们所要培养的各种能力的自然产物。我开始努力把他们思考问题的方向引向生活实践。

接着我问了第二个问题："你们选择的课题能够获得什么结果？"听着他们七嘴八舌的发言，总之不外乎是能提高自己对数学知识的理解，提高数学成绩等。听到这些，我不禁慨然：高考的魔力真大！

我接着问："能否从我们生活或是我们学习的环境中去发现问题，而不是单纯从数学的角度去进行思考呢？"我开始采用迂回战术了。数学是工具性学科，是用来解决问题的，在解决现实问题的过程中不可避免地运用到数学这种工具。他们思考了好一会没有回答，我接着说："我们分析一下'数列的解题技巧'这个课题，是否可以转换思考角度，将它变成在销售商品房几种分期付款中数列的应用比较研究，或数列在银行几种储蓄中的应用比较研究。这样又具体，又有针对性。"

接着，我给他们提示了寻找课题的有效途径：①从数学学习中发现问题；②从社会需要中去发现问题；③从别人指出的已有数学问题的缺点中发现问题；④从数学文章中发现存在的问题。听了我的话，他们的失望写在了脸上。我理解他们的感受，这毕竟是他们讨论多日达成的第一个共识。我鼓励他们继续重新思考。

12 月 20 日

之后，学生提出的《癌细胞的增长速率》和《对传染病的研究》先后在讨论中被否决。今天，他们又拿出了一个方案——"广州市区医院分布的合理情况"，再次眉飞色舞地来到我面前。据说这个课题还是在郭皓敏父亲的帮助下确立的，该同学的父亲是研究生导师。看得出来，他们信心十足。他们对我说："我们认为这个课题非常可行。首先，我们认为研究这个课题的资料比较容易收集。因为市内的人口分布、医院分布与医院的相关资料都是公开的，只要上政府相关的网站就可以获取资料，具有一定的可行性；第二，研

141

究这个课题时，我们可以运用数列、概率、线性函数、空间几何等有关的数学知识来处理、分析数据，涉及的数学知识较多；第三，通过我们的研究可以看出市内医院的分布是否合理。"

我想了想，对他们说："第一，这个课题的范围太广，收集数据的时间太长，以我们现在的精力和可支配的时间，可操作性不强；第二，人们选择医院的时候并不只是将距离的远近作为唯一的考虑因素，该医院的规模、技术水平、名气也是人们考虑的重要因素。"

12 月 26 日

学生们开始体会到了研究性学习或者说课题选择的艰难，不免有些沮丧。今天见面时我再次对他们进行了引导："比方说我们早晨起床刷牙用的牙膏，细心的同学会发现，牙膏的包装有大有小，其价格也不相同。你想过包装大小与价格之间的关系吗？别的商品也有大小包装之分，如饼干、瓜子、食用油等等。你吃东西时想过营养成分的搭配吗？你在上课时，想过坐在什么位置才能最清楚地看到黑板吗？你坐公共汽车遇到堵车时，想到尽快消除堵车的方案与数学知识有关吗？你乘船逆流而上发现东西掉进水中顺流而下时，想过假设将船掉头去追，什么时间能追上的问题吗？你在自行车修理铺里看到修车师傅在给滚珠轴承装滚珠时，想过能装多少个吗？你在开灯关灯时，想过灯的位置与照明度的关系吗？你在开、关窗户时，想过窗户的面积与采光量的问题吗？你在听天气预报、台风警报、空气质量状况时想过他们是如何预报的吗？烈日下，你想过遮阳棚搭建方式与遮挡太阳光线有关吗？平日作业、例题、习题及高考试题的推广和变式你想过吗？……

"对于上述问题，有些同学也许想过，有些同学也许从未想过。这些问题都与数学有关！数学与生活是如此的息息相关，我们就是要学会发现并学会研究这些数学问题！相信你们在这个过程中会感到其乐无穷。"

接着我给他们提供了 45 个课题参考。经过思考和讨论，最后又减少为 4 个课题：

1. 关于数学知识在生物学上的应用探索。
2. 在银行中如何存款最合算。
3. 广州市出租车车费的合理定价。
4. 如何准确地测量出广州的高楼大厦，如中信大厦。

学生们议论纷纷：选择第一个吧，好像跟我们所选择的 X 科——生物联系密切，但范围太广，难以下手；第三个吧，乍一听学生们议论纷纷，好像可以有一个堂而皇之的理由打的上学和回家，但成本太高。第二个课题的数据应该比较容易获得，并且实际操作起来比较方便，但第四个很有挑战性啊。

最终，大家达成了共识，敲定了研究的课题——测量广州的高楼大厦。它不仅有挑战性，还有地域性。

学生们兴高采烈地离开了我的办公室。

12 月 28 日

至此，课题研究的重点在于让学生真正体会如何选择课题。我觉得，选择课题即选择研究的方向，这是迈开研究的第一步，也是最艰难的一步。课题的确定经过了几次反复。我先提出课题选择的基本思路和方向，让学生充分讨论，拿出方案，否定之后再继续思考，最后再缩小范围，给学生列举一些课题，让他们从中选择自己感兴趣的课题。这个过程让学生经历了充分的思考和讨论过程。在这个否定之否定的过程中，学生初步学会了研究的一些方法，当然对学生的思维能力也是一种锻炼。

学生日记（2005 年 10 月至 2006 年 6 月）

郭皓敏

10 月 28 日

被哄进数学研究小组

天气宜人，温度微凉且阳光普照，在这种天气里，最适合做的事情只有一个——睡觉。此时，人的大脑和身体进入休眠状态，在这种难以违抗的生理反应下，一整天我的大脑都不受控制地处于昏睡状态。

下午 3 时左右是瞌睡虫最活跃的时候，而我们的数学老师却要求我去背"和差化积"公式，这是一堆需要消耗大量脑细胞都不一定背得出来的"符号"。因此，我不得不努力地克服自身的生理反应，迈着沉重的步伐，拖着疲惫的身子，迷迷糊糊地进入老师办公室。好不容易消耗了大量能量将这烦琐如乱麻的公式背了出来，我的大脑又马上进入了休眠状态。

正当我准备回教室补足睡眠的时候，突然有一只手将我拉到了一边。我睁大眼睛一看，原来是我们班的女体委。

"快来快来，数学老师说帮我们补习！"女体委兴奋地说。

当"补习"二字送进我的耳朵后，马上引起了我的注意，如同触电一般，思维马上将这两个字跟我不怎么好的数学成绩联系在了一起，我突然精神了起来。

"什么补习？我要参加……"我急忙地回答道，生怕迟一点就会被抢走了名额。

"我也不大清楚，你听老师讲。"

我连忙将眼光投到老师的身上。

此时，已有四五名我们班的同学围在了老师身边，老师正在为一名女同学讲解一份类似作文的东西。奇怪的是数学老师怎么在讲评作文？我心中充满着疑问，但又不好打断老师的话，于是就站在一旁听着，想搞清楚事情的来龙去脉。可是，我越听越糊涂，越听越想睡觉。终于，我开口问老师："老师，什么补习……您是要给我们补习吗？"老师想了一想，笑着说："不是补习……唉，其实这对你们也有好处，可以帮助你们思维……"由于实在是很困，后面的我也听得不大清楚，只听到"对思维有好处"，一想到可以提高思维能力，我的兴趣又被吸引了过来。

老师继续给女同学甲评讲"作文"："你这个句子有语病……你这个词是口语……你用词要优美一点……你写得太过于流水账了……"天哪，我本来已非常不清醒的脑袋此时已被搅得糨糊一般。

"老师，这到底是要干什么呢？"我实在忍不住地问老师。

老师又抬起头，看着我，笑着说："就是你们先回去写这些，然后再找要研究的课题，接着我们一起来研究、讨论，共同完成这个研究性学习。"

研究性学习？天啊，原来我听了半天，又耗费了许多脑细胞，就是要搞什么研究性课题啊！此时，"逃跑"这个词从我的脑海中闪过。

可是，在我还没来得及做出相应动作时，老师又说："其实每个人的思维都有长处和短处，而这些长处和短处往往会影响你们的思维方式，例如在解数学题上……就像木桶原理……我们可以在这个研究的过程中互相讨论交流，彼此取长补短，达到这个'木桶'所能取到的最大值。"

"那我们到底有什么……有什么利益？"我极力地想理清所有的关系，搞清楚我此时此刻站在这里到底为了什么。

"也不可以说有什么利益……不可以用'利益'这个词……唉，反正对你们的思维有帮助吧！"

"那条件呢？"

"条件就是帮老师写作文啊。"那个把我拉到这里蹚浑水的女体委笑嘻嘻地答道。

作文，数学成绩的提高；作文，数学思维能力的培养；作文，这两种看似等价的交换条件在我装满浆糊的脑袋里面搅动着、挣扎着……

"到底怎么样？你参不参加？"身旁那个害得我脑袋受罪的女体委急切地问道。

"我……我……"

"怎么样，快点决定啦！参加吧！参加吧！"

女体委的催促在我耳边像是一条点燃的药引，使我的脑袋快要炸开，我终于忍受不了这剧烈的头痛，屈服道："好吧，我加入。"

女体委和她身边同学的脸上同时出现一种诡异的笑容，我感觉好像上当了，好像用一句话就将自己卖了。可回头想一想，算了，反正数学老师骗我们也总有个谱，况且还可以"增强思维能力从而提高数学成绩"，可以多拿一个选修学分，交易还算公平。且看会有什么效果吧！

于是，我就在这朦朦胧胧、神志不清的情况下被"哄"进了数学研究小组。

梁楚雯

10 月 28 日

一次性推销——发展组员纪实

"今天找你们来呢，就是想组织一个研究小组，通过对一些数学案例、模型等的研究，来提高你们学习、发现、归纳、总结、合作、沟通等能力，这也会对你们学习数学有一定的帮助。

"你们现在就需要发展组员，要求他们的写作能力比较高，最好是比较擅长心理描写的，这样就有利于较好地记录研究时的心路历程，人数大概两个就够了，不要太多。"

当听到同学说卢老师找我的时候，我就有一种有事要发生的感觉，果然，听老师说完，让我想到一句话——"水鱼出没，请注意！"但从另一方面想，似乎也挺新鲜、挺有意义的，收获也许会挺大。好吧！我接受任务了。

脑海里回想着老师的话，一边筛选着有用的信息：目的——提高能力；目前的任务——发展组员；组员要求——两人左右、擅长心理描写。

（6）班同学的面孔——浮现在我的脑海里，我努力寻找合乎要求的人选。

第一个想到的是郭雅欣——我的死党兼同桌，记得她曾说过高一数学学得很乱。我想，对于她来说，这应该是一个不错的机会吧？

尝试着问她，换回的是一口回绝。仔细想想，是不是因为我的表达方式有问题？试试换一种方式：

"你不是说你高一数学像没学一样吗？现在有机会让你提高数学的各个方面，你有没有兴趣？"

"你想怎么样？"

果然是清楚我性格的人，于是我把事情的来龙去脉娓娓叙说。可惜，"优美的"婚礼进行曲打断了我的"演讲"，坐在历史老师的眼皮底下，只能乖乖听课。没办法，我只好暂时放弃。

历史老师开火箭般上完新课，留下时间给我们做练习。本想把握这个良机，继续游说，谁知，那个郭某某昨晚不知干什么去了，在我转过头的一刹那，她已进入了酣甜的梦乡。

下了课，我当然不会放过一分一秒，各种"赞美的语言"全被我搬了出来，最后下结论："怎样？加入吧！就这样定了！"

"哦……"

真希望她不是睡懵了。不过，一开始我就好像有种连哄带骗的感觉。

郁闷的下午，我继续干着郁闷的事——发展组员。我发现，要向成功再靠近一步并不是那么容易。经过我和陈泓睿（这次任务的 partner）的商量，决定向 Lily（语文老师）求助。在 Lily 的提议下，我们决定将目标锁定我们的语文课代表陈宇轩，雅称"乳酸"。

在体育课这个大好时机，我们向"乳酸"（陈宇轩）发起攻击。

陈泓睿："你有没有兴趣加入我们的研究小组？"

"乳酸"："什么小组？"

陈泓睿："就是数学啊……（重复老师的话）"

"乳酸"：一脸疑惑。

我："停停停，让我来！亲爱的陈宇轩同学，你有没有兴趣提高数学学习等一系列的能力啊？"

"乳酸"脸上浮现出见到了推销员般的防御表情。

"你想不想提高数学成绩啊？"

"乳酸"："当然想啊！"似乎有点心动了。

我："那么，就加入我们吧！不仅你的数学成绩，而且你的各方面能力也会得到提高。"

"乳酸"："要做什么啊？"

陈泓睿："也没什么啦……（重复老师的话）"

"乳酸"：一脸困惑，好像受骗以后的儿童。

陈泓睿不断重复着老师的话，"乳酸"却陷入了沉思。

N 分钟后……

陈泓睿："怎样？加入吧？"

"乳酸"："er……er……好啦，好啦……"

yeah！成功了！完成任务了！我感觉似乎当了一回推销员，最大限度地发挥了自己的口才。喜悦之余，我更感觉到了语言的魅力——不同的语言，可以改变人的心情、改变人的态度、改变人的决定。

郭雅欣

11 月 11 日

选择课题

真是郁闷的一周。

这是期中考后的一个星期，我简直就像生活在地狱，每天都心惊胆战地度过。更郁闷的是，在这非常时期，我们的卢老师还下达了任务：寻找我们那个数学研究小组的研究课题，限时一个星期。

课题啊，现在的我哪有时间去考虑啊。想到反正还有我的一帮小组同志和一个星期这么宽松的时间，以后再说吧，还是先搞定那个因为我糟透的成绩火冒三丈的母亲大人最重要。

想不到黑色星期五这么快就到了。星期五是开家长会的日子，学校把我们赶到饭堂去自习。田径训练完了，我本打算去窃取同志们的革命成果，想必他们已经利用自习时间定了课题。谁知道他们竟然那么讲"义气"，专门等我一起商量。好吧，我怀着"感激"的心情打算听他们的意见，没想到大家竟然那么默契，都在等着看谁去提意见。真是印证了"朋友是什么东西都要相互分享的"这句话，就连这个课题的拟定我们都决定一起想。

小组五人，对话如下：

"你们看立体几何怎么样，还蛮好玩的啊。"——梁楚某。

"好啊，不错，我也喜欢。"——我。

"不要。我最怕了，看那些点线面我会发疯的。"——陈泓某。

"我也是。那么三角函数怎么样？"——陈宇某。

"我不要！我一点都不想碰三角函数啊。最近它都像冤魂一样缠着我啊！"——我发出惨叫声。

"那概率好了。反正我们生物课最近也在研究这个。"——陈泓某。我们不愧为生物班，就连课题都想为生物服务。

"不要啊！会死的！会死的！会死的！会死的！会死的！卢某会叫我们画建模！超复杂的啊！我打死都不要！"——梁楚某 & 陈宇某，一连用了五个感叹，真是激昂。听说他们高一跟了卢某一年，看来心灵受损挺深的。

"那数列好了，我最不擅长了，刚好可以补一补。"——梁楚某。

"啊……还是概率好，会有多复杂啊！"——陈泓某。他还在维护生物班的尊严。

"我们投票好了。"——大家一致赞同。

两个数列两个概率。怎么好像少了一个人……

"喂！郭皓某！不要做作业啊，先讨论啦。"原来我们一直都忽略了郭皓某，她还什么都没说……

"啊……哦，我什么都好。"——郭皓某。这算投票吗？说了等于没说。

最后概率还是输给了数列。就在梁楚某窃喜可以补习数列，陈宇某放心不用画建模，陈泓某哀叹没有争取到概率，我正在想建模是什么，郭皓某无所谓的情况下，我们决定研究数列的解题方式和应用规律。

看来我们的研究小组在第一个任务上就遇到了不少困难，毕竟每个人的强项弱项，兴趣爱好和个性都不同。不过既然现在大家都坐在一条船上了，无论它是航空母舰还是小木筏，我们都不会轻易让它沉的。放眼望去，前路茫茫，唯有携手才能共创美好明天啊……

革命尚未成功，同志仍须努力！

12 月 8 日

"数列"被否决后

"你们回去好好想想该研究什么课题。"

卢大人天令一下，我们这些小人之辈只能乖乖照做了，人生还真是充满了种种的不如意。

说到课题，我还真是无从下手。我们决定研究数列，可是现在一想，数列似乎不大适合研究，所能研究的也只有解题方式和规律。可是我觉得那已经不叫研究，毕竟前人已经研究得很详尽了，要我们研究新的规律真是太难了。那么我们以前所做的不都白费了吗？

哈，好在现在是五个人在一艘快沉的小艇上，不是只有我一人孤身奋战，这时候就是团结发挥作用的时候了。唉，真希望这艘艇是一艘潜水艇……

首先，我们进行了讨论。

"喂，研究什么好啊？"

"……"

看来不是只有我感到迷茫啊。于是我们决定回去再想想。

然后，我们又进行了第二次讨论。

"喂，研究什么好啊？"

"……"

呵呵，我们都很爱钱啊，沉默是金嘛。

再然后，第三次讨论。开场白变了。

"听说生物研究小组培养癌细胞啊。"

"啊啊，好哦！我也想去！"所有人的心声。

"啊！不如我们也研究癌细胞的增长速率吧！"

"好啊，好啊。呵呵，可以插一脚进去啊。"又是所有人的心声。

"就是这个吧，我们是生物班嘛。"

"对啊，对啊，癌细胞，想想就刺激！"还是所有人的心声。

根本就算不上是讨论，五个人凑在一起八卦一番罢了。不过重要的是，课题出来了——癌细胞的增长速率。

"这个课题很难研究啊。再想想别的吧。"

在我们为这个课题做了不少工作和兴奋了一阵子后，卢大人的一句话打碎了我们脆弱的玻璃心，我们再一次成为迷途的羔羊。

"不如研究医院的分布吧。"——郭皓某。

"对呀，这样我们可以从很多方面取得信息啊。"——陈泓某。

"我们现在主要是从网上搜取资料，这样一来方便了不少啊。"——梁楚某。

"可是怎样研究呢？"——陈宇某。

"地域分布可以制成线性图之类的啊。这样可以看出分布合不合理。"——我。

"那就研究这个了。"——郭皓某。

这次的讨论才叫讨论。

"研究这个也很难，要去医院收集床位资料等等，而且需要一段时间的数据啊。"

大树下，我们穿着厚厚的棉衣，感受着寒风刀割似的折磨，听了卢大人否决的话心里更是凉到了极点。

"要找个合适的课题真的很难啊，你们再好好努力吧，我给几本书你们参考参考。"

快翻船了，我们的艇什么时候才能变成航空母舰呢？

"什么不错的书，我觉得没什么用啊！"——梁楚某。

"我也觉得啊。"——陈宇某。

怎么办啊，我们现在什么都想不出来。

烦恼中……

陈泓睿

12 月 16 日

第二个课题：对传染病的研究

自上次我们将讨论的感想和得出的课题——数列的解题技巧发给老师后，老师已有一段时间没找我们谈论研究性学习了。于是，我们便以为这是一种好现象，觉得这次的课题能一击即中了。一天，老师再次找到我们谈论课题的事。老师说道："你们这次的课题和感想我都看完了。我觉得，这课题……""想说'不错'吧？呵呵。"我心里想到。老师接下来却说了一个截然不同的词，让我刚到嘴边的微笑顿时凝结了。"不好，因为这课题不明确，而且还有其他的不足。"然后，他用十多分钟的时间扼要地解释说明了一番。我只好收起了那凝结的笑容，认真听讲。听完后，原来稍有不服的心情也顿然信服了。

这时看来，那课题也真是太广了，且实用性似乎不大。当然，更改课题成了下一步小组的首要工作。虽然清楚了课题的不足，但怎么说这也是小组确定的第一个方向，失败了，心里不免有点失望。于是，我只好自我阿Q一番：嗯，探索科学的道路不免有曲折……

课后，我们小组对确立课题进行分析，开展了激烈的讨论。在经过一段时间的探索后，我们又再次确立了新方向——对传染病的研究。这个课题是经过小组各成员的共同研究和一些成员家长的专业建议得出的，我们料想极有可能通过。于是，我们再次找到了老师进行讨论。老师看后，抬起头看了看我们，没有说话。见他无言，我便问道："老师，这个课题不错吧？"心里不禁一笑，这次，看样子能成功了。老师又想了想，才问道："这课题的可行性怎样？"我们答道："有很大的可行性。通过课题的研究，我们可以对传染病有深入的了解，而且，现在对传染病的研究也很符合实情……"老师听完后，若有所思地点点头。

我心里暗自高兴：这次我们是经过仔细寻找和研究了可行性的，就算你问操作，也不会像上次一般被问得哑口无言，这次肯定能通过。果然，老师又问操作方面的事，我们回答道："我们可以通过上网、翻阅资料来获取信息，再到广州某传染病医院获得相关数据，而且……""但你们觉得这课题的危险性如何？""当然是没……"我们忽然想到了什么，停住了，没有说下去。我这才想到：这次是传染病课题，危险性自然就……怎么我们当时就没想到呢？想到那般恐怖的传染病，我不禁打了个冷战。只听老师继续说道："这正是我最担心的。既然是传染病，万一在调查时染病，那就太可怕了。"众人无言。一个认真计划的课题，就这样"壮烈牺牲"了。

事实再次证明：探索科学的道路是那么的曲折。

就这样，小组再次陷入了课题寻找的问题里……

郭皓敏

12 月 20 日
第三个课题：广州市区医院分布的合理情况

我们数学研究性小组开展工作已经一个月了，但我们的研究课题还没有定好。

在筛选课题的过程中，我们经受了身心的折磨，正如卢老师所说："选择和确定研究课题是最艰苦的过程。"

刚开始的时候，我们小组给老师打印了一份资料，列举了我们能想到的所有课题。但老师认为这些课题的范围都太大了，不好研究，目的不明确，可行性不大。老师让我们回去再想一想，找一些确切的题目，范围不可以太大，要有价值和意义，还要有一定的可行性。

接受老师的意见后，我们小组开会讨论了一下，梁楚雯同学提议研究传染病的相关问题，她认为这样既可以运用到数列、概率、几何等数学知识，也和我们生物班的特色相合。我们向班主任潘老师作了相关咨询，并把这一决定告诉卢老师。可是，我们忽略了"可行性"这一点。潘老师和卢老师都认为，这个题目的范围依然很大，而且在获取资料方面会遇到很多困难。例如我们要到传染病医院去采集数据，还存在着一定的被传染危险；另外，许多疾病的相关数据不一定对外公开，会造成数据的不真实或不全面，这样会给我们的研究工作带来很多不便。在两位老师的提醒下，我们再次放弃了这个决定。

舍弃了原来的计划，我们又得从头开始。这时，我突然想起爸爸给我看过的一篇他学生的硕士论文，那篇论文中研究的问题用到了线性函数等数学方法，我可以向爸爸求助。我将我们小组遇到的问题和大概的想法告诉了爸爸，他也认为选择和确定课题是最难的，他说他读研究生时为确定研究课题花了差不多半年。虽然我们的研究和他的研究相差很远，但这说明选择一个好的课题是多么的困难与重要。

爸爸说，由于他并不了解我们研究的细节和要求，所以无法给我提供一个很确切的课题。他给我提供了一个大概的范围，例如可以研究一个地区医院的分布情况。回到学校以后，我和组员商量了一下这个课题：首先，研究这个课题的资料比较容易收集，因为市内的人口分布、医院分布与医院的相关资料都是公开的，只要上政府相关的网站就可以获取资料，具有可行性；第二，在研究这个课题时，我们可以运用到数列、概率、线性函数、空间几何等有关的数学知识来处理、分析数据，涉的数学内容较多；第三，通过我们的研究可以看出市内医院的分布是否合理。经过商讨后，我们小组成员一致赞成这个课题，并将这一决定告诉了卢老师。

卢老师认为，这个课题的可行性依然不大。因为人们选择医院的时候并不只是以距离的远近为唯一的考虑因素，该医院的规模、技术水平、名气也是人们考虑的重要因素。我们的决定又被否决了。

我们小组成员再次坐到一起，正在慨叹选择课题如翻越千座高山，渡过万条江河般困难时，卢老师借给我们两本有关如何选择课题的书。这是两本相当厚的书，老师让我们在两天内读完。天啊！于是，我们又开始了漫长而痛苦的过程，而且似乎看不到终点……

这段时间，我们花了很多时间和精力但却没有任何结果，积极性受到一次又一次严重的打击，士气不断地下跌。但是仔细想想，在否定课题的过程中，我们也学到了很多：做事要有明确的目的与方案，要有一定的可行性；遇到困难要想办法解决，不要轻言放弃，要有恒心与毅力；在团队的合作中，我们也认识到集体的力量与智慧，也可以看出每个人的思维有什么相同和不同之处，从而不断改正自己的缺点，同时尽力地帮助其他组员。这种良好的氛围正激励我们友爱互助、永不放弃。相信我们离胜利不远了！

梁楚雯

12 月 26 日

第四个课题：如何准确地测量广州的高楼大厦

烦恼了一个星期，仍然没有什么结果。

正当极其无助之际，卢老师终于回来了（他去外地教研了近一个星期）。

卢老师："怎样？课题应该定好了吧？"

众人：沉默。

卢老师："这样吧，我找了几个课题，你们看一下有没有用吧。"

众人：顿时闪出希望的光芒。齐声——"是什么？"

我们的反应似乎在他的预料之外，微惊愕："忘了！"

众人："啊？不会吧！?"

卢老师："是啊！哪记得啊！我下午找回来吧。"

真的是希望之光啊！我有预感，今天课题肯定可以定下来了。好高兴！

翌日，我们聚集在卢老师的办公桌前，打量着眼前的 4 个课题：

1. 关于数学知识在生物上的应用探索（这似乎是最有吸引力的课题）。

2. 在银行中如何存款最合算（看到这题目的同时，脑海里已经浮现出一大串利率的计算公式，可以用一个字形容——烦）。

3. 广州市出租车车费的合理定价（有一个念头：以研究性学习为借口，

可以上学放学都"打的")。

4. 如何准确地测量出广州的高楼大厦，例如中信大厦（这个，毫无概念……）。

恰好，老师拿了我最没概念的那个课题来分析：在哪里测量、用什么测量、怎样计算、怎样避免误差……还要实地考察。

咦？这样听起来，好像又挺不错。

班级的其他组都已经在做开题报告了，但是我们……不要紧！选择课题就是要慎重，慢慢来才显得慎重。多好的解释！

经过一个中午的认真思考，我觉得第2个和第4个课题比较有可行性。第1个课题——不是说想研究就能研究的，这需要我们对生物知识非常熟悉，实际上我们并不行。第3个课题——说起来好玩，但是哪有那么多经费啊？

当我们再次聚集在卢老师的办公桌前时，目的已经相当明确了，在2和4之间选择一个。

讨论中，出现了好多意见，我们一直都摇摆不定。联系实际，好像第2个课题的数据比较容易获得，而且实际操作起来也比较方便，但是，第4个课题比较有挑战性……

这样的情况下，我们想到了不得已的衡量标准——高考中哪个更重要些？

卢老师却说：差不多吧。

那……第4个吧！有挑战才有动力嘛，而且也比较容易创新啊！

最后一致通过选择第4个课题——如何准确测量广州的高楼大厦！

12月28日

开题报告

课题名称：如何准确地测量出广州的高楼大厦

课题组成员：梁楚雯　郭雅欣　郭皓敏　陈宇轩　陈泓睿

研究的主要内容：探究测量中信大厦的地面高度的方法

课题现状：由专业建筑工具测量出中信大厦的高度为391m

课题研究的可行性分析：通过简单的工具、创新的方法，配合数码技术和精确的运算，可以测量出中信大厦的高度

课题准备突破或创新的地方：测量方法

课题研究所需设施：测量工具（如量角器、直尺等），数码相机，计算工具（如计算机），瞄准用工具（如竹竿）等

场地：中信大厦旁一平坦空地

具体的实施步骤：……

郭雅欣

1 月 1 日

讨论实施方法——艰难的第一步

历经千辛万苦终于确定了我们要研究的课题。

接下来的第一步就是如何去进行这个课题。这是一个让我们发挥团队精神的机会，只靠一个人的能力是完全不可能的，就像一滴水很快就会干涸，但海洋却拥有着永恒。

在卢老师的建议下，我们在一个阳光明媚的星期四下午，利用体育课时间好好锻炼了自己的脑力。

安静的教室。

我们占用了老师的领地，手持粉笔在黑板前讨论。

首先，我们要选择一个适合的场所。一开始我们锁定的是中信，后来发觉中信不大可行，毕竟以我们现在这种毫无经验的状况，那是个大项目。于是我们就转移目标——高中楼，但是又担心地势和官方数据的问题。又提出测量远洋大厦、六十三层和白云宾馆。正当我们为了测哪一座大楼而争论不休时，我们想起了一件足令我们投河自尽的事，我们只测量一座大厦吗？……为了数据与方法的正确，我们需要测量多座大楼啊！于是我们争论的话题变为了从哪一座大楼开始。遵从由简单到复杂的原则，我们一致决定先测量学校的高中楼，然后是远洋大厦、六十三层和白云宾馆，最后再去挑战中信。

已经过了十多分钟了，我们才开始讨论中心话题——如何测量。

一顿翻天覆地的讨论以及偶尔的跑题得出了三种方法，我在中途还差点为了方法二的可行性和其他两位队员开打……毕竟每个人都有各自的想法啊，不能强求，所以只能在不断的交流与讨论中摩擦、碰撞，最后融合了。

不过我们一致认为三种方法都会存在较大误差，但我们一时又实在想不出其他方法。其实并不一定要运用三角函数，可以用物理方法或者其他更巧妙的方法来测量。我们想在实际操作中不断地改进，然后再得出最好的方法。

第一步总算是很成功地跨出去了。

陈宇轩

1 月 2 日

课题讨论

星期四下午，暖暖的阳光洒在正在休养的草地上，操场上是一片欢声笑语，充满同学们愉悦的汗水。

这个欢乐的时刻不属于我们数学研究小组。我和陈泓睿、梁楚雯、郭雅欣、郭皓敏在幽冷的教室里苦苦地探索着测量高楼大厦的方法。

首先被写上黑板的是卢老师提出的办法：一人拿一竹竿斜向上指着待测大厦，一人从侧面用数码相机拍下画面，继而从照片上测出竹竿与地面的夹角。

率先发言的好像是郭雅欣："我觉得这个办法不行，你手持竹竿能保证竹竿一定与你伸出的手臂在同一条直线上吗？""这个误差只是很小，应该不碍事吧！而且……"不等陈泓睿说完，两道尖刻的女声几乎同时插了进来："拜托你想一想，这只是图示，比实际缩小了不知多少倍，你想想如果这个误差扩大几十倍甚至几百倍，那是多少米的误差，那还算是误差啊？是巨大的差距！"陈泓睿哑口无言。

郭雅欣提出了一个建议，把这场讨论推向了高潮。

"我们可不可以在这栋大厦前树一根竹竿，"她边说边用粉笔在黑板上演示，"人站在竹竿后面，利用眼睛、竹竿顶部、大厦顶部三点成一线，运用等比例的特点计算大厦高度。"

随着墙上挂钟滴答滴答的声音，随着这个建议在听者脑中的散播，随着听众理解力的恢复，一场舌战一触即发。

不知是哪个女听众首先发出"这个办法在实际情况中不可行"的声音。

战斗开始！

郭雅欣百折不挠地抵抗着郭皓敏和梁楚雯的猛烈攻击，死不认输。我和陈泓睿两个男生只好站在一旁静观其变，以免引火烧身。

经过一轮斗嘴以后，梁楚雯终于抓住一个致命的突破口，"郭雅欣，你用的竹竿要多高？"郭雅欣说："扫把就可以了。"顿时四位听众笑成一团，紧张的气氛舒缓了许多。"扫把比你还矮呢！"郭皓敏笑道。郭雅欣不信，马上冲到教室后面，拿出扫把一比，果然比她矮了一截。

郭雅欣垂头丧气地重新回到黑板前，本来还打算继续争论。我和陈泓睿终于忍不住，出声劝说郭雅欣。

看着黑板的图示，我突然灵机一动，一个新的方案浮上心头。"我有一个方案，不知行不行，"我向还在车轮战中的四人说道，"其实我是看到郭雅欣画的图示才想到的。我的方案也运用了三点成一线的原理，在距离大厦较远的地方站一个较高的人，在他身后的一个人把竹竿放在前者头上，以前者的头顶为支点，使竹竿与地面产生一个夹角，然后联结前者与竹竿的交点和大厦顶端，从而运用解三角形的知识计算出大厦的高度。"听了我的话，其余四人陷入了沉思。

这次讨论有很大收获，起码终于有了一个方案具有可行性，暂时没有被否决；这次讨论还确定了首先要进行测量的几座大厦：高中楼、远洋大厦等。

这次讨论是我们小组成立以来最成功的一次，有激烈的争论，更有实质性的进展。

梁楚雯

1 月 3 日

<h3 style="text-align:center">灵感闪现</h3>

星期四下午的体育课，我们还是没去上。理由十分正当——汇报测量目标和方法。

卢老师："我看了你们的文章，那些方法，好像太简单了点吧？"

众人：东张西望，极力掩饰。

卢老师："你们总结了三种方法，很好！可是，你们有没有分析可行性呢？"

我抢着说："当然有啊！我们都快吵起来了！这种方法有怎样怎样的缺陷，那种又有怎样怎样的不足与误差，我们都讨论过的！"

卢老师："是啊，那有没有其他更好的方法？或者用自由落体什么的？"

我："不行的，老师，我们都想过，那栋楼那么高，用什么东西做自由落体是一个问题，而且，自由落体是理想状态下的，现在还要考虑风和空气的阻力，测不了的……"

陈泓睿："我那时还说，测一栋楼就少一个人呢！"

卢老师："又不是叫你人跳下去，这是物理问题，来问物理老师！"继而转向胡传新老师（雅称小王子）。

"小王子"显然不知道我们正讨论什么，只是很无奈地应了一声。

面对"小王子"的反应，我们也无奈地笑了起来。

卢老师："既然你们都知道，为什么还要用这些方法呢？"

陈泓睿："我们是想说，可以用来当错误的例子嘛。"

我连忙补充："是啊！我们确定的课题是'如何准确地测量出广州的高楼大厦'，那就要选取最好、最精确的方法，所以就需要不断尝试啊！"

卢老师："我知道，当然是这样，但是你们也要想出正确的方法来才行啊！！"

众人顿时寂静无声。

陈泓睿："这个……我们会不断在实验中总结经验，然后归纳出最好方法的！"

"铁人"（郭雅欣）在我耳边说："可不可以用镜子？"

我问道："镜子？你想怎么用？"

卢老师："喂喂，集中精力。"

（我们可能对主题有帮助的谈话被突然打断）

卢老师："再想一些方法吧，不要那么简单啊！"

我："说是简单，但哪能那么简单就想得出来啊！"

"饼"（郭皓敏）沉思了将近大半的讨论时间，终于发表言论了："可不可以用镜子啊？"

"铁人"欣喜若狂："你也这么想啊？我刚刚就想到了！"

"饼"："是吗？我想说，可不可以用镜子放在地上，然后调整镜子的角度，直至看到楼顶为止。"

"铁人"："我也这么想，但是会不会有光的折射，然后产生误差？"

"饼"："这个，我倒没想这么多。"

卢老师："对啊！这个方法就很好啊！不仅用到了数学知识，也用到了光学知识。首先是对称，然后是解三角形。到时候就补这些内容，你们现在可以继续讨论。"

众人看看表："不行啦，老师！体育课要点名的。"

卢老师："好，大家记着找时间讨论啊！"

"好！"众人跑出办公室。

空闲时认真想了一下"饼"和"铁人"说的方法，大概画了个图。

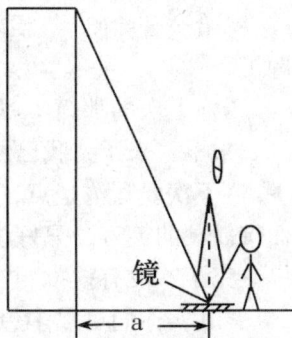

郭雅欣

1月7日

胡思乱想——测量方法的拟定 II

"卢老师叫我们上去。"

星期四下午第二节课又被占用了，每星期的研究性学习好像都是在这个时候进行的，真有点对不起体育老师。

迈着沉重的步伐走向四楼教师办公室，一路上想着上星期那篇关于学习心得的文章，一定会把卢大人气个半死。我心里惭愧，可是没有办法，谁让我们有那么多做不完的作业，哪有时间去慢慢斟酌啊！何况还有那么多图要画，对于我这个平时几乎不用电脑画图的人来说可是要了命的。

几乎是用"z"型路径走到办公室。一进门却看见微笑着的卢老师，心想，这是暴风雨前的宁静吗？

"怎么这么慢啊？"卢老师还是带着微笑，我的心却凉了半截，难道是"z"型走路方式被发现了吗？

"哈……哈哈。"很好，被我们糊弄过去了。问候语结束后紧接的就是主题了。

"你上次的那篇学习心得啊，"卢大人仍然挂着笑容，"好像太简略了。"

来了，来了，我已经伸出脖子等刀子了。

"下次要写清楚点，把心里想的记录下来才行啊。"卢老师看我们个个都面带僵硬的笑容，只好说下去。

完了？没有挨批啊？蒙混过关！

"其实你们可以多想几种方法的，不一定只用那三种，也不要只限定在数学领域里，物理、化学、生物里面也有很多的方法。你们可以再好好想想。"我正窃喜的时候，卢大人又在进行学习引导了。

"我们打算在实践中慢慢寻找更好的方法。"陈泓睿连忙补上。

"其实你们上次也讨论过用物理学中的自由落体来测量……"我说不下去了，想起上次讨论时说让人在楼顶跳下来，然后是测量一座楼就少一个人……

听完我们这个荒谬的方法后卢某大呼不可能。唉，这个我们知道，也只是说说而已。这时我无意中瞟到坐在卢大人后面的物理"小王子"（胡传新老师）正看着热烈讨论的我们。突然，一个念头在我脑海中一闪而过：用镜子！

我的想法来得很突然，全部精神都集中在这个上面了，卢大人在讲什么我一点都听不到，还好，卢大人好像没发现，等我回过神来时大家还在讨论着。我跟梁楚雯说我想到了一个新方法，可她好像全身心投入到大家的议论中，对我的话没有什么反应。

突然，郭皓敏将一个跟我想的一样的方法说了出来。天！不会吧，竟然会有这么巧的事！我想到的是在大楼前站直，在眼睛的水平前方放一面镜子，然后调整镜子的角度，直到看到大楼的顶部为止，最后测量调整后镜子与水平面的夹角，通过计算得出结果。

其实郭皓敏的方法我也不很清楚，毕竟她没有完全说出来。可是一样都用的是镜子这个工具。

最后讨论就在"方法继续寻找"的公意中结束。不错，还算完满。不过我想的方法还没有经过检验，不知道可不可行，只好待测了。

还有两个星期就期末考试了，我想在短时间内没有时间去实地考察了。现在我们都还只是纸上谈兵啊。

我发现卢大人今天只是想笑而已，似乎并没有我想的那些意思，是我想得太多了。

梁楚雯

4月2日

实　践

　　自从春节某日抽空到学校实践以后，一直到最近我们才抽出了一个周日下午去实践。没办法啊，课业繁忙，本来之前还有一次机会的，只可惜天公不作美，偏偏下起瓢泼大雨，只好放弃了。

　　这次我们不完成任务誓不罢休！

　　周日下午4点，我打的从天河城飞奔到学校，发现其他四人正在运动场里，仰着头，望着女生宿舍楼，一边还指指点点的。我在体育场外环视一周，没有发现不上锁的门，莫非他们……正想着，陈泓睿似乎看见了在门外不知如何是好的我，向我挥手，一边指着女生宿舍的方向。我顺着"少女"（陈泓睿）的手望过去，顿时明白了！我三步并作两步地走到宿舍前，进入了运动场。

　　"饼"（郭皓敏）："你好啊！叫我们4点来，自己却迟到！说！要怎么补偿我们！?"

　　我："Sorry！我也不想的！是我妈……"

　　"饼"："你知不知道你不在，我们只有一面镜子，什么也做不了啊?"

　　我："好啦好啦，现在开始吧！我5点半之前还要去眼科医院复光呢。"

　　"少女"（陈泓睿）："好，迟到的上镜！"

　　（根据我们的方案，必须有一人与镜子一起上镜作对照。）

　　我："我不要！我已经上了一次了！上次没来的上!!"

　　四人齐刷刷地把目光射向"饼"。

　　"饼"自觉心虚："好吧！我上就我上！"

　　经过我们的努力（"饼"差点儿就变成了"望楼顶石"，"少女"趴在地上摄影也差点儿起不来），我们留下了"饼"的玉照！

　　然后我们开始测量，"饼"依然保持着摄影时的姿势，哭天喊地，叫苦连天！

　　随后我和"少女"负责测量，"乳酸"（陈宇轩）负责记录数据，而"饼"和"铁人"，则拿着我的相机玩起自拍，不时发出声音："哇，不行！好丑！重拍!!"

　　测量到运动场边时才发现到宿舍楼还有一段不可忽略的距离，可偏偏这段距离在运动场的墙外。我把拳头在胸前一握，义正词严："加油！男人们!!"然后回到女人堆里，一起自拍！拍到那两个男人走了我们也不知道，还好，他们确实测量了数据，不过是否准确就无从考究了。

　　天时地利都不错，可惜数据还是少了点，走的时候，我们都在担心：拿

我们成功地测量了广州的高楼大厦·

着这么少的数据，怎么见卢老师啊！

郭皓敏

5 月 29 日

研究性学习结题报告

本学期开始，我们开始跟随卢光老师做关于测量高楼大厦方法的研究性学习。至今我们一共进行了三次实地实验考察，获得了多组有效数据，并对其进行了分析总结。在讨论和实验的过程中，我们学到了很多课本中学不到的知识，例如，团队合作等。

记得刚开始进行讨论时，我们小组的成员经常因分心而效率低下，后经过努力，我们渐渐能克制住自己专注于课题讨论了。在此过程中我体会到做事要一心一意才能提高效率，从而达到最好的效果。并且，在学习和讨论的过程中，要学会运用团队的力量，大家群策群力，集合群体的力量与智慧，才能最快、最好地解决问题。在大家讨论的过程中，可以发现自己某些知识和方法上的漏洞并及时补足。这样不但可以很好地解决问题，还能使每位成员不断进步。

同时，我们还学会了面对困难如何努力寻找解决的途径并克服它。在刚开始为选择课题进行讨论的时候，我们遇到了重重困难。如何选择合适的课题、如何研究课题的可行性，然后就是研究的实用价值和方案的设计。这样一步步走来，我们不断讨论、设想、否决、再讨论，在"痛苦"中挣扎，最终经过千辛万苦、排除万难确立了研究课题。在此过程中，我学会了遇到困难不退缩，要知难而进，努力寻找解决问题的最佳办法。

在进行实地考察实验时，我们面临着许多实际困难需要灵活变通，具体问题具体分析。其实我们平时学习也是如此。例如，数学解题过程往往就是一题通十题通。在掌握规律的同时，某些题目也要求我们灵活变通。

得到实验数据后，我们便对数据进行分析和总结。在这个过程中要求我们运用大量的数学知识，我们也因此重新复习了有关三角函数、二面角和相似三角形等方面的知识，并对我们的知识漏洞进行了补充。这一过程，不但提高了我们的数学成绩，也锻炼了我们的逻辑思维能力，让我们在多个知识层面上得到提高。

在这次课题研究中，我们的数学学习有了很大的进步，不单单表现在成绩上，更多的是在逻辑思维和解题方法上的进步。在此，要感谢卢老师一直以来对我们的悉心指导，以后如果再有这样好的机会，我们必定会跟老师做更多的研究。

梁楚雯

6月1日

阶段总结与感想

通过一个学期的研究与学习，我学到了好多好多，可谓受益匪浅！首先，课题研究增进了同学之间的友谊，一个学期的时间，我们5个人从普通同学关系晋级到朋友甚至死党的关系。其次，我们充分体验到了合作的重要性，如果没有合作，就不可能有每一次的讨论；如果没有合作，就不可能有每一次的实践；如果没有合作，就不可能有这样的成果展示。说到此，还要感谢卢老师，是他给了我们这样一个好机会！再次，我们对于数学的兴趣、解题思路等方面也有了不同程度的提高。我也惊喜地发现，原来数学知识，可以如此简单地运用在生活中，还可以如此巧妙地与其他知识相结合，从而发挥它神奇的作用！

虽然我们小组的研究时间不长——只有一个学期，实践的次数也不多——只有两次，但这只是阶段的结束，相信我们的研究工作将更加有条不紊地继续下去。

希望我们的友情越来越深厚，希望我们的合作越来越默契，希望我们对数学越来越有兴趣，希望我们的数学成绩越来越好！

教师指导体会

本次课题研究告一段落了。第一次这样详细地记录我和学生共同开展课题研究的整个过程，掩卷沉思，感慨良多。

一、高质量的学习培训是教师成长的需要和保障

曾参加过大大小小各种形式的培训，总是心不在焉，得过且过，难以摆脱混学分的心态！比较常见的培训形式基本上是教师在台上大讲特讲，学员在台下小谈小睡。究其原因有二：一是这种培训管理不到位，从制度上缺乏制约和激励机制；二是培训内容与教学实践严重脱节，没有什么真实、鲜活的内容让学员体会与学习。一线的老师们都是讲求实效的，很多培训忽视了这一点。我十分幸运地参加了2003～2005年的科学教师培训，在学习中开阔了眼界，学到了有用的知识和方法。

培训一开始，我就欣喜地发现它的与众不同。华东师范大学的霍益萍教授是整个培训的组织者和策划者，北京师范大学数学系L教授为我们授课，我们还有自己的班主任，无论在管理上还是在师资配备上都更能保证学习的质量。培训班的学员是来自全国各地的优秀教师，这是多么难得的开阔眼界

的机会啊！作为数学班的班长，我以前所未有的饱满热情投入到论文的选题、研究、评述、撰写、答辩等环节中去。

学习以小组形式开展。我们小组讨论的论题共有三个：《座位的排列对我校高一学生交往的影响》、《网络环境下课堂跟踪测试对高一学生自主学习影响探究》、《2003～2006年中山市移动用户数发展趋势预测》。每个论题我们都从背景、意义、研究现状、研究内容、研究方法和步骤、技术路线、创新点、可行性分析八个方面展开讨论。经过小组内成员的充分论证、其他小组选题的启发、L教授的点评指导，我们答辩的论题最后确定为《2003～2006年中山市移动用户数发展趋势预测》。虽然最终我们没有形成一篇完整的论文，但在专家报告、学员探究和模拟训练中我领悟了科学研究的全过程；明确了选题的原则和方法，掌握了开题报告和科学论文撰写的规范化要求；提高了开展科学研究的能力。同时也学会了指导学生进行课题研究的原则和方法。后来在指导学生进行课题研究的时候，我基本上采用的就是科学教师培训传授给我们的方法和原则。

回忆起2003～2005年的科学教师培训，至今还历历在目：每一天的学习与生活都是那么的清晰，与各地教师的交流是那么热烈，教授们精彩独到的指导解开了我曾经的困惑。感觉仿佛回到了学生时代，在老师的指导下如饥似渴地学习新知识、新方法，这让我分外珍惜。

二、严谨、热忱、勤奋是教师吸引学生的重要品质

课题研究一般在课外完成，我和课题组的同学必须在紧张的工作学习之余做研究。为了保证课题研究科学有效地展开，在课题研究开始之前，我对5名同学进行了培训，并将自己的藏书借给他们阅读。接下来的一系列环节我都积极参与，例如，方法的指导、可行性分析、研究步骤的展开等。这样，学生和教师之间就少了隔膜和距离。

当学生兴高采烈地将第一个课题《数列的解题方式和应用规律》拿到我面前时，我引导他们转换思考角度，将数学与现实生活中具体的问题联系起来；在发现学生不会选择课题后，我提示了寻找课题的几种有效途径；当学生再次兴高采烈地拿出课题《广州市区医院分布的合理情况》时，我又指出了课题研究范围太广、搜集数据的时间太长、以现在的精力和时间难以操作的问题；直到最后课题确定。从课题的选择到测量方法的运用，整个过程我都热情地鼓励学生，"再想想，我相信你们！"面对失败，学生们或多或少有些失望，但教师的鼓励是激发学生研究热情的动力，能推动学生全身心投入下一轮的思考。

凡是真正的课题研究，过程一定艰苦而曲折、烦琐而细致。当遇到困难，

甚至毫无头绪的时候，我一直告诫自己一定要坚持，我的坚持就是学生的坚持。靠着严谨的科学精神、热忱的心、勤奋的工作态度，我坚持了下来。这是我的胜利，也是课题组学生的胜利！

三、课题研究是学生进步的重要载体

（一）知识与能力

本课题研究运用到了三角函数、二面角和相似三角形等多方面的知识。学生说："这个课题弥补了我们的知识漏洞。这一过程，不但提高了我们的数学成绩，也锻炼了我们的逻辑思维能力，让我们在多个知识层面得到提高。"同时，数学课题研究帮助学生深入体会了生活数学的内涵。学生体会到，只要你有心观察，你会发现生活中的数学无处不在，数学的美无处不在。数学学习与实际生活的紧密联系极大地增强了学生们学习数学的兴趣。兴趣有了，其他问题就容易解决了！

（二）过程与方法

根据自己在科学教师培训中的体验，我很注意在课题研究中对学生进行科学方法训练。而这种方法的掌握，主要靠学生自己去亲身经历课题研究的每一个环节，在不断的否定之否定中，真正体会课题研究的原则和方法。

（三）情感态度与价值观

首先，学生逐步形成了积极探索的数学学习方式。他们说："我们不断讨论、设想、否决、再讨论，在'痛苦'中挣扎，最终经过千辛万苦、排除万难确立了研究课题。在此过程中，我学会了遇到困难不退缩，要知难而进，努力寻找解决问题的最佳办法。"课题研究成为一座桥梁，帮助学生通向数学美的彼岸。

同时，学生与人合作的能力得到增强。课题小组成员在结题的时候都强调了团队合作的重要性。从第一个课题《数列的解题方式和应用规律》到《癌细胞的增长速率》到《对传染病的研究》到《广州市区医院分布的合理情况》再到《如何准确地测量广州的高楼大厦》，无一不是大家集体讨论的结果。学生们为了验证一个课题的可行性，会主动想办法，甚至找相关专家咨询。在这个曲折的过程中，学生的友谊得到了升华。课题结束后，他们说：

"我们5个人从同学关系晋级到朋友甚至死党的关系。"在这样愉快而和谐的气氛中，还有什么困难不能解决呢？这或许就是 1+1<2 的原理吧？！

学生通过课题研究有了较大的进步。从成绩的角度讲，5 位学生中有 4 位数学成绩有很大提高，另一位学生的成绩也有上升趋势。从研究热情角度讲，5 位学生都表示希望有机会再次参加数学课题研究。

（四）教师需要通过课题研究提高自己

实际上，指导学生开展课题研究和解决学生提出的问题的过程中，也是教师不断学习和建构新知识的过程。我将指导课题研究的方法运用到日常数学教学实践中，实验了一年后撰写的论文《在高中数学必修课开展课题研究的实验报告》，获得了"广州市中学数学教学研究会第八届年会论文"评比一等奖第一名。我相信"教学相长"的原则。事实上，无论是我的个人威信还是业务能力都在指导学生的同时不知不觉地得到了提高。

黄河与开封盐碱地的形成和治理
——薛升远老师和他的学生

教师简介

　　薛升远，男，1965年8月生于河南南阳，1988年毕业于河南大学地理系，河南大学附中工作至今。中学地理高级教师，开封市拔尖人才，河南省优秀科技辅导员，河南省劳动技能大赛一等奖获得者，全国优秀地理教育工作者。1990年起带领学生从事科技活动，多次被评为区、市先进环保教育工作者。2003年、2004年两次参加中国科协青少年科技创新人才培训并结业。2003年以来带领学生从事科技创新辅导工作，担任学校辅导教师组组长。4年来共辅导学生项目167项，在全国和省市多次获奖，6次获省市优秀科技辅导教师称号。先后参与编写了人教社地理教材和河南省地方教材，在各类杂志上发表论文一百多篇。

教师日记（2005 年 10 月至 2006 年 5 月）

10 月 8 日

新学期开始了，作为学校科技创新辅导组组长，为了动员学生参加科技创新活动小组，我不厌其烦地在校广播站播送通知，希望有兴趣的同学报名参加。每天我都像等待约会的恋人一样，怀着期盼的心情守候在办公室。可 3 天过去了，我仍然是个光杆司令，期间也偶尔有同学前来咨询，我就像遇到知音一样热情接待，耐心地向他们讲解搞科技创新的意义，希望他们赶快报名。

"老师，要几个月甚至一年的时间才能完成一个课题啊？""老师，活动需要花费大量业余时间吗？""外出考察是自费吗？"等得到我一番肯定的回答后，同学们总是客气地对我说："我回家和爸爸、妈妈商量商量再说吧！"我知道这是一个委婉的拒绝，因为在我们这里升学压力特别大，家长不可能同意孩子去搞科技创新活动，他们更关心的是孩子高考的应试成绩，甚至一些班主任也暗中施加阻力。怎么办？不想坐以待毙，就只有主动出击。我和辅导组其他几位老师商量后，决定先培养学生对科技创新活动的兴趣，让学生主动要求参加，然后再围绕高考这个大指挥棒做文章。

我们把以往师生活动的图片制成精美的海报，张贴在学校宣传栏中，把活动的视频材料剪辑成小新闻纪录片在学校多媒体网络上播放，然后又把以前通过参加科技创新活动而获得保送资格和加分的同学重点宣传。通过一番"煽动"和"诱惑"，效果出乎我们的意料，同学们看到在老师的带领下考察2000 多年前开封古城、研究朱仙镇木版年画、嵩山古地层的野外考察项目后，马上有了浓厚的兴趣，感到新鲜好玩，又有高考保送和加分，也给了说服家长的充足理由。结果学生和家长热情空前高涨，一周之内就有 132 名学生报名参加。更有一些家长亲自跑到学校咨询，主动给孩子设计研究课题，并要求和老师一起辅导，给孩子提供一切资金、技术和时间支持。就连那些"两耳不闻窗外事，埋头只想考北大"的学生也有了积极性，在他们看来，跟着老师搞科技创新活动，既可以缓解学习压力，还有机会被保送或高考加分。其他成绩优秀的学生也怕吃亏，纷纷报名参加科技创新小组。这样一来，连一向支持我工作的校领导也有些担心了，一再暗示我在保证这些学生成绩的前提下开展活动。"高考"这个神奇的魔棒，让我再次领教了它的威力，同时也感到了自己的压力。

10 月 16 日

今天下午召开了报名同学的全体会，校长也应邀到会作了动员，看着这些抱着不同目的走到一起的学生，今后怎样培养他们的团队精神，怎样培养他们对科学和探究的热爱，我感到了自己肩负的重任。

校长动员后是课题"拍卖会"，今年的研究课题主要由学生自己申报，然后辅导老师集体对学生申报的课题进行讨论，被选中的课题由设计人任组长，用多媒体展示自己的课题，然后愿意参加的同学报名，组长有"组阁"权，可以决定有哪些同学参加。由于事前准备充分，课题"拍卖会"开得很成功。组长们都使尽浑身解数展示自己的课题，展望美好的研究前景，以吸引更多的同学参加。组员们也尽量施展自己的特长和才华，以便能进入自己喜爱的课题组。这个组合的过程本身就是对学生综合能力的培养，同时也照顾了学生的个人爱好，让有共同爱好和兴趣的同学组合到一起，改变了过去由老师指定课题，学生被动接受的弊病，充分地尊重了学生个人的意愿，真正变过去的老师"包办"为"自由恋爱"。

拍卖会后，新成立的科技创新活动小组都异常兴奋，围着自己各自的辅导老师唧唧喳喳地讨论起来，整个会议室成了名副其实的"雀巢"。作为"拍卖会"的设计者，我很高兴自己的"杰作"。同时也为高二年级许帆、郭期亮等四个同学一直都没有参加其他人的课题而窃喜。许帆是我们班的班长，一个聪明而又有很强组织能力的姑娘。"你们几个来是当观众的吧！怎么不参加课题竞选呢？"我装作生气的样子走到他们身边，几个同学在许帆的带领下悄悄地围了过来："老师，你一定有好的题目给我们留着，我们就跟你干吧？"作为他们的地理老师，我太熟悉和了解他们了，也非常希望能做他们的辅导老师。"我也没有现成的理想课题，周末我带你们去找课题吧！"几个学生高兴地差点把我给抛起来！

10 月 30 日

今天是星期日，秋高气爽，难得的好天气。许帆、吴後、郭期亮、范涛四位同学一早就起床做着外出的各项准备，这让其他学生既羡慕又嫉妒。大家围着我也要求外出考察，可由于事前没有得到学校批准而难以成行。八点多，我们五个骑自行车行进在茫茫的原野上，开始了只有我知道谜底的找题活动。

开封位于黄河故道上，黄河距市区只有 8 公里，由于历史上黄河的多次泛滥和改道，这里成为著名的黄泛区，岗地上是白茫茫的盐碱地，洼地积水形成一个个池塘。"为什么这里只种槐树和杨树呢？""为什么地表这么不平坦

167

呢?"当一个个为什么解决后都感到不是理想的研究课题,我启发大家继续细心观察。

10点多,我们来到黄河大堤上一个叫柳园口的地方。站在高高的黄河大堤上遥望脚下的大地,大堤内黄河滩地一望无际,河汊纵横,水网密布,芦苇茂密,大雁、天鹅等各种迁徙的候鸟在此觅食。大堤外侧是起伏和缓的沙土地,地表覆盖了一层厚厚的盐碱,白茫茫如初冬的小雪,一条防洪专用地方小铁路穿行在黄河大堤旁。

"同学们,谁能用最简单的方法把地表的盐碱收集起来,提取成纯净的碱?"我话音未落,机灵的许帆就抢答了:"我能,把地表的碱扫起来溶解在水里,澄清后把清水分离出来再蒸发干即可。""太棒了,你的化学学的不错啊!"大家一齐称赞她。"哪里,我听爷爷说过去许多穷苦的开封人都是这样制碱谋生的。""老师怎么这么多的盐碱啊?为什么盐碱多的地方寸草不生呢?"不善言谈的吴後望着盐碱地若有所思地问。"是啊,大家再仔细看,离黄河越近的地方,盐碱就越多。""盐碱的形成一定与黄河有关。"范涛抢答道。大家紧紧围绕"黄河—盐碱—盐碱地"展开了讨论,最后一致决定我们应该弄清楚黄河与开封盐碱的关系,然后找出治理方案,让这些寸草不生的土地变成肥沃的良田。我们集体讨论后就把研究课题确定为《黄河与开封盐碱地的形成和治理》。

"老师,研究完这个课题后我想把这美丽的黄河湿地规划成游览区,就叫《黄河湿地旅游区的规划》吧,这里离开封和郑州都近,再成立个黄河旅游公司,生意一定不错。"平时聪明又伶俐的郭期亮一开口就让人佩服。"那你就是第一任总经理了,这是个好想法。"我也赞同他的主意。许帆也好像又有了新的灵感,望着远方的防汛铁路说:"这铁路平时闲置多可惜啊!要是规划个黄河旅游专线,让郑州和开封的居民乘坐豪华旅游专列游览黄河多好!""那你和郭总经理联手更好,你的题目应该叫《防汛铁路的经济开发》。"我高兴地说。看来同学们的思路越来越开阔了,最后吴後和范涛又提出等开封的盐碱地治理好了,在开封与黄河之间8公里宽的盐碱地上种植果园,挖鱼塘,建农家乐园,搞生态农业和旅游农业。大家研究后把他们未来的题目暂定为《开封北郊旅游农业的开发》。接着同学们又找到了很多有意义的研究课题,感到有干不完的事情做不完的课题,家乡在呼唤他们的开发和建设。

11月7日

这几天许帆、吴後、郭期亮、范涛他们一直都很努力,从网上下载了大量资料,积极做着再次外出考察的各种准备,可开题报告谁都不想写。

"老师,写什么开题报告啊?该怎么干就怎么干吧,把论文写好不就成了吗?"郭期亮有些不情愿地说。"不行,开题报告本身就是研究论文的一部分,写好开题报告是完成研究课题的前提,通过开题报告制定咱们的详细活动计划,设计出切实可行的活动方案,掌握他人目前的研究成果和现状,这样我们才能进行自己的研究。""这是我们几个写的,你先看看吧。"许帆有些不高兴地嘟囔道。我一看这张花了一周时间写成的不足300字的开题报告就火冒三丈:"你们简直是胡来!我让你写开题报告,不是让你们1、2、3、4给我写工作计划。""那我们该怎么写啊?"许帆低声问道。"怎么写也不能这样写!"我有些生气和失望地转身回到了活动室,几个孩子一看我生气了,也怯生生地跟我到活动室。

我努力让自己平静下来,把写好开题报告的作用、意义和写作要点给他们做了详细的介绍,同时又找了一些规范的开题报告让他们先学习,看看别人是怎么写的,学习开题报告写作的一般要求和格式。同时我也为自己前期辅导不到位而感到后悔,我确实没有认真辅导他们怎样撰写开题报告。

1 月 16 日

这几天天气一直很好,寒冷的冬季难得有这样的"小春天"。由于气温较高,蒸发旺盛,正是冬季"返盐"的季节,这是我们外出考察盐碱地的最佳时间。昨天我把小组的同学召集起来准备周日野外考察。"老师,咱们还是别去了吧。"一向积极的许帆无精打采地说。"怎么了许帆?还没出发你就打退堂鼓?"我有些吃惊地问。"这几天爸爸和妈妈一直唠叨,再有两周就期末考试了,不让我外出,让我安心在学校复习。""薛老师,我们班主任昨天也说让我们寒假放假后再出去考察。"三班的吴后、郭期亮一齐说。看来我们的活动开始亮起红灯了。

可能前一段撰写开题报告和外出查阅资料花费的时间太多了吧,几天前年级长提醒我别耽误了这些学生的学习,并威胁我如果这些优秀学生成绩下降,就停止我们的活动。三班班主任关老师也不止一次地向我抗议,说他们班就这两个种子选手,别让我荒废了他们的学业。

面对这么大的压力和阻力,怎么办?等到寒假去考察,这期间如果有一次降雪,地表的盐碱就可能随着冰雪融水渗入地下,无法直接观测,会影响到我们整个的活动计划。对几位同学的学习成绩我有十分的把握,不会因为活动占用点时间而耽误。自开展活动以来,他们学习和生活的积极性都空前高涨,为了自己热爱的研究课题,在提高学习效率的同时,也抓紧点滴时间学习。可眼前怎么办?我和同学们进行了认真分析和讨论,决定必须让家长和老师相信我们的活动不会影响学习成绩,同时也让他们了解我们活动中取得的成绩和面临的任务,以便争取他们更多的理解和支持。

我们把野外考察准备会变成了学习和活动计划制定会，我们根据每个同学的实际情况，制定了未来两周的详细复习计划，并定下了比期中考试成绩略高的学习目标。我们郑重签字后准备交给家长和关老师，同时又诚恳地邀请关老师和年级长吴老师作为活动小组的共同辅导老师。我们作了具体分工，由许帆和范涛负责把聘书和我们的开题报告送给吴老师，并介绍我们目前的课题进展情况，吴後、郭期亮去找关老师。"老师，我们可都是搞过多次外出调查的职业说客，你就听我们的好消息吧！"调皮的许帆安慰起我来了。

今天，我在焦急的等待中常常仰望天空，特别害怕阴天下雪，几个学生也像和我捉迷藏似的躲着我，这更让我感到不安。课余时间我把自己关在办公室里制定了详细的外出考察计划，只等他们的好消息了。下午放学后吴後满脸不高兴地带着他们几个来找我："老师，不行，他们都不让外出。""那怎么办呢？"我一下子就急了。几个调皮鬼见我着急的样子都笑了，一齐把我围了起来。"我们成功了，看！关老师不仅答应做我们的辅导老师，还为我们找了大量历史图片，这是黄泛区的图片，这是以前的盐碱地图片。"吴後激动地说，"关老师还建议我们在论文中增加进历史上黄河的改道情况和前人治理盐碱地的成功经验。""还有呢，吴老师给咱的开题报告认真校对了，他不愧是语文老师，找出了多处错字和语法错误。"许帆洋洋得意地说。"吴老师和关老师了解到我们的具体情况后都很支持我们外出考察，并给我们提了很多建议，我都记着呢！"郭期亮得意地拍着笔记本说。"那你爸爸和妈妈同意吗，许帆？""当然了，本来他们就是担心我的学习，有我的计划和保证，还有您的签字，他们就放心了。"

有这么好的学生、同事真让我感动，以前我总抱怨他们不支持我，弄得同事关系有些紧张，现在突然间我真想对他们说声"对不起"。

3 月 30 日

新的高考政策已经出台，从 2006 年起河南省参加科技创新大赛取得省一等奖的同学在高考中不再增加 20 分，这一消息在同学们中间迅速传开了。许多活动小组的热情一落千丈，我怕影响到我们的研究课题，特地通知他们下午 4 点半在科技创新活动室开会。

我一边浏览着网页，一边忐忑不安地等待他们的到来，4 点 40 了，还没个人影。过去他们总是提前赶到，赖在这里上网、听歌、查资料，撵都撵不走，有时能提前一节课就跑来开会。"完了，我最担心的事终于发生了，他们不干了。"我自言自语地说，有些遗憾和紧张，再也无心浏览网页了，决定去教室一个个找他们好好谈谈。

他们几个都不在教室，似乎在和我捉迷藏，我找同学一问，原来几个人一起去图书馆领新学期的课本了，这让我又有了希望，我回到办公室继续耐心等待他们，但心里仍有些忐忑不安。

不一会儿几个人气喘吁吁地跑来了。"老师，我们领新书耽误了一会儿。"许帆擦着汗水说。"我知道了，请同学们坐吧。""呀，老师你今天怎么这么庄重和客气啊？"郭期亮有些不习惯地问道。他们没有看出我的紧张和不安。"同学们，高考政策有变化。""唉，老师你别说了，省级竞赛一等奖不再加分了是吧！我们一周前就都知道了。"许帆抢先说道。"那我们的项目还进行吗？你们几个还干不干了？"我真的紧张了，几个人都默不作声，整个办公室空前的寂静。最后，郭期亮打破了沉默："老师，我们也犹豫了几天，但我们看着已经取得的成果，回忆起咱们一起考察和学习的快乐时光，都不忍心放弃。""老师，俺几个这些天生活得很充实，咱们在一起是我最快乐的中学生活，我们不会放弃的。"不善言谈的范涛一开口就让我感动。"再说了我们还可以参加全国竞赛，取得优异成绩还可以保送呢！我就是这样说服我爸爸妈妈的。"聪明的许帆说这话既是给大家鼓劲又是教其他同学怎样说服家长。大家又七嘴八舌地回忆起过去工作中闹出的笑话和洋相，办公室又热闹起来了，我终于放心了。

4月7日

土壤中盐碱含量的测量方法成了我们研究中的难题。相关的资料和仪器只有河南大学环境规划学院有，学习测量的方法和仪器的使用需要较长时间，平时我们需要上课，周末又是大学老师的休息时间，特别是仪器室的周老师，丈夫在南京大学读博士，一个人带着8岁的孩子，周末实在是离不开家。我犹豫再三也没有勇气去找她，眼看课题研究就要停止，急得我像热锅上的蚂蚁，只好请求学校领导的支援。在校长的努力下，规划学院安排周老师加班，实验室对我们周末开放一上午。我赶紧召集几位同学做安排并再三叮咛："一定要听周老师的安排，要有礼貌，机会难得啊！走时帮周老师打扫卫生。要注意安全，随时和我联系。一定要虚心学习，注意听讲。"我把能想到的都磨破了嘴皮子反复交代，为了锻炼他们，我更希望让他们独立工作，所以我留守学校。

我在期盼中等待他们的凯旋，下午我的手机突然响了，我一看是周老师的，顿时紧张起来。"你好，周老师，麻烦你了，同学们不懂事你多包涵。"我赶紧道歉。"你客气了，薛老师，同学们很好，让他们下周仍然来做实验吧。"我有些吃惊地问："真的吗？""真的，我还怕他们不来呢！""那太谢谢你了，周老师。"我仍有些不相信自己的耳朵。"我还想感谢你呢！就这样定了吧！"周老师说。

我在兴奋和不安中终于等到几个人像一群喜鹊，唧唧喳喳地跑回来，我赶紧迎上去打听情况。

"嗨，老师，我们怎么样？周老师还在学生餐厅请我们吃午饭呢！"许帆激动地说。

"看，这是我们的实验结果，每一张上都有周老师的签名呢！她工作可负责了，大学老师搞科研就是认真，太棒了！"郭期亮把一叠表格放在了我的面前。

"你们怎么把周老师给弄晕的，竟然邀请你们下周再去？"

"她还说等她爱人从南京大学回来辅导我们呢！她爱人可是专业搞土壤研究的。"快嘴的许帆还在兴奋中。

"别给我兜圈子了，快给我说说怎么回事？"我催促许帆。

"这主要是吴後的功劳，我们看周老师带着孩子不容易，就决定我们三个先学习，然后再教吴後。吴後去辅导那个小妹妹做作业，教她跳舞，这样周老师就可以专心辅导我们。"

吴後抢着说："那个小妹妹太可爱了，舞学得也快，跳得也好，下午她还不让我们走呢！"

"我们互相帮助，这在生物上就叫共生吧。"腼腆的范涛也打开了话匣子。

几个人不停地述说着一天的感受，我突然发现，我以前的反复交代是多余了。在研究中，放手让同学们自己去学习与他人相处，也许他们会做得更好。

4月15日

随着项目研究的进展，我们的活动引起了开封电视台的注意，给我们做了新闻报道。后来，中央电视台的记者也主动联系我们学校，要给我们的活动做专题纪录片，这下整个学校都轰动了，我们的活动小组成了学校关注的焦点。校长召开专门会议听取我们的意见，给我们以鼓励和表彰，我们的活动室也被装饰一新。专题片拍摄期间，学校派出专车和中央台的记者一起拍摄我们的研究过程，重现我们曾经考察过的地方，小组的每一个成员都感到由衷的自豪和骄傲。

根据节目需要，我们要选出两位同学到中央电视台演播室去现场直播，讲述我们的故事。对于这样好的机会，四位同学都希望自己能去，这一下让我做了难。以后的几天，我一直在思考如何解决这个问题。

许帆私下找到我说："老师，我对咱们的研究过程最了解，从论文的撰写到样品的采集我出力最大，我想我能去最好！"

郭期亮也溜进我的办公室说："我外出查阅的资料最多，掌握的数据也最详细，我去了保证不给你丢人。"

能歌善舞的吴後也说："我普通话讲得最好，语言表达能力强，吐字清晰，再说了就我这模样坐在中央台也不会影响咱学校形象呀。"

范涛的理由似乎更充分："我制作的课件，他们计算机都不好，采访过程不是有课件演示吗？如果主持人问咱的课件是怎样制作的，他们都答不上来，所以不能不让我去啊！"

几天前拍纪录片时那种和谐融洽的气氛马上烟消云散了，来我办公室都相互躲着对方，这真让我没有料到。

怎么办？征求领导和其他老师的意见后，我突然有了自己的想法。

课外活动时间，我郑重地把他们四个召集到办公室，又聘请了两位高一老师做评委，让他们来一次竞聘演讲。在演讲开始前我先出了两个问题：

1. 我们目前取得的成果是谁的，是某个同学的还是咱们集体的？

2. 去电视台演播室讲述我们的故事需要哪些基本功？

讨论后一致认为所有的成果都是我们集体完成的，去演播室讲述的成败关系到我们这个集体的荣辱。要想完成任务必须全面了解我们的研究过程和相关知识，必须反应灵敏，不紧张，普通话标准，语言流利等。

"老师，我不善于表达，普通话说得也不好，我还是不去了吧！谁去我先教他计算机知识。"范涛第一个退出了竞争。

许帆、吴後、郭期亮分别讲了自己的优势和计划，两位老师也认真给他们打分，点评他们的长处和不足。我们最后一致协商同意让吴後、郭期亮去演播室，许帆、范涛随队做场外指导。我还是有些不放心，让许帆留了下来。"老师，我感到他们两个去最好，我的语言表达不如吴後，反应灵敏性不如郭期亮，我会帮助他们详细了解每一个研究过程的，我相信他们两个会给我们集体争光的。""是的，他们会给咱们争光的。"我们都愉快地笑了。

5 月 20 日

经过大半年的努力，我们终于完成了《黄河与开封盐碱地的形成和治理》的研究课题。我们的创新之处在于把盐碱地治理与水资源的综合利用相结合，把黄河滩地的开发和郊区农业的旅游规划结合起来，具有较高的科学价值和实用价值。怎样让我们的研究成果得到相关部门的重视，并应用到实践中去，我们小组也进行了多次讨论。

"咱得把研究课题好好包装包装。"郭期亮一开口就有许多好点子。"期亮，怎么包装你跟大家谈谈吧！"我说。

"让河南大学环境规划学院的教授给咱修改论文，经过他们修改的论文，就等于他们同意我们的观点，再让他们写个评语，利用名人效应，引起政府相关部门的重视。""好，太好了！"期亮的主意得到了大家的赞赏。

"我可以用电脑制作一个宣传课件，把报纸、电台报道的资料编进去，让他们看看我们也是很正规的。"范涛说起昔日的辉煌仍感十分自豪。"对了，把中央电视台的专题片剪取一段放给他们看。"我赞同地说。

"我爸爸和旅游局的马局长很熟悉，我让他也帮咱推销。"许帆竟然动用她老爸的关系了。

"不过我还是希望找到前期写过报道的李记者，让他了解我们的成果，给我们在《开封日报》上再写一篇，影响就更大了。""老师，你说的这个事交给我吧，我上次和李记者合作得很好，我们已经成好朋友了。"吴後抢答道。

接下来的日子里，我们分头行动，一切都按计划完成。精通计算机的范涛还在开封信息网上精心制作了一个网页，开设了开封焦点论坛，就开封盐碱地的治理和郊区农业开发广泛听取各方面意见和建议，进一步修改和完善了我们的研究报告。

2006年4月18日，我们把研究报告和专家的推荐信一同送到了开封市旅游局、开封市规划局、开封市土地局，引起了他们的高度重视。4月26日我们被邀请参加了由开封市旅游局召开的座谈会，面对几十位领导和专家教授，许帆代表课题组作了精彩的发言。5月16日我们又应邀参加了郊区旅游农业规划草案的讨论，我们的研究论文成为草案的主要参考文献。当我们相拥着走出会议室时，许帆道出了我们共同的心声："老师，咱们课题的研究过程是我们中学生活中最幸福、快乐和难忘的时光。"

学生日记（2005年10月至2006年5月）

许 帆

10月16日

今天薛老师批准了我们参加科技创新活动小组，我们几个特别激动和高兴。薛老师是一位和蔼可亲、知识丰富的老师，和他在一起能在快乐中学到不少知识。可当我把这事告诉爸爸、妈妈后，平时都非常开明的他们，这次却异口同声地拒绝了。什么"高二是高中学习的关键时刻，不能干预学习无关的事"，又给我讲一大堆我早都能背出来的学习重要性的道理。急得我半夜给薛老师打电话，他让我说参加科技创新大赛能保送或加分，他们经过一番详细盘查后才同意了。听说吴後和范涛还是老师亲自打电话解释并保证不影响学习成绩后家长才同意的。我们整天闷在校园里，能有机会出去玩玩多好啊！

下午的课题申报会我们4个都没有申报，其实范涛也希望和十班张科一块搞文物的普查。可我们几个特别好，我们3个不去，他也就打消了申报的念头，中间我们都遇到了自己很喜爱的课题，几次都想举手申报，可意见总不一致，又想跟着薛老师一块干，这样就都忍着了。老师没有让我们失望，他不仅给我们设计研究课题，更让人意外的是老师竟然要在周末带领我们外出考察课题，也许老师早就设计好了。我们暗下决心，一定好好干，为老师和父母争光。

10 月 28 日

我们总算开眼界了，在开封长了这么大，还是第一次看到那么荒凉的黄河滩地，松软的泥土上长满了茂密的水草，各种鸟类自由地觅食，还有那白茫茫的盐碱地，如果不是亲眼所见，真不敢相信。从哪里来的这么多盐碱呢？要是把这些盐碱地变成肥沃的农田该多好啊！

课题考察回来后我们一直都处在兴奋状态，郭期亮业余时间一直在看有关黄河的书，准备治理盐碱地，开发黄河旅游资源，实现他的总经理梦。更让人没想到的是他爸爸、妈妈竟然也感到这是个好想法，大力支持他，这让他干劲倍增。我感到防汛时才用的铁路平时放在那里生锈还不如进行旅游开发，但前提是把荒芜的盐碱地和黄河滩地开发治理好。吴後和范涛这几天在业余时间都很少见到，他们两个一直在查阅资料，准备写开题报告。今天的生活让我感到充实而忙碌，我们都有了自己实实在在的梦想，探究活动改变了我们，让我们的生活更有意义了。

11 月 8 日

我们在一起两年了，我还是第一次看到薛老师那么生气。看着我们写的开题报告，他差一点给撕了。我们几个一直认为开题报告写不写无所谓，就凑合着写了一个工作计划应付老师，没想到老师在平常对我们那么宽容，可到了工作中对我们要求这么严格。我们虽然被批了一顿，可心里服气，通过开题报告我们确定了研究计划，选择了技术路线，知道了别人的研究进展，这会让我们在研究中少走许多弯路。

通过这件事我们也更加尊重薛老师，平时生活中大大咧咧，可工作中一丝不苟，我喜欢这样的老师。但他没有给我们讲撰写开题报告的意义和作用，就怪我们没有写好，也让我有些不服气！

1 月 17 日

今天薛老师带领我们观测了一天中日影的变化，测量了日出和日落时间。我第一次注意到了太阳的运行轨迹，原来我的身边有这么多我们应该了解的知识。

昨天为了赢得爸爸妈妈对我们活动的支持，班主任薛老师也在我的计划和目标书上签了字。我们知道这样做他承担了多大的压力啊，同时这也是他对我们的信任。回来后大家都暗下决心，一定要努力学习，争取在期末考试中取得优异成绩。其实自从开展课题研究以来，我们就感到了知识的欠缺。原来大家都认为生物是副科，不想学习，可面对从盐碱地里采集回来的植物标本，一个都不认识，更谈不上进行分类了，只好重新抱起生物课本从头学起。说来也怪，当因为课题的需要而重新学习时，比过去难得多的生物知识也能学会，也感到特别的愉快。尤其是范涛，过去一上生物课就睡觉，现在竟然连土壤微生物的分类也懂了，遇到生物问题班里的同学还常常请教他，俨然成了小专家。他在班里也慢慢地"牛"起来了，找回尊严的范涛还计划竞选班干部呢！

我负责对水样品盐碱度的化验处理，本来化学就是我的强项，做起来得心应手，老师的多次表扬让我真正感到了拥有知识的快乐。可我的计算机水平真让我没面子，希望能利用暑假向郭期亮多请教请教。通过课题活动，我深深地感到知识的力量和自己的不足，增添了我对学习的渴望和动力，我相信期末考试一定能取得好成绩，因为现在是我自己要学习。

3 月 24 日

新学期刚开学不久，范涛就沮丧地对我说，他从网上知道从 2006 年起省级一等奖在高考中不再加分了。这消息在同学和家长中迅速传开，一些课题组就停止了活动，妈妈也动员我别再搞课题研究了。晚上我们几个悄悄来到活动室，准备一起商量商量。聚齐后谁也不愿意多说话，大家看着我们采集来的样本，回忆起那曾经快乐的研究生活，谁都舍不得放弃我们的课题。

记得那次我们外出取水样，吴後一不小心滑进了深水坑里，是薛老师奋不顾身跳进水里把她给拉出来的，看着他们落汤鸡似的照片，我们格外珍惜已经取得的成果。课题研究让我们走到了一起，我们一起挖土壤剖面，一起在黄河滩地野炊，一起走在乡间的小道上，一起分享剩余不多的食品。多少个夜晚，我们都梦想着那白茫茫的盐碱地变成绿油油的生态农业园。过去我们为获奖加分走到了一起，但今天我们是为我们热爱的课题而忙碌。最后大家都同意不把网上这个消息告诉薛老师，继续我们喜爱的课题研究。

4 月 7 日

今天真是我们的得意之作，在和大学实验室周老师一天的相处中，不仅用我们的知识帮助了周老师，也从周老师那里学到了知识和技能，更重要的是我们结下了宝贵的友谊。从这件事上，我们几个进行了认真总结，除了完成原定的工作任务外，我们感到还有如下的收获：

1. 在测量中，周老师都是反复擦洗量筒中的灰尘，每一个数据她都亲自校对一遍，每一个仪器使用完毕都按原样放好，每一个她校对过的数据，她都工工整整地签上自己的名字，她这种一丝不苟的工作态度，让我们很受教育。

2. 我们给周老师提供一点力所能及的帮助。周老师花费了一天的时间辅导我们，在相处中结下了深厚的友谊。这使我们认识到在与人相处中，只要理解、关心和帮助别人，你就能得到别人更多的帮助。这是我今后学习与他人相处的一笔宝贵财富。

3. 谁都想在大学的实验室里学习做实验，可为了照顾周老师的孩子，吴后主动放弃了学习的机会辅导小妹妹学习，让我们赢得了宝贵的学习机会，顺利地完成了这次实验，也赢得了周老师的喜爱与友谊，这就是我们的团队精神。在今后的研究中，如果有需要我牺牲自己的时候，我一定会像吴后一样毫不犹豫。

4 月 16 日

前天，我私下找老师说想去中央电视台演播室。从内心讲我是多么渴望有这样一个机会啊！可偏偏只要两个人，我知道老师也很为难，我是小组长，我觉得理应有我。可我的普通话没有吴后的好，也没有郭期亮善于表达，通过公平演讲，我看到了自己的差距，我也认为让他们两个去最合适。正如老师教育我们的那样，我们是一个集体，他们的成功就是我的成功，我们没有他和我之分，此时此刻我真的体验到什么是集体，什么是团队精神。

我应该帮助他们完整地掌握整个课题的研究情况，为他们做好后勤服务，也为自己私下去争感到惭愧。通过这件事我发现我比过去进步了，我感谢我的老师和同学，我爱我们这个集体。

5 月 20 日

今天我们应邀参加了开封市旅游规划座谈会。一个中学生能参加这样高级别的会议，让我格外珍惜。面对领导和专家，我代表课题组做了精彩的发言，赢得了与会领导和专家的一致好评。更让我们兴奋的是，开封北郊盐碱地的改良和生态农业规划主要参考了我们的方案。能把我们的研究成果应用到社会实践中，能为家乡发展作出自己的贡献，我是多么的自豪！爸爸、妈妈也更支持我进行课题研究了，虽然快进入高三了，但他们仍然支持我研究下一个课题——《防汛铁路的经济开发》。

教师指导体会

1. 有意识地让学生从自己身边的实际出发去发现问题，然后主动地去解决问题，这样的课题是他们最感兴趣的，也最能给他们带来探究的动力和乐趣，让他们享受到探究的愉悦和幸福。

2. 在研究中一定要重视每个环节，尤其是开题报告的写作，这样可以培养学生做事的计划性和严谨的科学态度。

3. 平时一定要注意让学生在探索中感受成功的喜悦，珍惜自己的劳动成果，培养小组成员之间深厚的友谊。这种情感的培养是学生从事研究性学习的不懈动力。

4. 研究过程中总有一些利益冲突，最好的解决办法是首先要做到公平，同时让学生认识到一个研究小组就是一个命运共同体。团队精神往往是在处理小组内的各种利益冲突的过程中培养起来的。

5. 每一个研究课题，不能历尽艰辛完成了任务之后，就把报告束之高阁，这样就失去了研究的意义和价值。把研究成果推广和应用的过程也是课题研究的一部分。最大限度地展示研究课题的实用价值，让学生的付出得到承认和回报，这对学生也是一种教育。

6. 研究性学习本身是一个多学科的开放性学习，因此应该组织多学科的教师参与，成立教师辅导组，共同指导学生开展活动。让身边的同事和领导多一点了解，多多地参与进来，我们才能得到更多的支持。

今日探索创造　明日科技之星

——杨世军老师和他的学生们

教师简介

杨士军，中学地理高级教师，复旦大学附属中学科研室主任，参加过中学地理骨干教师国家级培训。以"为人要谦虚，做事当执著，做一个有准备的人"为座右铭，以"教学着眼于学生的长远发展"为从教宗旨。努力探索有效教学的途径，注重教学实效，"幽默地教学"的观点深受学生欢迎。中国地理学会和环境科学学会会员，组建过中学青年地理教师沙龙和环境教育科研协作体，在浙江安吉筹建了首个综合实践基地。指导学生研究性学习并有多项成果获市级以上奖励或发表，两位学生获得"上海市明日科技之星"称号。最近几年，主持或参与各类课题8项，主（参）编《环境与发展》、《探究性学习教学示例——地理》等书籍20多本，参加过高中地理选修教材的编写。2003年秋季始，主编的《环境与发展》成为上海市中学拓展、活动课选修教材。在《环境教育》、《中学地理教学参考》等专业刊物上发表论文超过60篇，还在《解放日报》、《新民晚报》、《中国环境报》等发表100多篇文章。获得过"上海市环境保护先进工作者"、"第一届杨浦青年创新奖"等荣誉。

在韩国釜山参加 ISSF2006（2006 国际中学生科学比赛）活动

业余指导环境科学研究

教师日记（2005 年 9 月至 2006 年 6 月）

9 月 3 日

　　根据惯例，开学第一天下午是研究性学习导师团集体备课的时间。今天的备课活动又增加了 2 位新成员，使我们导师团的阵容扩增到了 14 位。想想从 2002 年仅有 4 位老师各自为政地指导开始，发展到今天的阵容，不能不说是发生了翻天覆地的变化，也反映出我校研究性学习工作的扎实推进。我宣布，今天的备课任务议题有两项：①集体备课，讨论并决定高一年级整体面上的研究性学习课程安排；②为下一届青少年科技创新大赛早做准备，吸引同学踊跃报名并开始有效的研究。

　　由于事先与教务处经过了协调，我们对第一个问题有了比较一致的结论，原先的《高中生科学研究入门》课要分成 8 门课程，都突出研究性、探究性，可以使学生根据兴趣需要有的放矢，同时也可减轻教师的指导压力，并集中优势，提高研究质量和档次。但是除了面上的报名以外，我们能否有办法让更多学生自觉自愿地参与到课题研究中来？我提出了这个问题，大家你一言我一语地讨论起来。科技辅导员 W 老师说："这几年我校的艺术和科技节，似乎重艺术轻科技，每年 11、12 月的校园文化艺术节很热闹，而科技节却受到了冷落，能否学学艺术节的做法，加强宣传力度，让学生也都来关心科技节？"

　　他的话启发了我们，回忆起今年 3、4 月份参加上海市"明日科技之星"活动的场景，入围学生在多媒体技术的支持下，凭借他们的科学探究成果，接受着各方面专家的挑剔和提问，甚至有意的"刁难"，最终有 20 个项目脱颖而出，获得上海市"明日科技之星"称号。答辩会也吸引了来自全市和江浙地区部分学校学生的观摩。应该说，我校过去的一年学生科技成果颇丰，有项目参加过国际比赛，也有在上海和全国科技创新中获奖的同学。他们的课题都经过了层层筛选，每个同学都堪称身经百战。他们课题的研究视角、创新程度、成果质量、布展创意以及答辩技巧，都能给人以启发，他们的经验更值得学弟学妹们借鉴与学习。若我们也举行一次学生科技成果展示会，一方面总结和表彰一下同学的成功经验，一方面不也可以鼓舞一下新同学的士气，让他们能投入接下来的科技创新活动吗？

　　于是，在我的提议下，主题为"探索创造实践——复旦附中学生科技论坛"活动就这样确定在 9 月 22 日下午举行。接着，根据大家的提议和情况分析，我们初步定下了活动议程。

有时候，改变一下思维定式，就可能有意想不到的好主意。本次会议既达到了动员同学参加课题研究的目的，还通过对过去一年同学研究成果的展示，让新同学看到了课题研究对自我能力提升的积极作用，激发起学生的进取意识和奋斗精神。显然，这样的论坛活动可"变被动地请同学参加"为"同学自己要主动参加"，积极性能滋生奉献，积极性能萌发创造，积极性是研究的基础，倘若学生的积极性被调动起来了，以后的课题研究取得实效也就成为可能。

9月10日

今天是教师节，王同学专程回到母校看我，她说："老师，一年前是你的话激励了我勇敢地去探索、研究，你的'凡引文必有出处'的教诲，将引领我踏实地走进科研殿堂。正是对研究资料的科学分析夯实了基础，才使后面的路走起来扎实而有个性。"她的话让我回忆起指导她做课题的时光，体验与学生一起在研究中成长的快乐。

为迎接上海市第20届青少年科技创新大赛，我在去年6月份举行了一次准备会，请一些有研究意向的同学参加，其中一位女同学的想法引起了我的兴趣，她就是王同学。她家住在四平路边，每天看到非常严重的堵车现象，想研究如何提高公路车流量的问题。我认为，这是一个富有挑战性的课题，一方面是因为它涉及环保、数学、地理、材料、交通等诸多学科，同时这也是专家们长期想解决却未能解决的工程难题。青年学生应该知难而上，用所学的知识和创新的思维去探索未知。

于是，从选题角度到确定课题，从资料查找到国内外综述研究和课题设计，我都在与她的交流中有序推进。老师的作用显然不是给她"鱼"，而应授之以"渔"，即对关键问题的提示和给她提供与专家交流的平台。在经过"收集→整理→加工→重组→汲取→提炼→出新"的过程后，课题研究渐入佳境，我也在不断地学习《数学建模》、《智能交通》、《自动化》等的过程中一起提高着。

到9月初开学时，课题初稿写就，她交给我的时候，明显带着成功的自信与喜悦。我认真地阅读她的论文，从实验设计到语句斟酌，从模型参数的确定到模拟动画效果评价等，在不断的探讨中，经过前后8次的修改，日臻完善。

11月，我推荐她的课题《类八边形单行环路网》参加在上海举行的世界工程师大会（WEC2004）"为世界工程难题献创意"活动。果然，不负众望的她以论文的原创性、精彩的英语演讲和颇为专业的答辩，征服了院士阵容组成的评委，从各国大中学生中脱颖而出，摘得桂冠。

赛后，她显然有些陶醉了。我乘机提醒她，其实我们还可以发现研究中值得进一步深入探讨之处，比如计算机模拟效果、数学模型的验证等。统一思想后，我们又振奋精神，着手准备第二年4月的上海市第三届明日科技之星评比活动。

在接下来的研究进程中，我主要给她诸如系统论、控制论和辩证法思想方面的建议。我认为这对她今后的学习、研究和处世都会有帮助。又经过多次修改和提高，她凭借该课题荣膺"上海市明日科技之星"称号，并以优异的成绩升入复旦大学深造。

这一年，我指导的两个环境与工程项目在市区科技创新大赛中获了奖，其中有一篇论文在中文核心期刊《上海环境科学》发表，另一篇还获得中国科协项目实验学校年度优秀项目。不可否认，这些成绩将是我作为教师的幸福之源。

10月11日

此刻，我手里正在阅读李同学的课题《用EDTA络合滴定法检测油条中的铝含量》，这项研究来源于她本人对生活中的化学和健康关注。

虽然课题主要部分是在一年多前做的，但好事多磨，差点被"湮没"了。当时学校专门就每班的研究性学习配备了一名受过培训的老师担任导师，但这种"导师式"的联系方式，因为专业的不同而使某些课题易被忽略。李同学的课题就遭遇了这样的尴尬，当时的初稿就被搁置在联系导师的电脑里。今年暑期去云南旅游，我与指导她的L老师同住一室。偶然间谈及学生的课题研究，他告诉我当时有一个女孩曾经到他们实验室咨询，并做过一个阶段的检测油条中铝含量的实验和分析，当时也完成了一篇小论文。开学后，我便找到当时的联系导师，还好，这份有过老师评价的作业还放在高一（5）班的文件夹里。我如获至宝，便拷贝了论文初稿。我认真阅读这篇小论文，虽然写得一般，但觉得课题的研究视角、方案、技术路线和设计都比较合理，而且研究思路清晰，科学规范，若从得奖层次上说，可能价值一般，但却是一个凭借学生知识能力可以做好的课题。于是，我专门找到正在念高三的李同学，希望对她的这项研究做进一步的提高。

李同学的课题经过进一步指导，又有了新的突破。她正在尝试制作一个便携式的配套测试仪器，虽然忙上加忙，但感到了研究的乐趣。她告诉我："回顾这一段历程，深感科学的曲折、神奇和伟大。"的确，一位普通中学生，绝不会想到有一天自己也可以凭借瞬间的突发奇想，在老师指导下，在实验室DIY一下，最后得到欲知的答案。可是，发光的金子更需要有人发现，我们不经意中的一次聊天，或许可能帮助她走上探索科学的道路。

她说："这一切简直太具戏剧性了，也许任何带有功利性的结果都不会令你满意，但那一份殷实而饱满的经历却是许多好成绩所无可比拟的。这份体验值得你去付出精力和时间，因为它是一项美的任务。"

交流中，李同学从来都没有后悔过在高一时花费的这段付出，也不抱怨在紧张的高三阶段的再研究。我同样也为完成了这样一次"发现之旅"感到欣慰。阳光总在风雨后，但愿李同学的这次"遭遇"是一个良好转机的开始。

10 月 18 日

几天前，在给高一同学上《高中生科学研究入门》的"科技成果评价"一课时，我发了一篇学校同学的获奖科技论文，让同学阅读、分析，要求找出其中的疑问或不足，并宣布找得"快、准、多"的为优胜者，给予一定的奖励。起先，同学们跃跃欲试，气氛还比较活跃。我让几个找得多的同学把他们找到的问题讲给大家听，结果发现：他们更在乎找得"多"却忘了"准"这一要求。我一一分析同学的找错之处，然后留下了正确的结论。我注意到，这种本以为不错的教学方法，在课堂上却遇到了麻烦，原本活跃的课堂变得沉闷起来。那几位被我抽到回答问题的同学也一个个似乎泄了气。这是为什么？课后我进行了反复思考。

几天后，在《读者》上读到了一篇刘墉先生的《给糖哲学》。他在文中说，小时候买糖，不喜欢那个在称糖时总是先盛了较多的糖，然后再一点一点地把多加的糖减去的卖糖人，而对那个起先盛糖不多然后一点一点往盛器中加糖的卖糖者却怀有好感。受此启发，我在另外一个班教授同样内容时，开始改变教法，变"做减法"为"做加法"，即先让某位同学找到一处错误，然后分析，再以此为启示，让其他同学补充，一次补充一个，直到全部或大部分的问题被发现。结果，课堂自始至终都散发着激情和睿智，教学的效果自然也不错。

我逐渐感悟到这样一个道理：与其在缩小包围圈的过程中让学生感到失望，不如从鼓励和欣赏的角度出发，让学生在兴趣中扩大知识搜索面，去体验做学问和成功的乐趣。在创新性教育实践活动过程中，教师更要学会尝试换位思考，逐步放弃自以为是的主观认识，而以朋友式的诚挚与循循善诱，让学生在实际的情感与体验中取得进步，发展能力。

1 月 5 日

"施教之功，贵在诱导，妙在转化，要在开窍"一直是我们指导学生研究性学习的宗旨。杨同学的"防遗失 U 盘"这项创意就是源于他自己的生活，来自观察和探索，设计灵巧。他的设计成果与许多高中生动辄投入数万资金的设计作品形成了明显的反差。可能有人认为这是幼稚的创新，但我认为这样的作品才更有意义。这是学生的能力可以达到的、成果真实可信、富有创新的火花。所以学校给了他积极的评价。我记得中国科学院心理学所所长张梅玲教授的话："再完美的模仿毕竟是模仿，有缺损的创造毕竟是创造，要创造不能一次求完美，但毕竟是在前进、在发展，路是人走出来的。"我相信，他会离更大的成功越来越近。

感谢杨同学，他坚持用"幼稚"的方式进行着创新，感谢杨同学，他用自己的行动教育和激励我不放弃自己的教育理念，不浮躁，目标长远。

5月20日

老子曾说"天下难事，必做于易；天下大事，必做于细"。这精辟地阐明了"认真做好每个细节，伟大便不期而至"的道理。

我在近年指导学生探究性活动的过程中，特别注意对细节问题的处理。

在指导《类八边形单行环路网》课题时，我特别注意王同学数学建模的科学性和简单易推广性。为此，我们连续在四平路等主要路段进行流量监测，探究可能的影响流量的因子，进行模拟运算，最后得出模型。我们又向复旦大学数学所的专家请教，在影响因子和模型的预测性方面进行论证，结果证明我们的设想是具有科学性、实用性的。现在，该研究成果已在申请专利。

在指导吴同学《人性化智能指纹门铃》的课题中，针对他的计算机编程能力和动手实践能力较强、写作能力一般的实际，我非常注意指导他论文撰写的规范性。为此，我专门为他提供了一些规范的学术论文范例，让他仔细阅读，归纳出科技论文的一般撰写要点。然后用我主编的《高中生科学研究入门》中的"科学小论文的写作"作为教材，专门给他讲了三次课，和他一起研究论文的结构和创新之处的归纳。结果，他的论文写作速度和效率大大提高。一稿出来后，我在修改过程中又发现，他的引文和文献资料标注不科学，格式不统一，于是，我再次对他文献资料的格式进行修改。第二稿时，他的论文已经非常规范了，以后，我们边实验边进行论文修改完善，第四稿时才最终定稿。这是我指导学生科技创新研究中论文修改最少的一次。我深切体会到对学生细节上进行帮助的良好效果。等论文转给他父亲阅读时，这位同济大学的教授很惊讶，认为儿子的论文比一般硕士论文还规范科学。后来，他凭借这篇研究论文和自己的小设计，获得了上海市"明日科技之星"的称号，今年8月他将应邀赴美国作交流。10月，他还将携此项目赴北京参加"明天小小科学家"的角逐。

在指导沈同学的《An Experiment Showing the Necessity of Battery Recycling Using Brine Shrimp》时，由于她当时在美国 Taft 高中交流学习，我利用互联

网指导她进行实验的科学设计和步骤安排。我和她在网上讨论实验重金属不同含量的确定、不同时间与 Brine 虾生存之间的关系问题，然后引导她设计了一组实验记录表格、配备了实验仪器、确定了实验必要的环境条件等，并对每次的实验结果进行分析论证或对实验方法进行改进。结果，这个从题目上看并不新颖的研究项目，获得了学校所在的康涅狄格州科技创新二等奖及 Audubon 环境专项奖，这也是 Taft 首次参加康州科技创新大赛。事后，沈在给我的回信中特别感谢我对实验中某些细节的提醒、关照和点拨。在长达 71 页的论文中，正文仅 21 页，而体现整个实验过程的附录却达 50 页，正是这 50 页，让关心研究过程重于研究结果的美国专家对论文的科学性、实践性、严谨性、客观性等给予了高度评价。

成功的科学研究指导必重细节，任何细枝末节都可能具有特别重要的意义。注重指导细节，就是润滑创新研究的齿轮，使科技创新研究左右逢源；就是给研究项目插上腾飞的翅膀，助学生迈向更大的成功。

6 月 8 日

有人认为，研究性学习是学生成才的一条捷径。从人才成长必需的三个重要的条件——人生观、兴趣和机遇——看，研究性学习无疑给学生打开了一扇无限发展的窗户。苏霍姆林斯基说过："在人的心灵深处，总有一种根深蒂固的需要，这就是希望自己是一个发现者、研究者、探索者。"培养学生的独立性和自主性，引导学生质疑、调查、探究，使学习成为在教师指导下主动的、富有个性的、合作的过程，实在具有非凡的作用。我觉得，欲让学生取得理想成绩并有助于他们的终身发展，教师还需要重点注意以下方面：

1. 要引导学生善于发现自我，to be yourself。人的潜能无限，但并非所有的人都清楚自己所蕴藏的潜能有多大。这时老师需要做的事是给学生提供实践的载体，通过鼓励学生在自愿的"劳动中"发现自我，正确认识自我，使自己的潜能的火种被点燃。当然，若老师能积极依靠家长和各种社会资源来服务于学生的科技创新活动，学生一定能取得更大成绩，而每次的成功，都将使学生对科技创新的认识更深刻。

2. 要让学生有信心，to be confident。在科学探究的过程中，即便学生最初不太懂，你也要创造机会，提供信息，鼓励他去尝试，去学着做，慢慢地，他也可以说：I can do it！教师要让学生明白，学校教的只是基本知识和技能，真正能产生影响的，应该是科学探索的实践精神。在尝到成功的甜头之后，学生自然会更加自信。

3. 要引导学生学会享受和利用周围的环境，enjoy yourself。复旦附中在上海被认为是"最具有大学味道的高中"，宽容、自由、和谐的学术氛围，科学人文与艺术的有效结合，为学子自我发展创造了良好的条件。在学生科技创新活动中，学校有专门的科技教育领导小组，学生科技社团如学生科学院等不下十个。在这里，只要你有想法，就可能得到很好的指导和鼓励，就有将idea孵化为成果的可能，周围丰富的大学资源，尤其是实验条件和专家指导力量，更是其他学校难以相比的。创新型人才懂得如何"在环境中"借鸡生蛋，借力登高。学生在这样的氛围中，自主、自觉进行探究的欲望和动力被激活了，外力促进了创新。

学习和探究的过程是美好的，教师应该用头脑和行动来丰富学校的创新文化和制度，并在创新精神弥漫的氛围中积极引导学生探索奥秘，追求真理，付诸实践，实现梦想。

学生日记（2005 年 9 月至 2006 年 6 月）

李敏婕

10 月 6 日

那是 2004 年暑假的事了。

清晨的国权路上，显得格外寂静。路过政肃路口，闻到一股熟悉的味道。我寻着香味走去，心想，该不会是久违的油条吧……

果然，在一个僻静的角落，我看到了熟悉的大锅，同样的，一片熟悉的黑色。

"老板，给我来一根，谢谢。"我叫了一根，不禁回忆起儿时的时光。

老板非常热情，给我取出最后一根油条："幸好你现在来，再晚点，我可要关门了。"

我笑着答谢。边吃边想，思绪不免开始纷杂起来。

网上新闻曾经说过，江苏省所抽查的油条中有 87% 铝含量超过国家标准的100mg/kg（0.1mg/g）限量，一般超标 1 倍以上，其中最高的竟超标15 倍。

我喃喃自语，上海油条的铝含量如何呢？是否也严重超标？心里突然有一股冲动涌上，恨不能立马动手检验我的想法。

到了学校，我迫不及待地打开班级的电脑开始搜索。我要查阅别人是如何检测油条中铝含量的。

查了好多，对那些莫名其妙的名词感到甚是烦琐、厌倦。

还是放弃吧……

又告诉自己，不能放弃，也许这会给我的人生增添一笔光彩，也许我的生命中只有这么一次……

　　不知不觉中，我已走到实验楼，开始寻访我需要的老师。复旦附中拥有一批热心而专业精深的老师，更令我兴奋的是，化学实验室的两位老师竟然会对我的课题兴趣浓厚。

　　就这样，我们展开了一系列的讨论。先是考虑铝的性质，同时还要考虑油条的性质。又反复斟酌，老师建议用离心沉降的方法分离有机和无机。我听后颇有启发，心里揣测着，也许可以……

　　无情的实验结果表明：我们失败了。

　　从油条中分离有机物与无机物失败的结果来看，淀粉水解后是胶体，由于此物质非溶液，当我们在离心沉降时，发现下层为固体物质，上层为胶状物质，无法分离出有机物和无机物，因而难以过滤。

　　老师建议：可以再上网找一些相关资料，借鉴一下别人的做法。

　　纷繁的网上世界岂是容易搜索的。

　　我想着，我应该用自己的双腿走出一条路来。

　　下午放学后，我步行到复旦大学，全无头绪地从大门找到了偏僻的化学系。时值下班时间，教授们一般都回家了，好不容易找到了一位姓高的老师。我把想法告诉他，他指点我说不妨用高温灼烧的方法试一下，将无机物和有机物分离。就是这样一个点拨，一连串的实验设想便接踵而至。

　　晚上，我再去网上搜索我要的相关资料，此时便变得更加明确。

　　经网上查得：净水剂硫酸铝检测铝含量是采用 EDTA 络合——硝酸铅返滴定的方法。于是，我便联想是否也可以用 EDTA 与铝离子络合，再用返滴定法计算出油条中铝的含量？

　　我马上打电话与学校的两位老师沟通，发现此问题其实不难突破，在学校实验室就可以完成。

　　至此，我的关于检测油条中含铝量的研究和实验设计思路变得清晰了……

杨贯星

1 月 3 日

　　高一第一学期，我选修了《科学研究入门》一课。刚拿到教材，浏览一遍后，发现这门课深奥难懂。但经过几次上课，各位老师的生动讲解让我渐渐接受并喜欢上了它。

　　在十几周的课程中，我懂得了科学选题的重要性，逐渐养成了批判性思维习惯，学会了创造创新的基本原理，改变了原本对于社会调查的概念，初识了科研论文的写作要求。虽然课程在时间安排上紧凑了一些，知识也无法完全做到融会贯通，但这门课强调科学研究过程胜于研究成果本身的理念，确实让我受益匪浅。

结束了将近一个学期的理论学习，当然要实践一下了。我们的作业是亲手完成一个课题的设计和开题。这令我有些头疼，因为我还谈不上真正的入门。老师希望结合讲课时列举的选题来思考，比如从生活、生产和最想解决的问题入手考虑课题。一次，当我玩手中的 U 盘时，灵感突然浮现：U 盘这么小，防遗失的措施却几乎一片空白。我何不从外观上为 U 盘作一番设计？于是我便开始了实践，一次小调查后，再经过详细资料的查找和科学论文的撰写，一个"U 盘的人性化防遗失设计"课题就完成了。

设计中，我充分将所学知识应用到创新实践中，运用了"创造创新的基本原理"中的组合原理和移植原理。所谓组合原理，指的是将两种或两种以上的软件（如原理、方法、假说及思路等）或硬件（如技术、设备、材料及仪器等）适当地叠加和组合，用以形成新学说、新技术、新理论、新产品的创造原理。而移植原理则是把某一研究对象的概念、原理和方法运用于另一对象并取得创造性成果的创造原理。像论文中的磁铁 U 盘与弹力环扣式 U 盘就用到了移植原理，分别将磁铁和安全钩应用到了 U 盘的防遗失中；而组合原理则运用到了发卡 U 盘和双面拔盖式 U 盘笔上。如此一来，U 盘便具备了两重功能。

将论文初稿交到指导老师手上后，老师觉得有原创性，进一步修改后推荐我参加了第四届上海明日科技之星初赛。我获得了一次宝贵的锻炼机会，也提高了自己各方面的能力，更重要的是通过与外校同学的互相交流，拓展了视野，激发了我更多的创新火花。

"学有所用"，我想这句再熟悉不过的话未必人人都能做到。科学研究看似与我们高中生关系不大，但在复旦附中，众多放眼长远而富有责任感的老师，深知对青年学生创新能力培养的重要性，通过自己的身体力行，让学生了解到科学研究的严谨性，掌握了一些科学研究的原理，科学的思维模式，论文的写作方法，这些都将使我们终身受用。不论你将来是否从事科学研究工作，《高中生科学研究入门》是一门可以为我们带来丰富知识和扎实基础的优秀课程！

钱 行

3 月 18 日

又是一个春风拂面的季节，转眼间我在附中已度过近 3 年时间了。时光流转，对于附中的一切都已十分熟悉，无论花草树木还是博学楼的电池回收箱，一切都那么自然，它们已成为我生活的一部分。记得 2005 年春，我偶然发现电池箱中堆积了大量的电池却无人过问，难道回收意味着放着不管？于是我和同学一起走上了探寻电池回收处理的研究之路。

1. 迷惘

最先遇到的困难是茫然。所谓茫然是由各种信息的矛盾和冲突引起的。在我从网上查询到的资料中，有些宣称国家不鼓励回收废旧 5 号电池，难道这样放任不会造成污染吗？这样的结论和我们一直所熟知的常识岂不违背？为了弄明白市民对于这件事的了解程度，我们开展了社会调查。与此同时，我们也想弄清楚到底何种元素才是真正的污染源。这也引领我走入了科学研究的大门。

根据所查到的资料，污染无非是几种有害的重金属元素造成的，而国家对电池内部重金属添加量是有规定的，那我们今天所使用的电池符合国家规定吗？可以不回收处理吗？我们决定进行电池元素含量的测定。测试有两种方法：一是大量收集电池，溶解并富集电池内部的重金属元素，用配位滴定法测定其中的元素含量；二是仅仅将电池内部重金属溶解，定容后用原子发射光谱测定其含量。在选择方法的时候我们必须考虑到科学性，因为方法一操作繁复，每节电池内重金属元素含量远远小于常量分析的要求，并且难以找到合适的掩蔽滴定法分别测定几种不同的金属，所以我们选择比较准确的方法二。方法二的缺点是我们学校不能做波谱分析，因而只能求助于复旦大学。

2. 实验

我们找到了复旦大学分析测试中心，了解到一个元素一次测试需要近 200元，简直是天价。实验的科学性要求有较多的数据加以比较，必须做多次分析才能得到正确的结论，而以每次 200 元的价格计算，费用少说也要上万。没办法，只能硬着头皮和分析测试中心的老师商量。在说明了中学生做课题的各种困难以及我们的测试计划后，负责实验的陈老师以校内价格十分之一的优惠给我们测试，并且告诉我们平行实验不再计费。

经过多次实验，我们终于处理完了所有样品，自己的实验技能也有了长足进步。定容、过滤的基本操作也得到了很好的锻炼。当然最为艰苦的锻炼是心理上的，实验是一个漫长的过程，虽然有一个课题小组，但做实验时往往无法全部到齐，甚至经常为了赶进度而一人做一天的实验，其中包括大量的重复实验。在冷清的实验室里，难免有寂寞的感觉，此时我们才真正体会到科学研究需要耐得住"寂寞"的含义。虽然学校给予我们很大支持，但做微量分析到底能得到什么结果？会有什么重要发现？还是只能得到一堆错综复杂的数据？这些都是未知数，我们只能做好测试前的样品处理，以我们所能达到的最好实验水准去避免无意义的实验结果。

这种莫名的心理贯穿了实验过程的始终，其实，有耕耘便有收获，无论好坏，真正有价值的是如何从过程中切实提高自身的素养。

3. 意义

美国钢铁大王卡耐基说过："播下一个行动，你就收获一种习惯；播下一种习惯，你就收获一种性格；播下一种性格，你就收获一种命运。"每个人的起点虽各不相同，但行动由自己控制，习惯由自己改善，命运由自己把握。做每一件事都应该是有意义的，那么研究课题的意义是什么呢？尽力去研究出举世惊人的成果吗？也许对于科学家来说确实如此，并要以此成果造福人类；而对于中学生而言，我们的研究不要带有过多的功利性！高中生在学习生活中要培养的是科学素养，在学有余力的情况下，进行科学探究正是一种对自身科学素养的检验和提高。毕竟我们的学识有限，在物理、化学等领域，要有新的见解和发现几乎不可能。

故而，我们的研究不应把目标定得过于远大，我们需要做的仅仅是发挥现有的科学素养来调动我们一切的知识储备，来探索身边的小事，经历一下研究的过程，体验一番研究的乐趣。其实当你走完整个探究流程的时候，一定会觉得所做的成果虽然幼稚，但研究却又相当值得，甚至你的一生都会受益匪浅。

吴 昊
4 月 10 日

在研究《人性化指纹门铃的研究与制作》的整个过程中，我遇到了来自技术、知识和制作等方面的困难，在指导老师和其他人员的帮助下，一个一个地得到解决，我也体会到了成功的乐趣。

首先是编写程序，因为指纹识别技术难度颇高，一开始我在编程问题上感到无从下手。但在不断查阅资料和翻看 Veryfinger 公司的档案文件后，我开始慢慢摸索出一条思路，最终从"提取出每个指纹的特征点"入手，困难得以解决。

在数据库的编程中，一开始思路混乱，因为感觉要做的事情很烦琐，后来在看了数据库基础知识后，才知道设计数据库要有自己的基本设想，要便于管理和开发，于是我先从设计表的字段开始，一边编程一边整理思路，最后取得了成功，那一刻我真的很兴奋。

在音频编程结束后，我发现音响只能放一遍音乐，第二次按相同的指纹，音响居然没有反应。于是我单独开了个 VB 新 Project，添加了 MMControl 音频控件进行实验，最后发现原来语句 sheetVFDemo. MMControl1. Command = "Prev"十分重要，它让音频的播放指针移到音乐文件的开头，这样可避免只能放一遍音乐的情况。

在单片机方面，刚开始我基本上一窍不通，但在研究兴趣的驱使下，我信心十足地自学了单片机知识，研究针脚定义、串口调试、中断、波特率等，在此项课题的研究过程中，自主学习给我带来了很多乐趣。

辛苦还表现在需要自己去采购硬件。我连着几天在科技城转，问这问那，虽然很辛苦，却乐在其中。为了找到参数匹配的模块，我在好几个柜台前不断地询问、比较、砍价，终于买到了无线收发模块和电插销等零件。

为获得无线对讲方面的知识，我多次到复旦大学向专业教授请教，当时我曾一度在无绳电话模块和对讲机模块之间选择，因为对讲机是半双工的，而我需要的是全双工，无绳电话则因为子机的体积普遍偏大，而且有很多不必要的按键，所以对盲人来说反而会不方便。幸运的是，我在最后找到了答案。

创新课题研究有乐趣有收获，没有亲身经历过的人，是无法想象其中奥妙的。我很庆幸，在复旦附中，有机会得到了体验和锻炼。

学校和老师让我养成了良好的思考与探究的习惯，而习惯一经养成，就会成为支配自我的一种力量，培根说："习惯真是一种顽强而巨大的力量，它可以主宰人的一生。"我体会到兴趣和好奇心是促使自身进行探索和学习的不竭动力，而持之以恒、不懈追求是创新成功的保证，只有将两者紧密结合，才能给我们带来探索的乐趣、成功的喜悦。

侯元文

6 月 6 日

附中 3 年的科技活动占了我 2/3 的业余时间。我深深地感到，科技创新的关键在于灵感的涌现，而灵感的涌现又离不开广泛的积累和细致的观察。

高一时，我便选修了"智能机器人"课程。从老师的授课中我了解到很多有关科技活动的信息，而历届学长的作品及他们所取得的骄人成绩也时刻激励着我。事实上，我们所学的任何知识，尤其是自然科学，其最终目的就在于创造。社会因为不断的创造而进步，人类因为不断的创造而提升自己的价值。

也是在高一，我参观过交通大学的机器人实验室，机器人是个非常复杂的硬件与软件的结合体。当时我可谓一窍不通，对计算机也缺乏深刻的认识与研究，于是逐渐对这一方面失去了兴趣。但我始终希望能够通过自己的学识和能力创造出一件自己的作品，适合学生的科技创新往往都是在简单中创造出不平凡。有个小学生发明的带有挂钩的汤匙,上一届的空调器水汽蒸发装置,大量磁卡清洗装置应该都属于此类。基于我目前的水平,往此方向发展是最合适不过的。

有幸加入上海青少年科学院,参加了几次科研创新咨询会,我心中沉睡的种子逐渐萌芽。

暑假,我参加了2004WEC(世界工程师大会)论坛比赛——完全是出于兴趣和热情,以及对能在世界级的会议大厅展示自己作品、发表自己见解的向往。俗话说"万事开头难",想出一个好的项目就更难了。博览群书,收集各类信息,与老师朋友交流,善于观察周围的事物是非常重要的。它是一种积极的探索,如果能够创造出前无古人的作品,更是妙不可言。我去图书馆查询资料,翻阅书籍,搜集点子,整整两个月时间真是苦不堪言。正如鲁迅先生说的:"必须如蜜蜂一样,采过许多花,这才能酿出蜜来。"直到开学初,我才有了一个新的想法,立刻付诸实践。接下来的论文撰写其实并不难,此次活动因为是论坛,故我的课题研究也仅限于设想阶段。这个《道路除尘系统》获得了专家评委的认可,我也很荣幸地参加了国际会议。

此次比赛激发了我参与科技比赛的热情,不过选题问题一直困扰着我。21届英特尔创新大赛的展示会场内,我觉得很多作品很老套,基本上属于我第一眼看到就会放弃的。也许这就是每个人视角的不同吧。要在简单中创造不平凡,难。我认为不能仅从低水平走简单化道路,若能从高水平起点,就能站得高,看得远,路也可以越走越宽。牛顿若非科学家,他也许只会美滋滋地吃着从树上掉下的苹果而一无所成。

第二次参加比赛时隔一年。选题是《红外线在道路垃圾分类中的应用》。该课题也是2005年世界物理年由普林斯顿大学向全世界提出的十大难题之一。垃圾种类繁多,亟待处理,尤其是在中国这个分类意识薄弱的国家。但对于研究对象如此复杂的课题,研究过程难度极高。高三的半个学期过去了,进展依然缓慢。凭此半成品去比赛,结果只会是我在场上不知所云,最后被评委"枪毙"。区预选赛的前夕,杨士军老师一句"发散使人聪明,集中使人成功"的点拨,使我豁然开朗,我毅然冒险更改了课题。与导师一拍即合,便立刻将目标锁定于"邮筒"。这种主体概念的转移法,着实让我受益匪浅。接下去的工作并不难,很短时间便构想了出来,在此后的比赛中也顺利晋级。

决赛不仅仅比试"金点子",还比研究能力,它包括了科研创新活动的全过程。若无成品出来,整个课题研究就难让大赛组委会认可。我的《新型电子化分类邮筒》由于时间紧、学业忙,未能将精华部分展现,但机械部分的制作也足以让我学习到很多很多。问思楼的金工实验室成了我高三下学期频繁出入的地方。伍老师建议我使用废旧材料,这样既能真正锻炼自己的加工制作能力，又能作为科技比赛当中的亮点展示。机械结构事实上是制作中最难的部分，我有幸受伍老师这位机械专家的指导，受益匪浅。我对最终成果很满意，虽然没有精密的零件，也缺乏漂亮的外表，但亲手制作的经历在作品中完美地体现了出来。现在，学校已经在帮我申请专利。

高三阶段虽然紧张，但我通过合理安排时间，获得了比别人更丰富的经历和最大的收益。事实上，如此选择是正确的，它不仅开拓了我的视野，锻炼了我的能力，释放了热情，培养了自信，而且巩固了我善于质疑的习惯。我也因此在复旦大学的自主招生考试中被提前录取。我深知：在科学研究的实践中得到的不只是知识，还有获取知识的能力。

当别人还在为成绩愁眉不展时，我却站在了学术演讲台上展示自我。考试不正是需要这么一种旷达的胸怀吗？生活不也需要这样一种胸襟吗？

教师指导体会

一、感受新型培训

2003 年夏季，我幸运地被推荐参加了在东北育才中学举行的"中国科协青少年科技创新人才培养项目"实验学校首批教师培训。在这次涉及 9 个专业的培训中，我选择了环境专业。记得美国数学家维纳说过："在科学发展上可以得到最大收获的领域是各种已经建立起来的部门之间的被忽视的无人区。"我认为环境科学便是这个无人区在教育领域的具体体现。

环境科学班的学员分别来自地理、化学、生物和环境等不同专业，对我而言是富有挑战性的学习机会。在这里，我结识了许多专家和朋友，更重要的是，那种师生互动平等交流的授课模式是以往我参加的各类培训所不曾有过的。我清楚地记得，每当分组讨论时，导师总会和你一起探讨问题解决的方法并不时鼓励你的想法。在这民主宽松的学习共同体中，学员的创新火花被点燃，我们在活动中不知不觉地提高着。这一阶段学习的主要途径，是经常有机会聆听各位名师有关科技创新实践活动的专题讲座与报告，同时还可以感受到兄弟学校同行指导的创新课题获得成果的激励，心里有许多好奇和跃跃欲试的冲动：为什么我不能去尝试一下？别人能做的事，我难道不行？为了学习先进，我下定决心，放弃休息时间，刻苦"充电"，创造性地完成导师布置的功课。功夫不负有心人，一段时间下来，我成为环境班中的核心人物，从导师脸上挂着的灿烂笑容，我意识到了自己的进步。果然，10 月，校长收到了中国科协专家关于项目师资培训的表扬信，评价我等三位老师"在指导学生科技创新的能力等方面很有潜质，表现尤为突出。"从那时起，我开始认真研究授课模式，并主动关注有关研究性学习的方法和理论，希望有更多的机会进行相关的学习和实践，那是一种期盼，一种向往。

二、在自我学习中提升

教师队伍中，不乏爱书之人，我也不例外，每天饭后的阅读和整理札记已成为习惯。最近几年，为了更切实有效地指导学生的课题研究，我自觉进行理论学习和相关专业的阅读，家里的教育理论和研究书籍占了我书房的不少空间，上海书城更是常去之处，《教师成为研究者》、《科学与艺术》、《理解科学——科学知识的生长及意义》、《教学设计原理》等书我都一一"啃"过。通过阅读专家的著作，我反思自己教育状况背后存在的深层问题，分析"学生对哪些问题有研究兴趣"和"如何在兴趣之中扎实基础、开发潜能"，激发起进一步探究教育改革主题本质的心理。"博于学问，明于睿思"，高素质的形成，创新能力的造就，学习是基础，思考是关键。在阅读理论文献的过程中，我发现各种观点交汇，思想碰撞，精彩纷呈，所有这些，或引发教育的多元反思，或使我在迷惘中顿悟，或获得认识的提升，或让我思路开阔。后来，我尝试把学生带进自己的书房，把读书和思考的快乐影响给学生。去年十一期间，我心血来潮，将"带学生走进书房"的心得体会写出来，并在12月的《地理教育》上发表，与朋友一起分享了经验。

我还加强了学习心理的学习与研究，并且能在青少年科技创新实践活动中加以应用和贯彻，使教学和指导学生研究更具有实效性。更重要的是，通过自学理论，我养成了用控制论、系统论观点来分析问题和认识世界的习惯，这将使我终生受益。波兰控制论专家奥斯卡·兰格曾说："学会了用控制论语言来思想的人，不用详细分析具体问题也能理解问题，理解事物的基本环节、元素之间关系和实际解决别人不能解决的问题。"

三、在不断的指导和探索中进步

没有实践，学习和思考就显得苍白无力。机会终于来临，为迎接上海市第20届青少年科技创新大赛，我在2004年6月召开了一次准备会，请一些有研究意向的同学参加。动员后，我发现不少同学表示愿意试一下，其中王同学的想法引起了我的兴趣。经过我们的共同努力，她的课题《类八边形单行环路网》在世界工程师大会"为世界工程难题献创意"活动中摘得桂冠。经过再次修改和提高，她凭借该课题荣膺"上海市明日科技之星"称号，并以优异的成绩升入复旦大学深造。在指导她的过程中，也让我体会到了与学生一起在研究中成长的快乐。

2004年，我指导的两个环境与工程项目在市区科技创新大赛中获奖，其中有一篇论文在中文核心刊物《上海环境科学》发表，另外一篇还获得中国科协项目实验学校年度优秀项目（上海仅 3 项）。

接下来的 2005 年，我又马不停蹄地指导学生积极参与各种科技创新活动，吴昊同学在 2006 年 5 月获得第四届"上海市明日科技之星"称号，他的项目还将参加 2006 年 10 月中旬在北京举行的"明天小小科学家"角逐；侯元文同学获得"上海市科技希望之星"，项目还申请到专利；钱行等同学的关于废旧电池污染探究的论文也将在科技期刊发表；沈诞琦（当时是赴美交流生）则在美国携项目获得州科技创新二等奖……不可否认的是，学生的这些成绩都将是我作为教师的幸福之源。

"教育者获得了头脑和手脚的同盟，始能成为一个有创造能力的学者。"陶行知先生的话，是我为指导学生科学研究进行自我准备、自我充实的座右铭。知识易忘，能力永存。在指导学生开展研究的过程中，我注意学习、思考和实践三者紧密结合，自我也得到了升华。显然，若没有参加过这次为期两年多的科技创新教师培训的经历，没有诸多专家的引领、老师的言传身教和同伴互助，我是不可能指导学生取得这些成果的。

闽江口湿地调查研究

——张群林老师和他的学生

教师简介

张群林，福州一中高级教师，教育硕士、分子生物学在读博士生。

积极开展教科研探索，承担了多项国家级、省级课题，多篇论文在发表，《青少年科技创新活动——德育的摇篮》获得全国教育工作者科技教育论文评选活动二等奖。多年指导学生参加各项青少年科技竞赛，多人在国际科技大赛获奖，100多人次在各级科技竞赛获奖。是宋庆龄少年儿童发明奖专家委员会委员、福建省青少年科技创新大赛评委，作为中国代表团的带队老师于2005年参加伦敦国际青少年科学论坛。

被评为第20届全国青少年科技创新大赛优秀科技教师（十佳）、全国青少年卫星番茄实验活动优秀辅导员、中国科协创新实验学校年度展评优秀教师、福州市十佳教师、福建省优秀青年教师；获得福建省青少年科技教育突出贡献奖、宋庆龄少年儿童发明园丁奖、省直机关十大杰出青年提名奖、"佐藤明雄教育奖"；已入选新世纪"百千万人才工程"第三层次人选。

教师日记

10 月 2 日

通过努力，前段时间我们终于定下了研究课题——"在卫星遥感技术支持下的闽江河口湿地的层进式评估法研究"，并开展了初步的研究。

作为重要技术支持的遥感分析将成为接下来的重头戏。Quickbird 的图片分辨率高，但价格昂贵。而我们的研究不需要那么高分辨率、通过网上众多商用卫星的资料比较，对比光谱分辨率、空间分辨率，我们最终决定选用性价比最为合理的法国 spot5 陆地卫星图片进行分析。通过联系，我们了解到福建省林业科技研究院有一个遥感室，专门对福建森林的遥感图片进行判读、分析。得到叶功富副院长的支持，我们在下午前往林科院"取经"。

一进遥感室，墙上一幅福建的遥感图和一张 Quickbird 拍摄的天安门广场及故宫的图片立即吸引了我们，在赞叹 Quickbird 的高分辨率后，我们开始向陈杰老师介绍课题的设计方案。陈老师对我们的选题十分赞赏，并答应由他联系北京视宝（spot）分公司的地面站，选择一帧近期的无云、低潮位并且覆盖闽江下游及河口的图片。

接下来，他为我们演示了一些遥感判读的基本操作及时兴的 Erdas 的部分功能。在我们好奇地发问和兴奋的尝试中，一个下午就匆匆结束了，伴着落日的余晖，我们师生一同乘巴士回到了学校。

10 月 27 日

项目的进展还算顺利，都在计划之中，看来能在 12 月份完成。

今天我们忽然接到一个通知，周末将在全省范围内选拔参加英特尔国际科学与工程大奖赛冬令营的项目。这是在美国举办的全球最知名的青少年科技创新赛事，汇集了全世界的青少年科技精英和最顶尖的科学家，如果有机会让孩子们参加这个比赛，将会使他们终生受益。经过之前的努力，虽然课题研究顺利，可是很多数据还没有整理，论文还没开始动笔，能来得及吗？

我找来王汀滢、何劲和王帅同学，同他们商量此事。还没等我说完，王帅就激动地跳了起来："真的吗？如果我们运气好的话，就可以和刘啸峰一样到美国开开眼界！"刘啸峰同学是高他们两届的学长，也是我指导过的学生，曾获得过第 55 届 Intel 国际科学与工程大奖赛二等奖、环境科学研究杰出奖一等奖（亚洲仅 1 人）。这是福建省在青少年科技赛事方面取得的有史以来的最好成绩。美国麻省理工学院将其发现的编号为 20817 号的小行星命名为"刘啸峰"星。刘啸峰也就成为他们的偶像。可当我告诉他们要求有完整的论文、要经过众多专家的答辩等一系列选拔条件，而且仅剩几天时间时，他们脸上激动喜悦的神色不见了，王帅也像泄了气的皮球一样。

"大家考虑一下，如果能得到这个可以让多位专家指点的机会，哪怕这次我们胜算不大，也可以为以后的研究积累经验。"我接着说，"当年给刘啸峰模拟答辩时，我可是费了九牛二虎之力，才请到多位专家，事实证明他们的建设性意见对我们启发很大。"何劲说："不到 5 天的时间了，这么多事情都还没做，来得及吗？"王汀滢说："老师说得对，压力也是动力，我们可以尝试一下。"

最后大家统一了认识，由我通过学校向省里申报，大家也紧锣密鼓地开始准备。

11 月 1 日

经过了 3 天的努力，一篇他们合作完成的论文交到了我的手中，我非常高兴，对他们的工作效率表扬了一番。可当我打开论文翻阅时，眉头渐渐地皱了起来。整篇论文结构散乱，湿地常识介绍了许多，而自身的研究成果反而没有突出介绍。更要命的是，论文文体还很不规范，摘要、关键词等内容都没有，文章里面有较多的抒情描写，看起来更像是一篇夹叙夹议的议论文和说明文的混合体。

我找来他们，选了两三篇往届的获奖作品给他们看，并把论文写作的要领再次作了强调。

第二天，汀滢又将改写后的论文交给了我。在我读论文的时候，她紧张地看着我的表情，生怕我再次将其否定。平心而论，改写后的论文比原来有了很大的进步，一个晚上能够取得这样的进展实属不易。但是许多细节还交代不清，尤其是作为重头戏的湿地评估体系还很粗糙，经不起仔细推敲，离一篇较为完善的论文还有一定的距离。我想最好不要再打击他们的积极性，而且交稿时间也就要到了，大的修改也来不及了，就权且当做一个练兵的机会吧。我对汀滢说："不错，再校对一下，明天打印好交来。"

今天论文交上去后，顺便打听了一下，这次全省报了十多个项目，个个都有很强的实力。总共要进行两轮的选拔，先是直接看论文的初评，第二轮要面对将近 20 个评委进行 20 分钟的答辩。看来这次的希望不是太大，所以交稿后我们也就没太上心去准备。

11 月 3 日

上午传来消息，总共三个项目入围第二轮，我们的项目也有幸跻身其中。

另外两个项目是厦门一中的《红树林生态修复工程》和福建师大附中的《基于后缀树的互联网检索系统》。

我既感到高兴，因为我们的研究得到了众多专家的认同；又十分担心，参赛要经过多轮的答辩训练，晚上就要进行第二轮选拔答辩了，学生们能经受这样严峻的考验吗？也来不及再准备了，只好赶鸭子上架，试试看了。

结果在预料中，学生落选了。但这对他们绝对不是坏事。

11 月 20 日

汽车飞驰在福州流光溢彩的夜色中，而我们却无心欣赏窗外旖旎的闽江风光。为了给明天外出考察做好充分准备，今天晚上，我和三位学生带着许多问题上门拜访我省湿地保护的权威、环保专家——市科协的陈宁主席。陈宁主席家距市中心有 30 分钟的车程，即将与著名专家面对面、零距离交流，同学们既感到兴奋，又有点紧张。

从我们步入陈主席家门的一刻，我们就见识了真正的学者之家。朴素的装潢、简单的家具却将那个从上到下堆满了各类专业书籍的大书橱衬托得更加醒目。不仅是书橱，书房的各个角落都被各种各样的书占满了，环保类、工程类、司法经济类，乃至文学类，我们和陈宁主席的交谈就在书的簇拥下开始了。

没有过多的寒暄，陈主席一开始就关切地询问了我们的研究进展。同学们向他汇报了暑假期间我们初步学习的湿地保护和卫星遥感技术的相关理论知识，以及随同省观鸟协会前往闽江河口湿地进行环保志愿者活动的情况。陈主席对我们所做的工作表示了肯定和赞许。

王帅说："随着学习和研究的深入，我们发现湿地研究其实是一项综合性极强的课题，它涉及环保、空间科学、地理、立法、经济发展、行政管理等诸多领域。我了解到目前国内也已经有许多成功的湿地保护范例，如香港米埔湿地公园、黑龙江扎龙湿地保护区。这样大型的湿地保护工程在实施前，一定要经过专家的评价论证，才能确定最终的资金投入和保护模式。"

何劲说："卫星遥感技术运用在环保领域已不鲜见。但将它与湿地保护相结合在我省还尚不普遍。我认为我们可以尝试从这个角度切入，找出湿地保护的一种最佳模式。"

汀滢说："我妈妈在司法部门工作，我了解到我们国家专门针对湿地保护的法律法规尚不健全。如果我们的研究想做到细致深入，也必须从相关政策、法律法规的角度做出探讨。"

听了学生的介绍，陈主席指出："你们的观点都很好。但目前你们面临的最大问题就是课题切入点的选择，简而言之就是解决什么问题以及如何解决。"陈主席真可谓一针见血，这也是困扰我们许久的问题。于是我问道："那么您认为哪一个切入点比较适合中学生的研究呢？"

这一次，陈主席并没有直接回答我的问题。他从电脑中为我们调出了几篇该领域的代表性研究论文，其中还有一篇美国湿地专家 Turner 的全英文版的论文。陈主席看着几位一脸惊讶的同学，耐心地说："任何一项研究都不是闭门造车。只有了解了前人的研究成果和该领域的发展现状，才能明确自己的研究方向。你们现在除了继续学习一些基础知识之外，还应该多角度的了解在湿地保护领域已有的一些研究成果。借鉴他人经验，并从中了解现有研究中存在的不足，经过这样的积累，你们的研究思路才会更加清晰。"

现在我们又面临了一项新的工作，那就是多方学习湿地保护领域的论文成果，以尽快确定我们的课题方向。为了方便我们查找相关的资料，陈老师为我们提供了多个可以下载优秀硕博论文的网站账号，还将自己收集的一些省内研究资料拷贝给我们。作为一位权威专家，对三个高中生的上门求教却能如此重视，如此耐心细致地指导，这种有容乃大的气度和严谨的治学精神着实令我们感动。

这个夜晚，我们收获颇丰。不仅因为得到了专家的指导，获得了丰富的资料，更重要的是我们明白了为什么牛顿说自己的成功是站在巨人的肩上。带着收获与感动，我们准备明天再次踏上考察的旅程。

11 月 21 日

清晨六时，深秋的风已是寒意袭人。如果不是为了今天的野外考察，或许几位同学这时候还赖在被窝里呢。湿地对我们来说似乎有一种独特的魅力，让大家把每一次艰苦的实地考察都当做奇妙的旅行。

今天是我们第三次来到位于长乐市金峰镇的鳝鱼滩湿地——闽江河口区最重要的湿地之一。但不同的是，今天我们多了一位伙伴——省林科院的研究员陈捷。和许多帮助过我们的专家、老师一样，陈捷也对我们的项目表现出极大的热情，并给我们提供了很多支持。同学们学习遥感知识，就是拜他为师的。或许是因为年轻的缘故吧，认识不过短短几个月，我们就与陈捷结下了深厚的友谊。今天我们邀请他作为此次野外考察的"特邀嘉宾"，为的是学习使用 GPS 全球定位系统，来确定卫星图片上一些特征点所对应的实际地物。这在我们的研究中是十分重要的步骤，能保证我们接下来利用卫星图片分析湿地的准确性和可靠性。只有对研究区域内的所有特征地物都进行了GPS 定位，我们的设想才有可信度。

一来到鳝鱼滩，我们就开始了工作。首先，我们要找出卫星图片上反映出的所有植物的分布点，然后大致确定这种植物分布的范围。在这个范围内，找几个有代表性的点，进行 GPS 定位，并做好记录。辨别植物种类是何劲的强项，他不时就有新的发现。"看！狗牙根！""还有那边，厚藤和木麻黄！""快到这边来，这儿有一小片红树林！"

但是如果这样东一榔头西一棒槌的，效率是不会高的。我提醒王帅做好 GPS 定位，一定要按照次序，按照行动路线，一项一项进行，这样既可以避免遗漏，又能够保证准确率。

就这样，我们开始了对鳝鱼滩上十余种地物的定位。何劲是急先锋，每发现一片植物，他都冲在最前头。而像采集植物标本时挖根掘枝，固定标本夹这类的体力活，也都归他管了。两个女生负责记录行进路线和 GPS 定位、读数。尽管手机大小的 GPS 定位仪操作起来很方便，但记录数据却没有我们想象的那么容易。不仅要记下该点的地理坐标，包括周边的地貌、植物的生长状况、当时的真实环境都要做详细的记录，这样才能保证卫星图片与实际情况相吻合。慢慢地，每个人都开始独立操刀，尝试判读定位数据了，这个过程真像是在玩一个有趣的游戏——谁说科学研究一定是枯燥乏味的？

一个上午下来，我们收获颇丰。不仅有了第一手的实地数据，每个人手上还多了一捆采集来的植物标本。和每一次外出考察一样，这个下午，我们又马不停蹄地赶往一位鉴别植物的"高人"——福建师范大学陈占寿老师家。陈占寿老师并没有对我们的贸然来访表示不快，相反的，他耐心地对我们采集来的植物一一作了鉴别。看他鉴别的过程也是一个学习的过程，不知不觉我们就记下了许多专业的植物学名。

我们向陈占寿老师告辞，刚走到楼下，这位已年逾古稀的老专家追了出来，说他突然发现刚才鉴别时弄错了一株植物的学名，赶紧向我们更正。这件事让我们每个人都感到深深的震撼！和这些治学严谨、一丝不苟的科学家们比起来，我们要学的还有很多很多。

学生日记（2004 年 7 月至 2005 年 8 月）

王汀滢

7 月 1 日

今天，我和王帅、何劲到学校德育处，把我们想对闽江河口湿地进行考察研究并作为研究性课题的想法，向张群林老师请教，得到了张老师的肯定。

目标明确后，我们找来了与湿地有关的材料认真研读，对湿地知识有了一些了解。湿地具有维护生态安全、保护生物多样性等重要功能，人们把湿地形象地称为"地球之肾"。

福建省湿地资源十分丰富，湿地面积约 96.17 万公顷，是鸟类的栖息天堂。其中福建闽江口湿地是众多候鸟到达闽江口的首个栖息点，每年都有近百种、数万只鸟到这里过冬。然而近年来，随着闽江两岸工农业的发展，闽江口湿地遭受到越来越多的人为破坏。闽江上游和闽江口周围地区不断排放的生活污水和工业废水使得湿地水质受到极大破坏，大面积的围垦造田使湿地面积大为减少。加上渔民采用围网养殖，湿地水面不断被侵蚀，鸟类的食物来源越来越少，鸟类的隐蔽、繁殖场所也受到很大限制。根据调查，现在到闽江口湿地越冬的鸟类只有 20 世纪 80 年代的 3/4。专家特别指出，如果不加以保护，闽江口湿地这个鸟类的天堂若干年后将不复存在。

现在要对每一块湿地都进行严格保护，显然是不切实际的。我们提出了三级层进式评估方案，这种评估方法解决了该保护谁，怎样保护；该利用谁，怎样利用的问题。我们决定从闽江河口的鳝鱼滩湿地着手，对它的保护现状、破坏情况、存在的困难展开调查，并针对所得到的情况运用卫星遥感技术提出改进建议。同时在人文方面进行考察，以了解当地居民对湿地保护的态度，并走访民间的湿地保护组织等，找出人为破坏湿地的可能原因。

我们思索着做这项研究的意义是什么。作为学生，湿地考察我们能做到多好？能有多大的影响力？能真正造福当地民众吗？能对政府的决策产生影响吗？敢想敢干是我们的本色，愿意为像保护湿地这样的公益事业全身心投入是我们的优势。还未走出象牙塔，还未被社会抹掉棱角的我们，保留着一份纯真，一份热情，也许更容易成为社会关注的焦点，更容易带动周围的人群。

我们感到选择这一课题不仅仅是为了创新大赛，更重要的是自己肩上扛着还湿地生命的使命，希望通过自己的实际行动为闽江地区的生态环境贡献自己微薄的力量。

何 劲

7 月 20 日

今天是我们研究小组成立的第二个周末，为了更好地进行研究，发挥集体的力量，我们决定分头行动。王帅和汀滢继续对课题切入点进行讨论，我负责资料的收集，因为只有占有大量有关湿地的信息以及了解前人研究的成果，我们才能找到自己项目的突破口，才能称得上创新。

　　一大早，我就到省图书馆去寻找资料，一个上午只找到了两本遥感方面的教材（80年代末出版）和一本生态环境科学的书。只有遥感原理及发展过程对我们有用，收获不大。

　　下午，我将目标转向网络，看看这个信息库里是否有我们需要的"宝藏"。首先，我在google查找了湿地定义。我发现关于湿地有着不同的定义，通过比较综合，我对湿地及其划分标准和类别、功能有了大致的了解。"网络确实是块宝藏！"我赶忙将相关网页下载到事先已建立的湿地文件夹中，"如果有湿地的图片那就更好了。"我心想。随即在搜索引擎中打入湿地并进行图片搜索，并没有我所想要的。也许外国网站有吧，我试着敲入美国环境局的英文，进入Resource中查找Swamp，wetland。终于有了，看着网页陆续打开十几幅不同类型的图片，兴奋不已。这可是我第一次在外国网站上查资料啊！我突然明白了，我们现在是处在一个资源共享的时代，虽然在那些沉迷于网游的学生眼中，网络是刺激的游戏；在他们父母的眼中，网络是吞噬金钱和孩子青春的魔鬼；但对于一个真正会使用网络的人来说，它是一个多么好的宝库啊。

　　短短的2个小时，我已下载了四十多张网页，分别保存于湿地、遥感、湿地上的动植物、国内环保相关法规、福建省省情、商用遥感卫星资料六个文件夹中。

　　"网上觅宝行动顺利完成！"我用QQ给两位队友留了言，开心地下线了。

8月3日

　　今天我同张群林老师和王帅同学在省林业厅门口集合，参加由省观鸟协会组织的清理鳝鱼滩垃圾志愿者的活动。这也是我们第一次实地考察，可惜的是王汀滢因事无法一起行动。

　　一大早，我就做好了准备，除了食物和水外我还准备了几个特殊的家伙：一件长袖衫（防晒），一架望远镜（观鸟），自制取水器和10个玻璃瓶以及一个塑料袋。自制的取水器虽然简陋，但确能起到取水的作用。我这么一大堆"家伙"，自然引人注目，还没走多远，我就回答了5个邻居的"询问"和数十人次的注目而视。

　　坐在前往长乐鳝鱼滩的巴士上，群林老师也不忘给我们布置任务，比如到了鳝鱼滩应多采集标本，取河中心的水样等。两个月来，我们数千次的接触"湿地"两字，对于"湿地"可以说既熟悉又陌生。我们还未亲自接触湿地呢。

　　"到了，到了。"杨金会长用喇叭告诉大家。"太好了，终于到了，耶！"我们俩冲下车。可是面前只是一个简陋的水泥房，并不是所谓的码头。"我们现在将给大家留 5 分钟时间上厕所，这是附近唯一的厕所。"喇叭继续喊。

我们俩灰溜溜地钻回座位。"太丢脸了。"王帅不停地说，她满脸羞红。"我不也是，算了。"我故作深沉状。

不久，当我们站在小船上，迎着略带咸味的海风时，刚才的不快早已烟消云散。快到河中央时，群林老师提醒说："可以采水样了。"我赶忙将准备好的工具一一安置妥当，王帅将紧绑在石块上的玻璃瓶投入水中，我拽起长绳，拔去玻璃瓶塞子，待水装满，我们把它拉上来，贴上标签，写好注解。

上岛了，我们注意观察鳝鱼滩上的典型植被，同时也加入了捡垃圾的行列。沙滩上有着太多上游漂来的生活垃圾：球鞋、灯泡、针筒还有许多橡胶轮胎。如果不经常清理，这里就会变成垃圾场。

八月的骄阳热辣辣地炙烤着所有的志愿者。在大家的努力下，只用了两个多小时，我们就清理了一整船的垃圾。编织袋用完了，大家提前返程。

回到福州已是下午四点多了。尽管经历了一天的辛劳，但大家没有一句怨言，"为了我们自己的家园，这都是应该做的。"

王汀滢

11 月 3 日

昨天晚上 7 点 30 分，我与何劲、王帅同学，赶到福建省青少年活动中心，要在这里接受参加英特尔科学与工程大奖赛冬令营的选拔答辩。近 20 名评委都是省内著名专家，这次选拔答辩可以说是我们有生以来的最大考验。

等待答辩时，我们心里像装着十五只吊桶——七上八下。我与王帅抓紧最后时间互相提问，把能想到的问题都认真地疏理一遍，我们组唯一的男子汉何劲连续跑了两趟厕所。为啥？紧张呗！

终于轮到我们仨上台了。首先由王帅用 PowerPoint 向各位专家介绍我们对闽江河口湿地的研究情况。这时已经过了 9 点，进行了两场答辩的评委们已明显露出倦意。可王帅却没有注意这一点，把规定 10 分钟的陈述不断地拉长，甚至没有注意到主持人几次叫停的提示。看着几位评委脸上明显不耐烦的表情，我心里已经在上下打鼓，一直祈祷王帅尽早结束陈述。

果不其然，王帅刚刚说完，就有一个评委把我们的项目大批一通，没有一句哪怕客套的肯定，甚至因王帅陈述没有脱稿也被批评！天地良心，我们是当天早上刚刚接到通知要参加晚上答辩的，幻灯、陈述都是匆忙准备的，更何况，我们是第一次参加这样的比赛，还没有任何经验……

第一个评委的发言似乎定下了后面的基调，我感觉答辩成了"批斗会"。评委们的提问像暴风骤雨一样不断"狂轰滥炸"，我们这三个自称学校里能侃的"臭皮匠"不得不搜肠刮肚、绞尽脑汁来应付评委们的一个个提问。在这些专家面前，每一个细节上的疏漏都是很难蒙混过关的，我们这时才真的感到自己的项目是多么的幼稚和漏洞百出。我们强作笑颜、尽己所能而又礼貌地回答评委们近乎"刁难"的提问。

难熬的 20 分钟终于过去，可这对于我们每个人都像两年那么漫长。答辩结束后，我们都像霜打的茄子失去了信心，这个晚上可称得上是我们平生最难过的炼狱之夜。

今天传来消息，出乎意料的是我们排在第二名。何劲说："我还以为我们会垫底呢。"后来听老师说，专家们之所以会提出这样、那样的问题，是因为他们对这个项目感兴趣，认为我们的项目还有很大的发展空间。老师又勉励我们："不要灰心，把现在的一切都看成是省赛、全国赛的热身。能与这么多专家们面对面地交流，聆听他们的指导意见，实在是难得的机会。好好总结一下吧。"

听完老师的话，我们不再垂头丧气，又恢复了信心，虽然失去了参加全国选拔的机会，但我们仍感欣慰。重新投入了课题的研究工作，我们考虑问题更加周全，所做的工作也更加细致了。

虽然这次参赛答辩并不成功，但我们感觉收获很多。特别是专家发现了我们论文存在的不少问题，为下一步的研究指明了方向。

那天晚上的经历让我时时刻刻提醒自己——科学容不得半点马虎，科研的探索永无止境。可以说没有这一次的经历，我们的论文就不可能不断完善，也不可能取得更好的成绩。

王　帅

11 月 21 日

有句话说得不假："你学的越多，就会发现自己知道的越少。"随着研究的不断深入，一个又一个新问题摆在了我们眼前，而这其中又以创新点的寻找和确立最为紧迫。我们在一整天的野外考察之后并没有急于回家休息，而是马不停蹄地赶往福建师范大学鸟类学专家陈友玲老师家。希望能够在他的帮助下，鉴别出我们在野外考察中记录下的湿地鸟类，还盼望着这一次登门求教，能够对发掘我们项目的创新点有所启发。

落座之后，我们拿出了这几次考察中拍摄的水禽照片。陈老师拿出专业的鸟类图谱和鉴别手册，指导我们一一进行识别。我们知道，陈老师也在密切关注着闽江河口的湿地保护特别是湿地候鸟的保护。他说："今年 4 月以来，闽江河口湿地上出现世界级濒危鸟类的报道屡见报端。像黑脸琵鹭、遗鸥，这些罕见的'宝贝'们甚至让世界自然基金会的专家都来到了我们闽江口。这种情况这几年是很少见的。"

"我们省这几年的环保很有成效，湿地保护得好！只有这样，这些长途迁徙的鸟儿才会选择我们家门口作栖息地啊！"听到老师的话，我们的第一反应就是高兴、自豪。其实自开始研究以来，我们一直密切关注着闽江河口湿地的动态，对媒体的报道我们都作了详细的辑录，我们为自己的家乡能够吸引世界关注的目光而感到高兴。

"但是，你们是否思考过这样一个问题，"老师没有显露出和我们一样的欣喜，"河口湿地上的候鸟多了，但是在闽江畔的其他地域呢？我们还是很难看到野生水禽的踪影。而在日本、澳大利亚这些国家，海鸥可以从近海一直飞到市区。"的确，几次实地考察中我们发现，即使像白鹭这样常见的湿地鸟类，也只是栖息在湿地核心地带的一小块区域内。

"那么可不可以这样理解：市区没有可供鸟类栖息的安全可靠的场所，候鸟无处可去，只好大量聚集在河口几块有限的湿地上。"我们提出了自己的猜想。

"我完全同意！"这个猜想马上得到了专家的肯定，"正是因为我们的城市环境还无法将候鸟有效地引向市区，达到'分流'的效果，而这个时候又是候鸟迁徙的旺季，因此就出现了闽江河口湿地上候鸟乃至濒危候鸟'扎堆'的现象。"陈老师的话又引起了我们新的思考："老师，候鸟大量的聚集或许不完全是一件好事。闽江河口几块最主要的湿地大多分布在长乐市、琅岐岛一带，而这里又恰好是我省最大的长乐国际机场所在地。我们曾在报刊上看到过鸟类对飞机起降造成影响的报道，那么湿地上的鸟类会不会对机场造成影响呢？"

"这个问题提得好。你们在做湿地保护的研究，但不能把周边的湿地和我们的城市割裂开。据我了解，我们闽江河口湿地的分布特点恰好是沿闽江和乌龙江呈带状分布，如果能把这个'湿地带'规划保护成一个'候鸟栖息链'，那么原本聚集在机场周围湿地上的候鸟自然会往闽江纵深处迁移，这样既改善了我们城市周边的生态，又能够减轻鸟类聚集给机场带来的压力。"

经过老师的点拨，我们恍然大悟，如获至宝地赶紧在本子上记下了这个宝贵的建议。一个新的名词在我们脑海中诞生了，那就是"候鸟跳板"。这个全新的概念是我们的首创，我们的研究又有了新的进展！

何 劲

1月1日

"明天早晨八时到省野生动物保护中心集合，我刚刚联系了一位鸟类专家，他明天正好有空，不见不散。"昨天我通知了两位队友。

早晨，我赶到集合地点。"嗨，何劲，元旦快乐。"王帅跟我打了个招呼。

"The same to you，你还真早啊。"不一会儿，王汀滢也到了，"Happy new year! 我昨天看到了几幅黑翅鸢的照片，好酷。"她边向我们这儿走来，边兴高采烈的做着夸张的手势。

"八点还没到，咱们三个臭皮匠就到齐了，表扬一下，大家辛苦了。"我装着一本正经的样子。"哈哈，你辛苦，我们俩不辛苦。"她俩同时申明。我们的元旦就是这样开始的。

到了八点三十分，余希老师风尘仆仆地赶到省野生动物保护中心。第一次见面，我们先给余老师做了一些简单的介绍。"我们这个项目从去年6月开始，做了多次的实地调查，在查阅资料、询问专家和实地考察及卫片分析的基础上，我们撰写了这篇湿地评估的论文。在湿地研究中，我们认识到鸟类是湿地环境中的重要组成部分。鸟的种类、数量以及珍稀程度都将成为湿地评估的重要标准。原因很多，比如，鸟类是湿地生态系统的最高消费者，它的丰富程度与生态环境的好坏呈正相关；同时，它也是生态多样性的重要组成部分。"我一口气说完。

余老师一边认真听，一边满意地点头。"很不错，看法挺深刻的，那么你们对闽江河口湿地有哪些了解和认识呢？"

"闽江河口湿地是鸟类南迁北徙的重要栖息地，据1998年陈友玲老师的报告说，每年都有2万只以上的鸟类途经此地，并在此停留补充食物和能量以利于其后的长途飞行。我们在实地考察鳝鱼滩、蝙蝠洲等地时发现，当地的鸟类数量惊人。惊起何止一滩鸥鹭！"王汀滢边说边伸出双手摆出奇异的手势。

"唉，演讲练多了，可怜的人。"我打趣道。"我们发现了一只被毒死在沙滩上的中白鹭，这是我们拍的照片，我们将此事告知了媒体。"王帅兴奋地说。她认为我们这么热心鸟类保护，一定会被余老师表扬。唉，竟天不遂人愿。

只见余老师眉头一皱，"原来是你们仨啊，那天市领导还特意过问了。其实，这鸟不一定是被毒死的。你们没有做进一步的理化实验，怎么随便下结论呢？相反，部分中白鹭是留鸟，它们的死是其生命周期均发生在此地的最好证明。"

"下次不敢了。"我们吓出了一身冷汗。余老师看到我们面露愧色，急忙安慰道："不过这也引起了媒体和市环保部门的重视，也不是件坏事。"

我们就这样紧张而又不失风趣，忙碌却十分充实地度过了我们的2005年元旦。我们从余老师那儿得到了许多最新的鸟类观察记录和一些候鸟知识，比如说它们的迁徙路线：东亚—澳大利亚西迁飞路线等。

一天很快就过去了，这次深入的探讨不但拓宽了我们的知识面，更为我们修改论文中有关鸟类的内容提供了大量有价值的资料。

我们度过了一个充实而不普通的元旦。

王汀滢

1月6日

紧张忙碌的半个月，却又充实而有意义……

12月12日，卢展工书记在我们的信上做出了批示——"这些同学的来信很好，很认真地在关爱家乡。可以汇总一下，摘要在《福建日报》《福州日报》上刊登，大家都来为家乡的建设献一言、献一计"。

我们写信的经过是这样的：12月4日那天，我们3人小组对闽江河口的浦下洲、蝙蝠洲、马杭洲、鳝鱼滩湿地进行了实地考察。考察中，我们发现这几块湿地的情况令人担忧。在浦下洲，我们看见河水泛着机油的彩光，江边酒家的排污管道直接伸向江中；在鳝鱼滩湿地，我们看到的是垃圾遍地；而给我们触动最大的还是在蝙蝠洲上看见的鸟儿尸体（后经鉴定，是大白鹭）……

考察归来，我们的心情久久不能平静。看到当天的《海峡都市报》上报道了一则关于省委教育工委、省教育厅号召全省青少年学生"献聪明才智建美好家乡"的消息，我便萌生了给卢书记写信的想法，并得到了指导老师的支持。于是，我连夜奋笔疾书，以我们3人的名义给卢书记写信，将考察见闻及内心所想如实地写在信上，并建议政府"能提高对湿地的关注，加大宣传力度，鼓励人们加入到保护福建湿地的行列中"。

令我们没有想到的是，我们的信会这么快得到卢书记的批示，并引起了媒体的关注。《福建日报》《福州日报》《福州晚报》《海峡都市报》《海峡教育报》等各大报纸先后对书记批示及我们的项目作了报道，并由此推动了我省青少年"爱祖国，爱福建"学习讨论的热潮。《海峡都市报》还特意开辟了"爱福建我献一计"擂台赛。

同学们踊跃献计，我们班陈晓、曹粟等同学的"将三坊七巷变成鼓浪屿"的课题也参加了擂台赛。12月20日，我们班开展"巍巍我福建——为家乡的建设献一言、献一计"的主题班会，福建电视台"新闻启示录"栏目对班会进行了报道。12月23日，"新闻启示录"栏目的记者还为我们这个项目录了一期节目并在今天播出……

我们的愿望是通过领导的重视及媒体的关注，增加人们对湿地的了解，唤起人们保护环境的意识，让信中所畅想的"自然湿地秀美的环境，鸟类天堂中天籁般的鸟鸣，定会吸引人们在此荡舟徜徉"的美景早日实现。

可以说，这十几天是我有生以来经历最多的日子，丰盈而充实。学习、研究、呼吁社会,我觉得自己已不再仅仅是一名埋头苦读的高中生,我们所做的也不再仅仅是研究性的课题。我认识到作为一个高中生,同样拥有社会责任,这或许是我融入社会的起步,也同时将是激励我前行的不竭动力。

何 劲
1月15日

这周我们又有了新任务——学习 AHP 层次分析法。我们将应用 AHP 层次分析法,对湿地分类各指标的权重进行重新处理,争取达到更加客观准确的标准。

能够选用 AHP 层次分析法,还多亏了我们高二年级教数学的陈颖老师的一席话。周四那天,下课后我们照例三个人凑在一起讨论课题。陈老师看见了,好奇地询问我们的课题内容。我们给老师做了大致的介绍,最后我们提到了指标权重的设定。陈老师告诉我们:"你们这个项目应该算是多目标评价的一个课题,我建议你们去找一本线性代数的书,里面有一种 AHP 层次分析法,应该适用于你们的课题。"回家后,我赶紧打电话给在大学担任数学老师的舅舅进行查证,果然有一个 AHP 层次分析法。通过与舅舅的交流,我初步了解到 AHP 层次分析法是一种化主观判断为客观权重,并通过特征向量检验一致性,保证得出的权重能够真正体现我们对指标重要性的认识,避免在多级多目标比较中出现差错的方法。

于是我们三个人约定到舅舅家听讲 AHP 层次分析法,从基本概念开始学,达到学会用 AHP 层次分析法建立并分析具体模型的水平。

一波未平,一波又起,权重的设定方法是有了,可是通过学习,我们发现矩阵的运算十分繁杂,况且我们还要建立 9×9 的矩阵。为此,我提议"编程"。但是,三个人中我只学过 Logo,而汀滢的 Pasca 也仅学了一两周。因此,我们在同学的帮助下,最终顺利得到了一组凝结众人汗水的权重,同时还有了属于这套评估法的权重设定程序。

王汀滢
3月8日

3月4日,以"体验科学,健康成长"为主题的第20届福建省青少年科技创新大赛在泉州科技馆拉开了帷幕。青少年科技创新大赛是目前福建省及全国中小学各类科技活动优秀成果集中展示的一种形式,大赛采用公开展示、专家问辩的形式,竞赛学科涉及数学、物理、环境科学等13个学科,来自全省的100多名选手参加比赛。虽然我们并没有把握能够在这如林的强手中脱颖而出,但我们一定会尽自己最大的努力。

我们是 3 月 3 日到达泉州的，那天下午我们赶到展馆布展。我们到的时候已经有一半的展位挂好了展板，看起来大家水平都很高。我们找到自己的展位后便开始了工作，贴底板是一项细活，要让展板乖乖的粘在底板上可不是件容易的事，这不，一不小心就出现了几个半圆的泡泡，怎么按也按不下去。最后还是何劲充分发挥体重优势，将右膝往展板上一跪，这样一来，泡泡是按下去了，但又在上面留了个坑。我们按事先设计好的版式，把研究课题的名称、简介、设计的表格、建议及运用 GPS 在野外实地考察时的照片依次贴在展板上。天蓝色的底板上是我们半年努力的浓缩和研究成果的精华，我们郑重的将它挂在了展位上，远远望去它好像也急不可耐地要和其他展板在专家们面前一争高下。

准备离开时，我们不光收拾好自己带来的材料，还不约而同地将其他展位上残留的垃圾清理干净。

3 月 4 日、5 日，是大赛最为关键的两天。4 日上午的公开展示，下午的第一轮封闭问辩将决定我们是否有资格参加明天的第二轮问辩。而 5 日的第二轮封闭问辩将关乎我们是否能进军全国比赛。

4 日上午泉州科技馆里分外热闹，展示大厅里的观众络绎不绝，有指导老师、学生家长、学生记者以及各大新闻媒体的记者，据说还有评委混杂其中。我们不敢掉以轻心，充分展示"能侃"的才华，整个上午不断地向观众进行讲解，同样的话说了不下百遍，我敢打赌这肯定就是我们今晚梦话的内容。我们的热情感染了观众，不知道是否是错觉，我们展位前的来访者似乎特别多。快接近 12 点时，突然来了一大批西装革履、胸前戴花的评委模样的人，我们猜测他们可能是为了下午的答辩来探虚实的，一定要给专家留下好印象。我们立刻抛却了饥饿和一个上午的疲惫，认真回答了专家们提出的每一个问题，像"卫星的型号、卫片的来源"以及想法的来源和研究的目的等。看着满意离开的专家，我们长长地舒了一口气。嘻嘻，一个上午终于过去了，我们急忙收拾好东西赶去吃饭、午休，希望下午有个良好的精神状态。

那天下午发生了一件很诡异的事情，由于是封闭式问辩，展厅显得冷冷清清，我们等了近 3 个小时，却还是没有看到半个专家的影子。终于，一位专家出现了。当我们满腔热情地迎上去，刚想张口时，那位专家眯眯一笑说："不用了，早上我已经听过了。"我们掩饰住内心的惊异，小心翼翼地说："老师，那专家什么时候来？"那个专家又是一笑说："不来了。""什么？"我们异口同声，难道我们被刷了？我心一紧，那个专家又开口了："上午表现得不错。噢，忘了告诉你们上午那个就是答辩。""什么？"我们 3 个再次异口同声。天哪，居然就在那不知不觉之间？

4 日晚，我们怀着忐忑不安的心情在宾馆里等待着命运的安排，祈祷着那神不知鬼不觉地问辩给我们好运。8 点左右，领队老师拿到了决赛名单。哈哈!! 我们榜上有名!! 这既意味着我们顺利闯过了第一关，又意味着我们"三个臭皮匠"今晚又要加班了。何劲、王帅开始加工 PowerPoint，而我，则加紧准备明天的陈述。

5 日上午，我们是在焦虑与不安中度过的。我们的问辩被安排在下午。午觉起来，我和王帅对着镜子，认认真真地理了理发型，整了整服装。嗯，第一印象很重要噢!

终于轮到我们进场了。哇! 房间里黑压压坐着一屋子的评委。何劲在电脑中搜索着我们昨晚就拷进去的 PowerPoint。天哪! 居然没有!!! 不过没关系，何劲嗖地从口袋里抽出一个 U 盘。"还好有备份"我心想。"咦? 怎么不能用?"何劲和电脑顽强地搏斗着。"快点，快点，没有就直接讲吧!"评委们催促道。喇，我又从口袋里抽出了我的 U 盘，"试试"我说。我们的心随着电脑的屏幕而跳动着。"好了。"何劲长长地舒了一口气。"还好，多备了几份。"有惊无险，但这是一个深刻的教训，我想。接下来，我调整好呼吸和心跳开始了我的陈述。

又是一阵狂轰滥炸，但经过了"英特尔"答辩，这次我们就从容得多了。问题涉及研究的方方面面，有关于选题、研究方法、过程的，也有如何想到用 AHP 层次分析法这样的细微问题。不过，从离开时评委脸上的表情看，我们似乎成功了。第二天，在参观展览中，我们与一位评委相遇，他告诉我们说我的陈述应该是全场最好的，我们的答辩也是最精彩的。他说，福州一中的孩子就是不一样。

我想，这一切都要归功于那晚 ISEF 选拔赛的答辩。它让初出茅庐的我们看到了自己的拙笨不足与前方道路的漫长，告诉我们科学需要严谨的治学精神与不断钻研的热情，虽不可断言付出就一定会有回报，但每一个回报的背后定有艰辛的付出。

颁奖典礼是在第二天举行的。我们的项目获得了福建省一等奖，并获得了参加全国比赛的机会。领奖台上，闪光灯频频闪烁，记录下这激动人心的一幕，我知道，这是我们付出的回报。但我们同时清醒地认识到这还不是收获的季节，我们将以这次比赛为新的起点，总结、反思后向强手如林的全国比赛进发。

8 月 9 日

这里凝聚着我们的梦想。

站在宽敞的海淀展览馆大厅中，我们拥有了一方展示自我的舞台。虽然那只是一片狭小的空间，虽然与专家们的交流只是一个短暂的瞬间，但我们为此付出了很多很多。回眸我们那难忘的 270 多个日日夜夜，跑湿地、做调查、访专家、赶论文、练答辩、制展板，各相关科研部门留下了我们奔波的身影，闽江河口的湿地记录下我们的足迹。有很多次，书房的灯光在凌晨的夜幕中仍孤独地闪烁……我们很累，身与心的疲惫。现在我才开始思考，在到达山巅之前，要攀登多少险壁；在成功的背后，有多少付出与辛劳。虽然并非所有的付出都能换来辉煌，但我明白了所有的辉煌都要靠辛劳来奠基。

人都追求完美，差距在比较中体现，思想的加法往往不能用 $1+1=2$ 来解释，大赛提供了一个思想交流的平台。500 多个项目，多学科的交叉，让我的大脑内存得到了前所未有的拓展。从盲人拐杖到机器人模型，从北疆大漠到南方湿地，从植物分类到基因定位，一件件展品涉及生活的方方面面，点点滴滴。似乎竞赛已不重要，我们应从这里起航，面对着浩瀚的大海，加固手中的航船，我们拥有的是明天，今天的一切都是未来的基石。即使无法得到认同，无法赢得荣耀，我们也曾经历，我们也曾学习，我们的拥有也更加多姿多彩。

这里是我们的舞台，这里凝聚着我们的梦想。

大赛已尘埃落定，颁奖典礼在金碧辉煌的人民大会堂宴会厅举行。当站在领奖台上挂上奖牌时，我的心里有一种激动与感动。激动是因为今天我站在了庄严的人民大会堂领奖台上，感动则是因为我们的付出与所有帮助过我们的老师的辛劳。在科技创新领域，我们只是蹒跚学步的孩童，没有老师的引导，就不可能有今天的成绩。此时，耀眼的聚光灯下，我们拥有了所有的荣耀，老师们则坐在观众席中，默默地向我们祝贺。我想说：老师，谢谢您！

王 帅

7 月 24 日

2005 年 5 月，经过三轮紧张激烈的选拔，我争取到了前往英国参加 2005 伦敦国际青年科学论坛的机会，成为出访英伦的 5 名中国中学生代表之一。

在论坛的 30 多项议程中，有一项 "Student Topic" 引起了我的关注。这是一项展示各国学生科学研究成果的活动，通过项目陈述和回答提问来实现世界青年学生的科研成果交流。我是我们研究小组中唯一的与会代表，于是我想何不利用这次绝好的机会，在论坛这个世界级的平台上将我们的研究项目展示出来，听听来自世界各地的声音呢？同时也可借此向国际顶尖专家学者求教，向世界展示中国中学生的科学素养和科研水平。

于是我向论坛组委会发去了申请参加项目展示的传真，幸运的是，我们中国代表团的 5 名同学都获得了这次宝贵的机会。但我知道这时高兴还为时过早，接下来摆在我面前的还有许多复杂而琐碎的准备工作。

首先是准备项目陈述。经过省创新大赛的洗礼，我对我们的项目已经有了深入细致的了解，中文的课题答辩自然不在话下。但是这一次，我的听众变了，他们将是来自五大洲的青年学生。英语是我们的交流工具，但许多人又来自非英语国家。他们都是各个国家在科学领域成绩斐然的青年才俊，但有些人对湿地保护与卫星遥感还知之甚少。这就对我的项目陈述提出了挑战：既要用地道规范的英语表达，又要避免出现艰深的专业术语；既要充分展示我们小组的研究水平，又必须在规定的时间内让别人接受我们的观点。于是我开始了尝试。一本《牛津高阶英汉辞典》，一套金山快译软件，我开始对着电脑组织自己的讲稿。从开头的问候语到结尾的致谢小结，从原理分析到实例验证，这是一个烦琐而又具体的过程。从第一份初拟的演讲稿到最后的定稿，我一共进行了五次大的修改，邀请了 3 位英语老师为我进行审核，其中有 2 位是地地道道的老外。完成了陈述稿的组织后，暑假期间，我又进行了多次模拟陈述训练，以期达到最佳效果。

论坛组委会有一个特别的规定，所有项目的图片演示均不得使用电脑操作的 PowerPoint，而必须使用伦敦方面提供的旧式幻灯机或者手写白板。这让我们这些用惯了电脑幻灯的中国学生有些匪夷所思。不过转念一想，在英国这样一个发达的工业国家，提供几台电脑是绝对不成问题的。但主办方特意要求我们自己准备老式的幻灯片，正是为了锻炼我们的动手能力，培养我们的实践精神。这种看似"传统"的规定之下，蕴含的是一种多么先进的理念！因此，我的第二项工作就是动手制作幻灯片。费尽周折买到了早已被市场冷落的透明幻灯制作纸之后，我寻思如何让关键的图表（如评估流程图、卫星影像分类图）呈现在这薄薄的塑料片上。我尝试了手绘、喷漆等，效果都不尽如人意。最后还是在高人的指点下，我发现这种制作纸可以和普通的纸张一样在打印机中使用。这样我不仅顺利地准备好了陈述过程中需要用到的重要图表，还为我们的项目制作了一张漂亮的封面——广袤的苍穹下，万里长城在崇山峻岭间蜿蜒，这象征着我来自中国，我代表中国！

为了能和专家学者及与会代表更好地交流，我尝试将我们的论文提炼、制作成一份全英文的项目简介，作为文本材料在会场内分发。这项工作并不是组委会的要求，而是我想再给自己一个挑战，同时也能获得更多的交流机会。于是又一项工程开始进行了。为了确保论文的核心内容准确地体现，我没有请翻译公司来进行论文的翻译，而是自己对着电脑逐字逐句地斟酌。一周之后，一份完整的项目英文简介诞生了。鉴于自己水平有限，我特意请全省湿地权威陈宁老师对这份简介进行修改。在不到两周的时间里，15 份全彩色和 20 份黑白的项目简介完整出炉。

2005 年 7 月 24 日晚，我收拾着前往英国的行囊。我将凝结着我一个月来心血的演讲稿、幻灯片、项目简介小心地放进箱子。带着属于我们自己的项目去英国，此刻我真的好高兴，好有成就感。

8月2日

今天晚上，我期待已久的"Student Topic"（各国学生项目展示）即将举行，地点就设在我们的驻地——伦敦大学学生公寓 Ramsay Hall。现在是伦敦时间晚上8：30，我在异国他乡一个属于自己的小房间里，为30分钟后的项目演讲做着最后的准备。看着手中已被我翻得卷了边的演讲稿，摸着那一叠在出国前就已准备好的幻灯图片，原本还算平静的心情又泛起了涟漪。觉得眼前这一切还有些难以置信：我真的要在世界各国学生面前演讲了吗？我们3个中国学生近一年努力取得的研究成果真的即将展现在这个全球性的讲台上吗？我深吸了一口气，望了望窗外暮色中的伦敦，然后给自己一个满意的微笑。我告诉自己，此刻我需要的不是紧张和怀疑，我要的是百分之百的自豪与自信。

离正式演讲还有最后的15分钟，我已经站在了演讲厅的外面。今天我特意穿上了鲜艳的红旗袍，旗袍是中国女孩特有的名片，它能让大家一眼就看出我来自一个伟大的东方国度。迎面走来的不正是我们这次论坛的总执事 John Needle 先生吗？我走上前向他问好，将一份我们论文的英文版简介送给他，并邀请他稍后去参加我的项目介绍演讲。John Needle 先生高兴地笑了，简单询问了我们的项目创意之后，他竖起了大拇指，对我说："Good luck！"

我真的能有好运吗？后面的事实证明，我做到了。我的听众中，不仅有中国香港同胞，还有来自新加坡、新西兰、德国、以色列、捷克、马尔他、牙买加等不同国家的朋友们。看着他们随着我的介绍，或托腮沉思或点头赞许，我的心里有一种无比的满足。如果我的两位伙伴此时此刻也在现场，他们一定会有同感。项目介绍完之后，我又接受了大家的提问。这一次的答辩可比今年三月参加省创新大赛时舒服多了。我和各国同学在轻松愉快的氛围中交流着项目研究的感受，发表自己在湿地保护领域的见解。我们的项目不仅得到了肯定，还收获了许多宝贵的意见，这可是来自世界的声音啊！这一次不同寻常的陈述，为我们项目的深入研究提供了一笔宝贵的财富。

第二天，我结识了更多的外国朋友。我们在交谈中，常常不自觉地将话题转向湿地保护，特别是我们中国学生提出的"层进式评估"这一新的保护思路。来自中国香港大学的同学邀请我前往香港米埔湿地公园进行实地参观，一些内陆国家的同学更是向我请教关于河口湿地方面的知识。想起一年前的这个时候，我还只能捧着资料到教授家登门求教，现在却给别人当起了"老师"，而且学生还是一群"老外"，这种感觉太不可思议了！

演讲结束后的几天里，每当我听到有人对我说"Well done!"，我知道，这不仅是对我一个人的肯定，而是对我们的项目，对我们三个人共同的努力，对我们中国人的肯定！

教师指导体会

《闽江口湿地调查研究》的课题已经基本告一段落了。回首和三位同学相处的难忘经历，一个个美好的片段就会浮现在眼前。在课题研究中，同学们和我虽然也曾经历挫折，也曾不知所措，但我们也几乎每天都有新进展，每天都有新发现，每天都收获新喜悦。

何劲、王帅、王汀滢同学因为志趣相投而聚在一起开展研究，他们的学习热情非常高。当选定了这个课题以后，我和他们一道开始查资料、访专家、作调查。一年多的时间里，我们的足迹踏遍了闽江口，到各个主要湿地进行实地考察。考察中，我们发现了闽江口生态环境有恶化的趋势，就拍摄了很多让人警醒的照片：闽江上游和闽江口周围地区不断排放的生活污水和工业废水使得湿地水质受到极大破坏，大面积的围垦造田使湿地面积大为减少。在对蝙蝠洲的实地考察中，还发现了大量用于捕鸟的网，被人用饵毒死的水鸟，大量的珍稀候鸟被偷猎后摆上餐桌。震惊之余，同学们迅速策划了一次宣传活动，向市民发放调查问卷和宣传资料，宣传湿地保护的重要性。他们还向福建省委书记卢展工同志写信，呼吁加强对湿地的保护。令人欣喜的是，他们的研究得到省内外媒体和多位科学家的关注，课题研究得到卢展工书记的肯定，中央电视台《新闻联播》节目也对课题组的成员进行了采访和报道。通过这次课题研究，同学们真正认识到了提高全民素质是一件迫在眉睫的事，这样的活动不仅教育了他人，更是一种自我教育。完成了研究报告之后，汀滢同学深有感触地说："原先我们与社会的接触似乎是太少了。不管怎么说，我们自己开始走向了社会，第一步虽然蹒跚，但毕竟是前进了。"课题研究推进了闽江口湿地的保护工作，也使同学们对国家和社会的责任感与使命感得到升华。

因为遥感卫星影像监测具有宏观、及时、准确的优点，同学们选定了该项技术来与地面实地考察相结合，为湿地的评价、连续观测、保护、管理提供真实可靠的技术支撑。遥感技术对于同学们来讲是完全陌生的领域，我也知之甚少。但是同学们并没有因此而退却，我们先购买相关书籍、下载资料进行自学，对于疑难问题，我们走访请教了省内有关领域的多位专家。他们都热情地给予了极大的帮助，特别是欧亚科学院院士、著名遥感专家王钦敏教授在百忙之中多次给予同学们指导，他对青少年科技教育倾注的关心令我们十分感动。在很短的时间里我们突破了一个又一个技术障碍，进步之快连他们自己都难以置信，这种全新的学习方式充分调动了同学们的学习主动性。

课题研究使几位同学的个性、特长以及潜能得到充分发挥，既增强了自信，又通过学习别人的优点与特长，发现和认识自我，进而对学习生活的各方面产生了积极影响。在学以致用的过程中，同学们的知识和能力水平得到了提高，他们学会了合理地安排时间、提高效率，学会了有效合作。值得一提的是，随着学习能力的提升，他们的学习成绩也比原先有了很大进步。在今年的高考中，王汀滢同学保送北京大学，王帅同学同时被北京大学和香港大学录取，而何劲同学也考取了上海交通大学。

指导学生课题研究对教师的素质提出了更高的要求。教师的丰厚知识储备是学生顺利完成课题的基础资源之一。随着学生探究的水平及经验的逐年提高，思路越来越广，探究的领域也越来越宽，他们思维的灵活性和知识面常常使我自叹不如，深刻体会到了自身学识水平的不足。从课题的设置到结题，在指导学生的过程中，我同学生一同学习了很多知识：从卫星遥感、AHP 层次分析到湿地资源，原先陌生的领域不断涉及，模糊的知识不断清晰，和学生相处的每一天都过得非常充实。随着这几年学生涉及方方面面课题的进展，我也成为多个领域的半拉子"专家"。指导学生课题研究使我有了更大的动力不断学习，这几年里我获得了教育硕士的学位，又在今年考取了分子生物学专业的博士研究生。从这个角度看，我的受益不比学生小，指导学生课题研究也将成为我继续教育的动力，作为我终身学习的重要途径。

指导学生课题研究的另一个收获是教学水平的提高。事实上，课堂教学是培养学生探究精神、创新精神的主要渠道，各学科领域的知识可以在课题研究中延伸、综合、重组与提升，而课题研究中所发现的问题，所获得的知识技能又可以在各学科领域的教学中拓展和加深。由于指导课题研究，我接触到更多的前沿科学领域，可以站在更高的角度来把握学科知识体系的架构以及发展趋势，上课内容比以前更加充实；教育方法也有了很大转变，课题研究悄然渗透课堂，课题研究中所领悟到的新的教育理念使自身的教学艺术不断提高，上课的气氛比以前活泼多了，学生也更感兴趣了。几年来，在学校的教学评估中，我都获得了接近满分的高分。

课题研究中学习活动的自主性、灵活性决定了学生的学习方式的多样，要出去搞社会调查、采访、做试验、上网查阅资料……学生更多的时候要走出校门、走向社会，活动范围远远超出老师原来的管理范围。如果没有有效的组织和管理，课题研究是难以实施的，还可能存在安全隐患。因此，每次外出活动我都精心设计、有效组织，尤其是野外考察我都准备了应急预案以备不测。一次湿地考察中，何劲同学在一处滩涂拍摄时不慎身陷泥沼而无法自拔。由于早有准备，我们并没有慌乱，而是迅速靠近，将带着的绳子抛给他，将他从泥沼中拉了出来。通过这些活动，我的组织能力得到了锻炼，比过去有了很大的提高。

回顾几年来和学生们一起走过的道路，虽然有艰辛、有坎坷，但更多的是收获的喜悦，成功的快乐。我真切地体会到课题研究这种学习方式对我以及学生进步所起到的巨大帮助。我们期待有更多的老师和同学们能够投身研究性学习、开展课题研究，使之成为师生共同成长的道路。

闽江口明清海防炮台群的研究

——李林川老师和他的学生们

教师简介

　　李林川，福建省福州第一中学历史教研组长、高级教师。省级骨干教师、学科带头人。现任省中学历史教学研究会理事，省普教室兼职教研员，福州市中学历史教研员、课改专家指导组成员，福州市历史名师工作室成员。

　　长期从事高中历史教育教学工作，主编5部、参写60多本（册）教学教辅读物约500万字，在《中学历史教学参考》等刊物发表论文20多篇。系福建省人民出版社和鹭江出版社特约作者、福建教育出版社特约执行主编；主持省级历史课题并通过鉴定，获得省级教学论文一等奖。指导学生获得福州市、福建省和全国青少年科技创新大赛一等奖，先后获得教育部课程指导中心"中小学教师远程培训项目"优秀指导教师、"福建省优秀科技辅导员"称号。

教师指导日记（2005年3月至2005年12月）

3月12日

我在学生中的人气还是挺旺的。几年来，找我要求做研究性课题指导老师的学生不下十几个小组。但问题是只开花不结果，没有什么重大收获。不是课题没有什么价值，就是学生三分钟热度，潮涨潮落，来得快退得也快。说实话我也不知道如何指导，只是听听汇报提一些建议罢了。

新学期开始了，学校又要搞研究性学习活动。听说如果发现有价值的课题可以作为参加创新大赛的项目。这几年我们学校搞创新大赛确实做得不错，全国大奖每年都有几个，全省的奖项就更多了。我也想指导几个学生做个好的研究性课题，来证明自己也能够成为合格的"创新大赛指导老师"。

可是找谁呢？我也不清楚谁是我的"试验品"。但我相信会有人找上门来的。

哈，前几天，高二的李辰果然找我来了。他说他对福州闽江口一带古炮台群感兴趣，而且把"死党"——电脑高手胡伯涛拉进来做课题。我听后马上来劲了，因为我对福州的船政文化之类的地方史有过接触。研究这种"土"炮台还是蛮有意思的，起码我这个历史老师可以派上用场。我知道李辰的文史地都很强，搞这方面的课题研究应该没有问题。胡伯涛擅长计算机，搞文史课题行不行，我不清楚，但也正好可以优势互补。

据我所知，创新大赛的关键是创新。这跟平时随便看看，再上网下载些资料整理一下的课题绝对是不一样的。所以，我要先看看这个作为课题是否合适。

我不动声色地"审问"起来。你为什么要选定这个？他说他与胡伯涛去年曾经参观过虎门炮台，原来想研究虎门炮台，现在觉得福州炮台更近一些，好做一些。我问，你要做什么方向？他说他也不知道该做什么好，只是觉得这个题材不错，地方特色鲜明，又和市政府重视的船政文化联系密切，还是爱国主义教育的素材。

嘿，这小子还是很有想法的。凭直觉我觉得这个题材做课题有戏！应该有很深的内涵可以挖掘。

我还是不动声色，因为我想起以前学生做寿山石的课题，白高兴一场最后也无疾而终——因为别人做过而且比我的学生做得更好。但经验教训告诉我，这可能是一个好课题，大有文章可做。可是，这个题材别人研究过吗？如果有人研究过，李辰他们能突破旧有结论，有所创新吗？

我把这些想法告诉他，他也很茫然。呵呵，其实我这指导老师也不是很清楚该怎么指导才合适。

我忽然想到我的好朋友张群林老师，他是我们省指导创新大赛的高手。我说，你最好去找找张老师，还有这几年在全国创新大赛中得过大奖的同学，多向他们请教请教。

李辰拍了拍脑袋说："对啊，我怎么没有想到？马上找他们去。"临别的时候，我才告诉他这个题材选得不错。不小心有可能得大奖哦。嘿嘿，我半真半假地卖个关子，希望他干劲倍增。我今天对指导老师的角色开始有点感觉了。

今天，他很高兴地跑来了。他说，张老师和有经验的同学告诉他上网查专业论文网站清华同方网和万方网，还有从福建省以及福州市的科协网站找从前省市大赛的课题。经过他和胡伯涛一番寻找，除了有对个别炮台旅游方面的介绍文章，只有一些专家写的马江海战文章。专门对福州一带古炮台群进行研究的，他们没有发现。

我掩饰不住兴奋地对他说："你选题歪打正着，做没有人做过的课题就是创新，知道吗？"他也跟着呵呵笑了起来。

就这样，学生们和我一起大致锁定了课题的项目。

李辰离开后，我想应该向师范大学的教授或者福州地方史专家核实一下我们的课题是否有价值，要指导学生，首先自己应该先学习。

4 月 13 日

这几天忙着看单元考卷，同时又要为期中考试准备命题材料。每天早晚在新校区和老校区之间穿梭奔波，累死了。关于李辰、胡伯涛他们课题的事情，也没有时间和心情过问。

几天前的中午在学校食堂遇见李辰，顺便问了问课题的进展情况。看着他愁眉苦脸的样子，我知道课题没有什么进展。原来，胡伯涛把心思都用在计算机奥赛方面去了，对课题不太热衷。现在课题剩下李辰一人单干，他说自己十分疲惫。

我安慰他说："你已经做得很好了，我想胡伯涛也有他的难处，人家正在准备计算机竞赛啊。要不，这件事情我来帮你搞定。"

胡伯涛个性鲜明，文史知识不是专长，计算机是他的生命。他有过无数次的竞赛经历，科学素养超群，思维怪异、活跃。课题缺少这位怪才的参加，一定会逊色许多。因为我隐隐约约地感到，假如能够在社会科学的研究中应用计算机技术，应该是不错的创意啊。对！无论如何都要让他参与到课题的研究中来。

我迅速召来胡伯涛，开门见山地问他为什么最近没有搞课题。他也直截了当地回答："现在没有时间，我要参加市里的选拔赛。再说，我也不知道计算机在炮台课题中能够做什么？如果计算机在课题中用不上就没有什么意思，我就不做了。"

哦，是"如果"。这小子并没有说不做啊。而且，他的思路与我的想法也不谋而合。

我暗暗高兴，但是很"体贴"地说："这样吧，你现在全力以赴去做竞赛。以你的水平过关没问题。不过，怎样把你的计算机优势引入到炮台课题中来，这也是很不错的想法。你应该跳出来做做社科的东西，对你开阔视野大有好处啊。"我补充说，"专家说这个课题是非常有前途的。"

他瞪大眼睛望着我，点点头。

晚上，我给胡伯涛的父母打了电话，目的是争取家长支持，解除孩子的后顾之忧。我耐心细致地说清楚做这个课题的种种好处，他的父母非常爽快地表示全力支持。至此，胡伯涛的问题解决了。

第二天早上，我躺在床上还在思考这个问题。想到这个课题工作量比较大，现在光靠李辰一个人是不行的，需要再充实力量。晚上我找李辰，跟他说起我的想法。他说，他也在找一个新人选，能不能找一个有激情同时口才不错的女生？

对啊，男女搭配，干活不累！我刚刚说出口，他就嘿嘿地笑起来了。

找谁呢？李辰说他已经有初步人选：Y、JY、唐艺。这些14班的女生水平都是很高的——李辰眼力还真的不错。

李辰说，他跟这些女生不是太熟悉，更没有什么交情。他打过电话，Y和JY倒是对炮台课题很感兴趣，但遗憾的是她们自己已经在搞"芭比娃娃玩具"的课题，没有精力再搞新的课题了。那么，唐艺呢？李辰说还没有联系，能不能请老师出面帮忙？

李辰在新校区，唐艺在旧校区，两地距离15公里。他们联系起来确实有困难。好吧，我亲自出面说服她加入，应该没问题吧。

我来了一个迂回战术，先给14班的班主任打了个电话，说明来由。班主任说，这个问题不大。

今天传来好消息：唐艺加入课题了。

事后我才知道，李辰听胡伯涛说唐艺的妈妈与胡伯涛的妈妈是老朋友，他就与胡伯涛密谋一番，也让胡伯涛的妈妈给唐艺的妈妈打了电话。

为了强化成果，我马上又特地回老校区与唐艺面谈了一回。

哈哈，真可谓围追堵截，用心良苦啊！

5月7日

"简直无组织无纪律。"我听说这些家伙居然事先没告诉我就去考察炮台了。

其实,我心里还是挺高兴的——这些学生已经"上道"了。人们通常把信息理解为文字、图片资料。其实,不止这些,资料来源除了传统的钻故纸堆外,还有更广阔的空间和渠道,实地考察就是一种重要的手段。

前途是光明的,课题是有戏的。赶紧打电话了解一下情况。问唐艺,她说她有事没去。问胡伯涛,我才得知事情的来龙去脉。

原来,胡伯涛的家长利用五一黄金周放假时间,开车到琴江参观当地的民俗文化。李辰和胡伯涛本来就是好朋友,想顺便到琴江看看炮台。他们知道我比较忙,车小人多也坐不下,就自己先去考察了。

听到我的召唤,课题组3人都到我家来了。听他俩介绍琴江炮台考察的情景,我们都笑翻了。炮台变成了村民的菜园子,连炮台的影子都没有,只在地上找到几块当年建筑炮台的三合土土块。现在的炮台是新修给游客看的。"太新了!太假了!"他们忙不迭地说。

他俩也路过马尾马限山炮台,觉得这里还是挺气派,修复得也比较旧,有历史感。

轮到我说几句,一下子他们全都蒙了。

我说:"你们带回来什么新资料?比如说照片、炮台长度宽度数据、具体经纬度位置……"他们都说只有几张照片,其他的没有。

"哦,大家没有经验。"我安慰道,"其实,这次就算是带有旅游性质的考察,大家摸过底以后就好办了。考察本身就是在收集资料嘛。"如此又说了几句让大家开心的话。

3人的脸色于是阴转晴,气氛轻松了不少。

我觉得,虽然这次考察并不成功,偶尔让他们在实践中跌个跟头也是应该付出的学费。跌跟头,也同样能跌出水平、跌出进步来。做课题本来就是在摸索中不断前进的。这次不成功的考察也有积极的意义。

唐艺对我说:"老师,我们下一步做什么啊?"我说,还是大家讨论一下吧。他们你一言我一语,说了起来。

电脑高手胡伯涛赶紧上网找出《野外考察工作手册》等资料。他们利用2台电脑大找有关炮台和考察须知之类的资料。然后,大家列出了下一次要考察的注意事项。比如带上皮尺、摄影机、GPS定位仪、望远镜、照相机,以及有关这个炮台的所有文字资料。

连GPS卫星定位仪也想到了!李辰说,用它来确定各个炮台的具体位置,应该没有人做过。《探索·发现》节目上有过使用 GPS 的事例。人称"地理专家"的李辰还是发挥他的特长了。

大家又开始互相开心、自我吹捧："老师，我们用 GPS 把炮台定位下来，是不是创新啊？"还没有考察，就这么自我标榜了——实在可爱。

我说，现在最提倡的研究是野外实地考察。这样，跟别人比较我们就有许多第一手资料，这就是创新优势。如果钻在故纸堆里找资料，我们没有优势可言。但现在大家都还要上课，没有时间去考察。如果从现在起认认真真地去准备充足的资料，等到一个月后的暑假来了，再出去大规模野外考察，效果肯定会十分理想。

我这么一说，得到大家的共鸣。毕竟大家对琴江炮台匆匆忙忙的考察有深刻的教训了。

"老师，我们后面这段时间还能做什么？"又是唐艺追问。

"找资料！炮台的背景资料，别人研究别的地方炮台的论文资料！利用这段时间，把前期准备工作做扎实了，后面考察和写论文就轻松了。"我说。

"到哪里找？图书馆？还是网络上？"他们叽叽喳喳。"能不能帮助我们联系一些教授专家？他们的资料一定更专业！"

"好，你们跟我想到一块了！"我非常高兴地说，"最好找福州地方史专家和研究福建海防的教授。"

胡伯涛说："我们还可以用 QQ 和论坛，在网络上求助其他高手。"

李辰和唐艺商量了一下说："我们还可以上当地的政府网站，找当地的领导帮忙。""到时候我们考察炮台，肯定还会找到更多、更加精彩翔实的第一手资料。"

说实在话，他们这种找资料的发散思路绝对是我想不到的。这不，连思路都是全新的。很多时候，我们真的对学生的聪明才智估计不足啊。

我说，"具体怎么做由李辰来计划。你们找个时间讨论一下如何分工吧。再给我一份书面计划看看。"

经过这次深入讨论，我终于感受到：后生可畏！

9 月 3 日

上次考察金牌山炮台群，我们就找到了位于山腰茅草和竹林丛中的崖石炮台，还有山脚已经被改造为养殖池的岸炮台。可是，听养殖池主人说山顶上还有主炮台，好多年没有人上去了。仰望着满山齐人高的灌木野草，我们望而却步。

根据我的提议，昨天学生们在我家就考察路线讨论了一番。胡伯涛上网让大家观看"google. maps"提供的卫星遥感地图，试图从中找出通往金牌山顶的道路。李辰又从电脑中调出以前在金牌山对面长门炮台拍摄的金牌山炮台照片。可惜，图片的分辨率太低，我们看不清楚。唐艺也连忙拿出我们的特种武器——地质地形图。按照学过的地理知识，大家从地图标注的等高线分析，再参考遥感地图和实地照片的模糊图像，判断出在山脊南侧可能有路上山。

看来，学生们经过课题研究的锻炼，能力确实提高了。

我同意大家的判断，也补充了自己的看法："山上有高压线铁塔。笨重的铁塔部件就必须通过山上的道路来运送。所以，我推测应该有山路通到山顶。到时候，我们再询问当地人。"

唐艺吹捧我："老师，您好像是福尔摩斯啊。"嘿嘿，也许吧。

穿越江边的村庄、田野和鱼塘，经过近一个小时的颠簸，我们轻车熟路又来到金牌山下。亲爱的金牌山炮台，我们又来了。

在山脊南侧穿山而过的公路上，同来指导的张老师和我建议停车。因为我们发现路边有一条石阶通向山腰的一座寺庙。胡伯涛自告奋勇，跳下车上去找人问路。

山上传来胡伯涛兴奋的声音："大家快上来吧，这里有路通向山顶！"

大家一阵惊喜，真是"踏破铁鞋无觅处，得来全不费工夫"。昨天我们对考察路线一番探讨，终于得到成功的验证了。

从山脚沿着弯弯曲曲的羊肠小道，我们冒着似火的骄阳气喘吁吁地向山顶进发。一路上，大家轮流挥舞柴刀砍去挡路的草木，顺利到达了山脊。

炮台在哪儿？凭着前一段从长门炮台隔江望见金牌炮台的印象，加上昨晚的"功课"，我们再展开手中的地质地形图实地对照，准确锁定并找到了金牌炮台。

用柴刀劈开野藤和杂草，清理覆盖在炮台废墟上的杂物。接着，学生们熟练地按照各自的分工录像、拍照、测量、绘制平面图、测定经纬度等。最后，我指导他们观察周边山川地形，实地感受长门炮台和金牌炮台夹江呼应的特点。

今天实在热得够呛。万里无云，骄阳似火。因为大家太激动，上山时都把遮阳伞扔在车上了。我们把带来的所有饮料都喝完了，干渴得想起了上甘岭那个缺水的坑道。我们狼狈地到处找阴凉的树荫，可这里有的只是漫山的野草和灌木。就这样，考察组师生整个白天就在烈日曝晒中攀爬、行走、考察。一个个面色通红汗流浃背，累得气喘吁吁勉强撑持。

真是祸不单行，酷热之外又有新的意外。就在考察快结束的时候，李辰跳下炮台护墙时，两个脚踝同时扭伤了。我们只好扶着他艰难地继续考察300m外的烟台山炮台，直到考察结束。

今天，我们收获巨大：找到了资料中记载的金牌炮台群的所有炮台，采集了有关这个炮台群各炮台的分布状况、布局形状、大小规模、准确位置和保护现状等第一手的珍贵资料。同时，我们对长门炮台与金牌炮台形成夹江呼应的特点有了直观的感受。

当然，我作为指导教师还是有许多值得反思的地方：应该在考察之前细化野外考察工作的具体事项，在实践中应提醒学生带上遮阳伞之类的物品以及加强野外安全保护等。我们也曾经通过网络认真学习了《野外考察手册》，了解了野外考察的基本常识和应急措施，但在实践中依然出现疏漏，这是需要引以为戒的。

这次对金牌炮台群的考察可称得上是悲喜交加，得失兼有。在我看来，无论是经验还是教训都是弥足珍贵的财富。

11月1日

前几天中午，电话"丁零零"响起来。是电脑高手胡伯涛的妈妈，她激动得结结巴巴地说："李老师吗？我给你们联系了一个大人物……"

什么大人物？我的脑筋一时转不过弯来。

"刘教授，××大学的社会学系刘教授，留学美国的博士啊。他说从报纸上看到你们做炮台课题的消息，特地问了好多人后打电话到我家。他说，他关注闽江口明清炮台好多年了，没想到被这几个小孩子先做了课题。希望能够跟你们几个一起去炮台看看。他说……"

一阵眩晕的惊喜：天上掉下个刘教授！

我赶紧按照她给的电话号码，给"大人物"回电话。听着电话里传来从容不迫的男中音，我极力想象着这位"大人物"的模样，但还是想不出来。

第二天，我们出发去考察黄霞寨炮台。就在预定的地点，我们看到一位学者模样的人在张望着。白色休闲服，皮鞋，清瘦面颊上架着金丝眼镜，应该是刘教授了。停车询问，果然不错。

一路上，胡伯涛与刘教授一见如故，黏上去说个不停。听着他们眉飞色舞的讨论，我觉得这个教授真的平易近人。看着胡伯涛仰慕的神色，我知道这位教授确实有几把刷子——能够让胡伯涛信服的人可不多。

汽车的一路颠簸让我昏昏欲睡，除了汽车噪声，耳边还传来断断续续的讨论关键词"社会学原理"、"遥感调查法"、"数据统计方法"、"采集数据分类"……

接着，我们下车又坐船到了粗芦岛。这位喝过洋墨水的教授，也屈尊与我们同挤在柴油三轮车上，在凹凸不平的乡间土路上东摇西晃地赶路。

来这里之前，课题组仅有当初从网络上找到的粗芦岛塘下村介绍黄霞寨炮台的几句文字。黄霞寨炮台具体在哪里？现状如何？问遍专家学者都没有人知道。我们都以为炮台就在塘下村天妃宫后山，随便就可以找到。

就在塘下村寻找知晓黄霞寨炮台的村民时，刘教授真的"牛"了一把。他的不凡气度让天后宫前闲聊的村民以为来了一个大人物，围拢来看新奇。是啊，城里人谁会来到这偏僻的海岛渔村？刘教授用方言询问村民，村民才知道这些城里人要看破东西——真稀罕。村民都说炮台在离村庄5公里外的荒山上，没有人知道它的具体位置。看着远处绵延不绝郁郁苍苍的山峦，我都快绝望了。

这时，有一个村民支支吾吾地说，他半个月前去那个地方砍过树。我赶紧说，请你给带个路吧。没想到，他非常爽快地答应了，多么善良淳朴的村民啊！

学生对我会心笑笑，都说今天没有刘教授我们可是去不了黄霞寨炮台的。

我点点头，心想除了刘教授，也多亏这些可爱的村民。

一路上，刘教授指点学生看天后宫、红树林、长门水道、远处的长门炮台……我这指导老师反倒轻松了。到了黄霞寨炮台所在的黄霞山下，他招呼学生打开地质地形图，对着地图指指点点周围的山川形势，推测郑成功当年在这里设置营寨安放大炮的理由。教授毕竟是搞社会调查的行家啊！

这是我们野外考察炮台最艰苦的一次。山上几乎没有像样的路，仅仅有上山石阶二三十米，剩下的就是草丛中曲曲折折的土路。走了几百米后，甚至连路都没有了。几天前这里刚刚经历过台风的洗礼，满山遍野到处湿漉漉的。在一人多高的草丛中连滚带爬，我们的双手都被锋利的茅草割得血痕斑斑。看看刘教

授，一身休闲打扮的白衣裤也被涂上斑驳的迷彩色。

在石垒炮台遗址面前，刘教授气喘吁吁却依然保持着平和的情绪，跟我一起指点学生拍照、测量、记录，直到考察结束。因为上山时胡伯涛不小心背部摔伤，需要我和带路的村民搀扶下山。刘教授又主动收拾学生所带的物品，在前面艰难地带路。

回家的车上，刘教授不停地安慰胡伯涛，同时又与他谈起课题研究："你们这种野外调查非常有价值。现在的人比较浮躁，不愿意实地考察。""我们社会学研究经常要用到各种方法。你们课题用了不少方法了，比如文献法、实地调查法、访谈法、卫星遥感法、模拟法、比较法、逻辑推理法、综合归纳法……"

我作为指导教师，其实并不知道要用什么方法，只是知道要踏踏实实地带领学生去做有创意的课题。现在经他这么一总结，心里一下子透亮了。我感到，自己有必要向刘教授借一些怎么做课题的书，补补课。

（后记：论文完稿后，在论文结尾处列出了感谢人的名单，自然列入了刘教授的大名。这么有水平的教授在大家的眼里确实是很"牛"的。学生们满怀感激之情把论文副本呈送刘教授，当刘教授翻看论文时，忽然叫了起来："错了错了，我不是刘教授，是牛教授！"

啊?！是牛教授啊！我们几位面面相觑，目瞪口呆。）

1月2日

发现并证实福建长乐市潭头镇的文石炮台是清代炮台，课题组的这个重大成果得到了专家们的肯定和赞赏。

从发现线索、实地考察直到最后确认文石炮台的建造年代，课题组学生花费了半年多时间。

为了取得闽江口一带详细的平面图，7月27日早上胡伯涛冒冒失失地闯进福州市地质局，跟素不相识的工作人员磨嘴皮一整天。凭着他杰出的"磨功"和福州一中的社会影响，终于得到了1:50000比例的福州地区地质地形图复印件。得到好消息，我们几个惊讶地佩服这位"电脑天才"的壮举。当晚，大家在我家一起如饥似渴的阅看地图。

当大家用铅笔把已知的炮台遗址标上地图的时候，胡伯涛在图上突然发现了"马山旧炮台"字样，惊叫起来："哈哈，可找到了。"所有人都惊喜异常——这个炮台可是从来没有找到过有关资料，但确实又在我们预料之中的。

原来，学生们在4月份研究闽江口明清炮台遗址分布状况的时候，发现了这样的现象：炮台分布"南轻北重"——北岸的密集，南岸的稀疏。根据资料，梅花水道、长门水道是通往闽江口、通往省会福州的两大通道。长门水道分布众多炮台，梅花水道居然没有炮台。我和学生们都觉得奇怪：梅花水道这里也应该有一些炮台才对啊。何况梅花水道的沿岸在历史上就有重要港口，也需要守卫的。现在我们的推测真的得到证实了！

李辰问大家："图上的马山旧炮台到底是什么时候修的啊？是不是我们要找的明清炮台啊。"大家都清醒过来了——这真是个问题。如果是民国时期的或者是新中国成立后修的炮台，那么我们都要空欢喜一场。

接过李辰的话头，我跟大家说："但愿这是好的开端。现在我们的任务是，一定要挖地三尺，去证明它是明清时期的炮台。"

无论用搜索引擎还是找万方网、清华同方网论文，网上查资料都一无所获。他们沮丧无比地来汇报——要知道，这种效果却正是我想要的。

我告诉学生："做课题就是有难度的。你们现在找不到资料，说明我们的文石炮台确实没有人研究过。好事情啊，弄好了就是最大的创新……填补历史研究的空白！"学生听完转悲为喜，无不欢欣鼓舞。

根据我的经验，我建议从当地地方志、族谱入手查，这些东西估计在省图书馆、师范大学图书馆或者长乐县图书馆可以找到。

不说还好，说完他们就晕了："老师，这好像有点困难。"

我想，指导老师不能越俎代庖，点到为止就可以了。不过，在学生遇到困难的时候，还是应该提供必要帮助的。

好吧，我拍拍胸脯说，我来开路你们自己走，先帮你们联系一些人。我把我的好友长乐 X 中学历史老师李老师和福建师范大学离休的我国海军史权威陈教授的电话号码给了学生。

几天后，学生们联系上了长乐李老师，在李老师的帮助下借到了《长乐县志》，终于查到了关于文石炮台的简单记载。他们还通过网络查到长乐当地的《陈氏宗谱》中炮台的记载。这些记载都只有几行字，但是可以明确证实这是清代炮台。

当电话里传来喜讯时，我高兴万分，特地让学生带来资料，一起阅读分析。我首先热情地表扬了这些孩子。为了慎重起见，我主张还要请专家来鉴定课题组的这个发现。

8月9日上午，我带唐艺、李辰来到陈教授家。陈教授肯定了孩子们的成果，并提出这些材料属于现代纪录，证据效力不够，应该进一步找资料核实。

回来后，我也联系了研究闽台海防的师范大学卢教授。卢教授也同样惊讶学生的发现，希望我们进一步验证。

现在正是暑假，我告诉大家分头去泡图书馆、搜索网络。可是，课题组查了几个月也没有什么新突破……事情似乎就这样搁浅了。

8月25日，学生们都非常激动……因为要到课题组的新发现——文石炮台考察了。

在比照地质地形图和询问路人的一番辛苦摸索后，大家终于来到了朝思暮想的文石炮台。大家激动地在旧炮台遗址上走来走去。我赶紧叫大家动手采集资料。大家恍然大悟，赶紧用柴刀劈开乱草，用皮尺丈量、绘图和拍照……这些可都是宝贵的第一手资料啊！

第二天，学生们奔到教授家汇报实地考察的情况，得到老教授的一阵赞扬，回来见到我就像凯旋英雄似的神气。我提醒他们："我们可还没有搞到能够证实它是清代炮台的最有力证据啊。"我要让学生明白：好事多磨，科学研究就是这样困难重重。

开学后的这一段忙于整理资料，撰写论文，谁也没有时间再搞文石炮台了。几个月过去了，学生利用周末时间偶尔调查文石炮台，但还是毫无进展。

10月20日，李辰和胡伯涛激动地跑来告诉我："找到了，找到了。"原来，他们在网上向网友求助得到了极其宝贵的资料。远居美国的网友把他珍藏多年的关于长乐文石炮台的原始资料，通过网络寄来影印材料。大家又通过QQ询问证实一番，并最后得到了这本藏本的复印件。这本珍贵的藏本存世只有3~5本，里面记载了清末文石炮台的指挥官个人经历。这就是我们梦寐以求的最有说服力的证据。我说现在可以判定文石炮台是清代炮台了。我和学生们那个高兴啊——眼圈都红了。

是啊，这半年多从推测到实地考察，再到不断验证的曲折过程，让课题组的孩子们付出了太多的艰辛，也收获了太多科学研究的经验。

（后记：11月，在市创新大赛上，评审专家对此发现予以高度评价。11月底，福建电视台综合频道专门为此拍摄并播出了我们寻找和验证文石炮台的专题纪录片。《福州晚报》前来约稿，并在2006年元旦用2/3版面刊登了我们的考察论文和照片。）

5月30日

这是一个磨炼和成长的历程——痛并快乐着！

从一开始着手课题研究，唐艺就提出她的担忧："老师，我们要写多长的论文啊？"其他两位则默不作声。我考虑到字数说多了，会引起不必要的惊惧，影响士气。"嗯，大概七八千字吧。"我回答道。"你们自己去'5461网'看看人家的课题论文吧。"

随着课题的深入，收集的资料增多，需要尽快勾勒出论文的轮廓，以便明确探究的方向。去年 7 月，正值台风"珍珠"肆虐的日子，大家憋在家里无法到野外考察，聚集到我家讨论问题。课题组长李辰代表大家提出，是不是可以写论文框架了？我推荐了历史专业刊物上的一些论文。胡伯涛提出异议："不对吧。我这里有万方网上下载的硕士论文。框架是这样的……"我想了想，既然学生有想法，不妨让他自己去探究。我说："这样吧，你们讨论后再告诉我。"

三个人打开两部电脑，疯狂搜寻以往的全国和省级大赛课题论文，还有一些硕士论文。由胡伯涛模仿这些论文，草拟出课题论文提纲：标题、作者、中英文论文摘要、论文正文、参考资料……"嗯，挺专业的嘛。"我的赞许让他们好开心，好得意。李辰召集大家讨论每个人的分工，初步达成了共识：李辰负责论文的大部分，写"炮台分布特点，还有文明冲突、文化遗产、船政文化、国防教育等论点"；唐艺负责整理调查数据、图片，加上"海上长城"论点部分，顺便继续写日志。考虑到胡伯涛要参加全国计算机奥赛的培训，就分担轻一些的任务，只负责计算机建模当年海战情形、炮台位置的 3D 动画，再加上撰写保护炮台方案部分。约定一周后大家把各自所写的部分用电子邮件集中汇集给李辰，再送给我和张老师分别审阅。

一周过去了，我和张老师一块看了论文。满纸都是平民俗语，还夹杂着少许网络词汇，这哪是什么论文啊？赶快召集他们过来。我正色道："认真修改，好好参考人家正规的论文写法。"张老师和蔼地说："这样的论文太平淡了，是不是改改？"他们面面相觑，点头称是。

一稿一稿改下来，明显感到有论文的味道了，字数不由自主地达到一万多。学生也很得意："写作文可从来没有写过这么多字呀。"

这一段时间，学生们交叉进行野外考察、整理资料和撰写论文，充实而忙碌着。

到第 8 稿，有个重大问题暴露出来。野外考察的 21 个古炮台数据量足有上万字，放在论文中显然冲淡主题；不放论文中，又缺乏必要的论据来支持论点。怎么办？照例，讨论！

胡伯涛提出创意，用表格整合起来，文字压缩一下。再从 google. maps 中下载闽江口遥感地形图。把炮台标注在上面。哇，天才！李辰也说，把"GPS"定位仪测定的炮台坐标标注在每个炮台下面。唐艺建议：把每个炮台的平面图画出来，以后找炮台就方便了。七嘴八舌，创意迭出：标出它们的破坏程度评估、保护现状描述、炮台现状照片……

三个人凑起来，还真是一条龙了！

我在考虑：这样的变化必然要打破原来的论文结构，学生们会不会抵触？我刚说出顾虑，他们反过来安慰我："老师，这挺好玩。相信我们会写好的。"

就这样，对论文进行了第一次伤筋动骨的大改动。

如此这般，又经过了 4 次大改动。到了 2005 年 10 月 23 日，写完第 15 稿，论文也就基本定型了。

富有经验的张老师提出，要把论文打印 10 份，分别送给 10 位专家、学者以及语文、历史老师，还有本校参加过创新大赛的"老前辈"看。请他们分别提出 10 条意见。我理解这种意图：让别人从不同角度找毛病，才能使课题论文最终无懈可击。学生看看我们，悄声说："还要改啊？"我们坚定地点点头。

不久，师范大学的陈教授、卢教授以及福州大学的牛教授，还有省普教室的诚老师都很热情地回函了。我给学生提出原则：只要言之有理，我们都虚心接受。没有道理的，不要勉强接受。

学生又改了 3 回，论文篇幅达到 4 万多字，遣词用字也专业多了。学生们看着看着，都自恋起来："都这么好了，还不得一等奖啊！"我理解他们夸张的喜悦心情。

参加完市赛和省赛，学生们结合专家点评意见以及新得到的资料，又两次修改了论文局部。

经过 20 次修改的课题论文展现的新观点、新思路和新创意，赢得了全国创新研究院专家的高度评价："此项目研究水平明显高出其他研究。研究选题、方法、结论及报告的撰写等各个环节都具有专业水准，特别是大量的实地调查更是难能可贵。综合来看，本项目是一项非常好的研究。"

如果将课题研究活动比作蝴蝶的蜕变，他们的上下求索正如蝴蝶的羽化过程，体验了艰辛和苦痛，也感受到激情与欢乐。我们共同期待着那破蛹化蝶的美丽。

是啊，不经历风雨，怎么见彩虹？

12 月 8 日

过几天就要参加福州市创新大赛了，准备让学生答辩吧。

怎样准备答辩？我心里反而没有了底，毕竟这是我第一次指导学生搞课题。

我连忙打电话给我的好搭档张老师，请他接手指导答辩。他说，他指导的课题参加市赛的有 13 项，但真正含金量高的还是我们这一项。具体答辩的技巧问题他来搞，有关课题的学术问题由我把握。哈，我放心了，我们的合作真是相得益彰。

我知道，他是省内顶尖全国闻名的优秀科技教师，听他的没错。按照张老师的意图，我组织学生们为校内模拟答辩做前期指导。

　　我草拟名单，邀请了一些老师和参加过创新大赛的学生。我给他们有关课题论文，请他们挑刺来"刁难"我们的课题组。我想，早些暴露问题就有早一些补救和提高的机会。

　　另外，我布置每个人准备5分钟和12分钟的课题简介。要求他们熟悉课题内容，进一步了解与课题有关的概念、资料。鉴于以往的教训，明确要求学生们每个人都要写稿，并在规定时间内流利地说完课题简介。

　　就在去学校模拟答辩的前一天，我又让李辰为大家示范一遍。没想到他好紧张，结结巴巴的。其他两位，也是如此。我没有想到会是这样，真想批评他们。可一转念，这可不行，那样会使学生的情绪更紧张。

　　第二天下午，他们就这样去学校模拟答辩了。果然不出所料，三人个个都脸色严峻，说话结结巴巴。虽然马马虎虎对付下来，连他们自己也觉得好失败。是呀，连配合讲演的幻灯，因为电脑问题都无法顺利播出。

　　学生看了别人的成功讲演，再听完评委们的点评，个个都耷拉着脑袋。

　　我知道气可鼓不可泄。看着天黑了，我就掏钱请学生们到肯德基"搓"一回，并在餐厅里为他们鼓劲。我和张老师说，这次模拟答辩暴露出问题是好事情呀，我们练兵的目的，就是要暴露问题然后针对问题去解决。在市赛以前暴露的问题越多越好，到真正答辩的时候就从容了。学生们开始活跃起来，边啃鸡块边讨论起来……

　　就这样，我们利用周末又进行了一次内部模拟答辩。我模拟评委，也提出一些刁钻的问题。比如："炮与枪的区别是什么？""你们凭什么说这些炮台是明清时期的？""这些炮台成为炮台群的历史依据是什么？"……哈，学生的表现好多了，信心也明显增强了。我从答辩技巧、表达方式到语速、手势、眼神等都进行了点评，并要求组长李辰记录下来。让他们自己内部开会讨论本次答辩的优缺点。

　　终于，市赛到来了。我拍拍他们的肩膀，看着他们进入答辩室，心里相当轻松。因为我深信我们的前期准备工作是卓有成效的，因为我们注意到了细节问题，因为我们这个课题的先进性是超群的，因为……

　　不出所料，学生们从答辩室出来笑逐颜开。

　　就像我预期的那样，课题获得了福州市青少年科技创新大赛的一等奖。

学生日记（2005 年 3 月至 2005 年 12 月）

李 辰

3 月 20 日

2004 年 6 月，我和胡伯涛参加了在广东举办的"闽粤港澳台青少年禁毒夏令营"，参观了珠江之畔的虎门威远炮台。在参观这一具有厚重历史感的炮台时，我脑子里突然冒出了一系列想法：近代中国有多少像虎门炮台一样的明清海防古炮台？它们都分布在哪里？它们在历史上发挥过怎样的作用？有多少保留下来了……

我把自己的想法告诉胡伯涛，他觉得我这个主意挺不错的，可以试试看。

但我们的研究进展相当缓慢。一方面我并没有把太多精力投入其中；另一方面胡伯涛是个对计算机痴狂的人，更没有时间来搞这样的研究。几个月下来，我们并没有拿出什么像样的成果。

2005 年春节期间，对炮台的研究重新引起了我的兴趣，我决心拣起这个几乎要夭折了的研究课题。找了几天的全国炮台资料，再加上前几个月零零散散积累的一些资料，我有点眼花缭乱。"研究全国的炮台干什么？累不累？"胡伯涛大声说道，"为什么不把我们福州闽江口的这些炮台拿来研究一番呢？"

这想法真够好的！我仔细想了想，福州闽江口海防炮台就在我们本土，要研究起来，什么找资料啦，跑现场啦，都比研究全国的炮台要方便得多。再说了，这些炮台跟我们福建省和福州市近年来热炒的"船政文化"也可以联系起来啊！我当即同意了胡伯涛的这个想法，暂时把研究福州闽江口一带的古炮台作为课题。至于闽江口有多少古炮台？我们要研究它什么方面的，我们也不清楚。管它哩，好玩就行。

我们知道学校有规定，研究课题需要找个指导老师。找谁呢？跟胡伯涛商量了一下，就找本校历史教研组组长李林川老师吧！他上课风趣幽默，很有思想，有好多同学请他做研究性学习的指导老师。嗯，是个不错的人选！

转眼间开学了，一年一度的研究性学习选题报题又开始了。看那些没有课题急得团团转的同学，我们好得意——因为我们初步有课题了。嘿嘿。

3 月初，学校催大家交选题了。正好 12 日那天学校搞植树活动，我和胡伯涛抽空赶紧找到李老师，把来意说了一遍。李老师一听就来了劲——他是土生土长的福州人，对地方文化很感兴趣，还收藏了不少寿山石。对我们说的炮台，李老师表示了很大兴趣。他认为，这个课题如果研究起来，将很有深度，愿意帮助我们做一些指导工作。不过，他建议我们自己先去查查资料，看看福州的古炮台有多少研究价值，还要看研究的人多不多。如果很少，我们可以从零做起；如果很多，还要看我们能不能在前人研究的基础上有所突破。

李老师的话让我们忐忑起来。是啊，如果说有很多人对福州的古炮台做过专门的研究，那么我们的研究还能做出多少成果来呢？毕竟人家是吃这碗饭的啊，研究起来比我们中学生要专业得多……

看我们不吱声，老师告诉我们先去请教我们学校做课题研究指导很有名气的张群林老师，或者找另外一些有经验的同学。

嘿，李老师就是有办法。我们茅塞顿开，飞快地到学校四处去逮这些"老革命家"。

按照他们的点拨，胡伯涛用几天时间上网狂"google"了一番，结果网上查到的那些资料没什么研究价值——很多都是旅游游记与抒情性的散文。倒是有一些海防专家研究过炮台在马江海战中发挥的作用。

没有研究资料……那可怎么办？

两个人好不郁闷。"没有人好好研究过这些炮台……"我突然高兴起来，"哎，没人系统研究过不是很好？这样才能给创新留下很大的空间呀！"胡伯涛一听觉得挺有道理，也嘿嘿地贼笑。

今天，我赶紧打电话把创新的想法汇报给老师，得到老师一阵赞许。李老师建议：就这样定下课题吧。我们的课题研究终于迈出了第一步。

唐 艺
4月25日

"丁零零！"电话那头传来了班主任悦耳的声音。"唐艺，有个研究课题想让你参加。"又是课题？上个学期做的课题现在想起来还有些后怕。同学们都很有创意，一周一次的研究性学习课上，同学们都极其踊跃，新想法、新创意不断涌现，可是每个创意都和登陆火星一样不合实际，遥不可及。

"这个研究性学习和原来的都不一样。这次你们是有指导老师的，是李林川。"

呵，我们的历史老师！满腹经纶，博学多才！他的历史课生动有趣，常把我们逗得哈哈大笑，在欢笑中又掌握了知识。有他做指导老师，这个课题一点也不 BORING！

"你不是想学文科吗，这就是一个锻炼的机会啊！"老师补充道。

这确实是一个很好的机会。可我转念一想，参加课题是不是要耽误很多学习时间？不过想想过去一年的研究性学习，那可是很轻松的。于是我就一口答应了。居然忘了问课题是什么！我怎么能随便答应啊！万一是什么刁钻古怪的课题怎么办？

晚上，电话铃又响了，是胡伯涛的妈妈打来的。原来胡伯涛也参加了课题啊！我和他爸爸、妈妈都很熟悉，对他倒不熟，因为他平时太忙了，总是在"搞电脑"。

"这个课题的指导老师是李林川，他历史教得贼好！胡伯涛也要去，还有李辰啊。"

"是什么课题？"这次我记住要问清楚了。

"好像是研究炮台。"

"炮台？"这时候我脑子里浮现出高一历史课本中的那些战争，第一次鸦片战争、第二次鸦片战争、中法战争……然后又想起大沽口炮台、营口炮台……这些东西我可不熟悉。"这个……我不懂呢！"

"就是不懂才要学啊！他们现在就是要找女孩子。你们老师推荐了好几个学生，他们就看上你了！"

哇！这实在是太看得起我了！我们班出色的女同学那么多，老师居然选择我！看来我还真有那么点潜力来研究这个课题。真为自己感到自豪。接下来的更有诱惑力……

"要是课题做得好，高考还可以加分，说不准还能保送呢……"

于是我一口答应。就这样，我进了课题组，开始研究这陌生的炮台。

5月2日

加入课题组一个星期了。这一个星期，我了解了一些比较重要的东西。

我们的确研究炮台，但主要研究闽江口明清海防炮台，大概有20来个，可以称做炮台群了。直到加入课题组后我才知道原来福州还有那么多炮台，而且主要还是明清时期的"遗物"。

刚开始觉得有点奇怪，为什么要研究炮台呢？只听说过有人研究大炮、枪支什么的。原来是课题组的另外两位成员李辰和胡伯涛在去年6月去广东虎门参加夏令营时，参观了著名的虎门炮台。虎门炮台给二人留下了深刻的印象，使他们对炮台产生了浓厚的兴趣，萌生了研究炮台这一想法。经过高一半年特别是历史课的学习，两位同学发现，炮台的研究价值很大。于是在寒假期间，他们决定将炮台作为一个研究性学习的项目。研究闽江口明清海防炮台有几个原因：闽江口明清海防炮台就在福州，这便于我们实地考察；这些炮台在中法马江海战中发挥了重要作用，但是现在几乎没有人去关注它们，我们可以通过对它们的研究来引起社会的关注；研究闽江口炮台能够加深我们对家乡的了解，尤其是对船政文化的了解。

福州确实有许多古炮台。在李辰家中，我看到他整理好的一张闽江口明清海防炮台群的表格，上面标着炮台的名称、位置、建造年代等。好家伙！前期工作这么认真！胡伯涛还给我看了 google 卫星地图，只要移动鼠标就能够看清全世界。不管是汽车还是楼房，不管是戈壁，草原还是热带雨林，我们都能够看得清清楚楚。我们想，等我们收集全了资料就可以在卫星地图上标出炮台的位置！呵呵，看来我们的前期准备工作很充分。

没多久，我才发现我想错了。大家结合表格和卫星地图，开始尝试寻找炮台的大概位置。第一个有问题的就是我了。我对福州地理一点也不了解，什么仓山、长门、闽安、梅花水道……在我脑子里乱成一锅粥。李辰先耐心地给我上了一节地理课，让我对福州周边地理情况有了一些了解。这下我确实收获不小。

之后大家又发现了许多问题。由于我们还处在研究初期，很多资料都没找到。因此对炮台的分布情况也产生了许多疑惑。梅花水道这一片为什么没有炮台？是我们没找到资料还是真的就没有炮台？在 google 地图上，梅花水道这一片看上去像是一大片滩涂。要说没有炮台也是可能的。我们皱起了眉头。

我们就这样折腾了一个晚上。看来搞这个课题和我原来想象的不一样。我有种预感，以后我们可能会更辛苦。

5月6日

这段时间是"五一"黄金周。我们又通过网络找到了一些资料，完善了表格，但那天的问题还是没能得到解答。

最近家里出了点事，我的课题研究有点"搁浅"了。想想看，觉得自己真不像话，两位男生还在忙呢！话说回来，他们的思维确实活跃，资料还没找完整就已经想考察了。昨天他们就去了已经被开辟为旅游景点的马尾马限山和长乐琴江满族村，说是为大家以后的考察做一个先期准备。

考察有点失败，那两个炮台就很让大家失望。我看了他们拍回来的照片，马限山山顶上两门仿造的大炮，接着就是"五炮神"。我好奇地问李辰这是什么，李辰无奈地说："博物馆旁边有个琴江村纪念马江战役中牺牲战士的陵园，上面还真有个炮台，不过它太现代化了，一看就知道是后来修的！'五炮神'旁边就是一个炮，但是这炮也是后来修的，超级小。"

跑了一整天，收获就是这些。没有测到什么有用的数据，哎，就当郊游了。看来我们还不能这么早就去实地考察，明天找老师商量看看以后怎么办。

5月7日

老师知道了这件事，把我们召集起来。

"其实考察是很好的，只有亲身经历我们才能搞好研究。不过你们这次准备得太仓促了，实地考察前应该做很多准备的。你们资料虽然收集了很多，但现在就要实地考察实在是太早了。"老师又说，"不过既然你们那么喜欢考察，我们就来讨论一下实地考察需要什么。"

老师并没有直接告诉我们实地考察需要什么条件，而是让我们自己从那天失败的考察中寻找对策。

"既然要实地考察，那我们首先得制定一条考察路线，还要明确自己的考察目的。前几天的考察更像是一次没有目的的郊游。"我说。

"然后还要有测量工具，比如说皮尺什么的。"胡伯涛补充道。

这时，李辰突然想起什么，激动地说："我们还可以用GPS！既然我们要研究炮台，那就研究得深一点。我们用GPS定位仪测出炮台的具体位置，精确到经纬度那种程度！有这种数据以后也方便别人找炮台！"听得我们都非常激动。多好的创意啊，我想。

突然想起电视上看到的那些探险发现类节目，我们实地考察应该也是那样的。哈！我们还可以用摄像机把过程记录下来！

"有时候还可以用望远镜。"老师补充道。

我们就这样讨论着，不断完善着考察方案。相信下次我们一定可以做得更好。不过在下次考察前，我们需要先查找很多资料。

5月25日

我们最近都在找资料，不过都是些网上资料。我们搜索着一个又一个网站，到最后手都不听使唤了。找资料，其实都是找一些炮台的介绍资料，这些资料都参差不齐。有时候一个炮台的建造年代居然有四五种说法，究竟要取用哪一种也搞不清楚。组长李辰让我找找国内主要炮台的资料。找来找去也找不到几个。最后我请教李老师，他说："你找找以前的文献资料吧！比如说清史什么的，那里面应该有一些资料。"

我得到了启发。于是搜索"清朝历史"，最后终于找到了《清史稿·志一百十三》，对清朝海军有很详细的记载：

"国初海防，仅备海盗而已。自道光中海禁大开，形势一变，海防益重。海防向分南北洋。山东烟台归北洋兼辖。闽、浙、粤三口，归南洋兼辖。兹取沿海各省有海防者分述之：曰东三省，曰直隶，曰山东，曰江南，附江防，曰浙江，曰福建，曰广东。……历朝海疆有警，若大沽，若吴淞，若马江，迭遭挫败。惟林则徐、彭玉麟先后守粤，忠勇奋励，身当前敌，将士用命，敌舰逡巡而退云。"

尽管这些古文有些费解，但几千个字给了我很多有用的信息。老师知道了很高兴，还说："最好多找一点，这样还可以锻炼你的阅读能力呢！"

啊？真是晕哪！不过老师的建议是对的，多找些资料，或许我还能发现什么呢！

6月15日

今天我和李辰去省图书馆找资料。这是老师给我们的意见。因为网络上的资料不一定准确，还是白纸黑字写得比较有"安全感"，值得信赖。

李辰先在网络上搜索了一大堆书。国内有关炮台的专著少得可怜，搜寻许久也只有一本海潮出版社的《中国炮台风云》，其他都是一些海防军事的书，比如《中华海权史论》等。我们只能在这些书中寻找蛛丝马迹。

省图书馆的书真是又多又杂。一层层跑过去，推开一间间图书室，问了许多人，才找到军事类书籍的阅览室。我和李辰转了好些圈也没找到我们要的书，于是我们决定分头行动。我拿着书单，一个个书柜找过去。一本本军事用书跳入眼帘，让我一次次惊喜又一次次失望——都不是！哎，看来以后还要多来图书馆。看看远处的李辰，手上已经拿了几本书了。哎，我再找找。

突然想起来，在军事理论类的书中找不到，可以在人物传记的书中再找找啊！林则徐、左宗棠……一个个名字跳出我脑海。他们原来都"搞"过海防嘛！我可以在他们的传记里找找啊！啊，我真聪明！

于是我飞快奔到人物传记那一柜，不久就找到了林则徐和李鸿章的传记，还找到了好几本！可以交差啦！

我找到了李辰，他还在为没有找到那本很重要的《中国炮台风云》着急呢。"我们再找找……"我话音未落，眼光就落在了那本在书柜里静静等着我们的披着土黄色外套的《中国炮台风云》。

"找到啦！"我叫出声来。

"嘘……这里是图书馆！"李辰提醒我。

我们带着战利品，找了张桌子坐下，开始啃书本。

"你先把《中国炮台风云》研究一下。然后结合在网上找的资料，整理一下全国主要海防炮台的表格。"组长老大给我下达命令。

"是！"

研究了好一会儿，我们做了许多摘录，都筋疲力尽无法思考了。于是我们借了这一大堆书，回家继续研究。

晚上，李辰打电话过来，激动地大骂《中国炮台风云》这本书好多事实写错了。比如把厦门胡里山炮台写成福州闽江口防御炮台。我听了也觉得骂得有道理：这书怎么会这样写呢？看来对资料也要仔细鉴别，当心一点。

7 月 20 日

　　课题还在初始阶段，我们不断地找资料，啃资料，分析资料，最后终于发现了炮台的一些价值，每一次都是一个漫长的过程。有时候资料是错的，比如说那本"伟大"的《中国炮台风云》，多响亮的名字啊！结果里面全是野史。更让我们失望的是里面没有介绍我们闽江口明清海防炮台，只有厦门炮台。不过它的标题是：厦门炮台——保卫福州的前哨。开什么玩笑：现在从福州坐车到厦门还要 3 个多小时呢！

　　不过，我们在李老师的介绍下找到了一位权威人士，就是师范大学著名的陈桢寿教授。

　　今天去了陈教授家。不看不知道，一看吓一跳，原来陈教授掌握的资料比大家想象的要多得多，光是看工作室里他编写的《中国海军史》就够"唬人"的了。我得描述一下他的书房：书柜里都是书那是不用说的，书桌上也都是书，床上也都铺着书，就连地上都躺着书，一不小心就会踩到书。我小心翼翼的，生怕踩到教授的宝贝。

　　听说我们三个中学生要做炮台这样的课题，陈教授自然很高兴，他甚至拿出了他迄今尚未出版的作品《马江海战史》手稿。陈教授研究了一辈子海军史，心血都在这上面了，这肯定是非常珍贵的资料。他毫无保留地把这本有两块砖头厚的宝物拿来给大家看。书稿上有许多从来没有公开发表过的炮台旧照片，据说是陈教授用 40 多年时间从国内外图书馆里搜集到的。我们小心翼翼地翻看着这些发黄的照片，害怕把它们给"看"坏了。80 高龄的陈教授做事真是太认真了，书稿上用钢笔写成的蝇头小字绝对是工工整整，我们看得都惭愧死了。陈教授没有架子，又这么热心，让我们都非常感动。我想："教授对我们这么好，我们一定要努力做好这个课题。"

　　陈教授对于闽江口的炮台如数家珍，熟悉得不得了。他先是为大家讲解了马江海战的整个过程。很多细节都有涉及，比如潮水涨落对战斗造成的直接影响，当时军队布置状况等。不过我怎么都听不懂，看着李辰不断点头，心里真着急。哎，怎么那么笨。不过陈教授十分耐心地给我讲了一遍又一遍，一直到我弄懂为止。

　　陈教授跑了闽江下游许多座炮台，自己也在几十年里收集到了相当多的资料图片。他说，没有听说过全部走遍闽江口炮台的人。你们年轻，可以走走看，一定有收获。

　　今天收获颇丰。有这样国宝级的专家给我们引路，真是我们的福气了。遇到了这么好的教授，我们不仅大开眼界同时再也不敢吹牛了。对了，还要感谢李老师给我们的推荐哦。

胡伯涛

7 月 22 日

也不知道这是第几次聚在一起搞课题了。

我们三人围在电脑前，我把卫星遥感拍摄的闽江口地区照片调出来。他们两位报出炮台名称，我用鼠标在地图的相应位置上画出红点。现在，有了这张立体的地形地貌图，炮台具体位置和防御分布图就看得很清楚了。比起从前在教授家看到的手绘炮台分布图，我们的地图可以说是高级一万倍了。都说科学进步了嘛，对不对？

标注完这些炮台位置，我对着屏幕欣赏起来，挺得意的，多么赏心悦目的作品呀！我忽然发现炮台分布有一定的规律：就是闽江北侧分支——长门水道一带炮台众多，而南侧分支——梅花水道两岸炮台稀少。这是怎么回事？

赶紧喊他们来看，大家都觉得这个现象很奇怪，也搞不清原因。是我们没找到资料还是真的梅花水道一带本来就没有设置炮台？在 google 卫星地图上，梅花水道上有一大片斑驳的黑影。查了地质地形图，黑影原来是江中的滩涂。要说没有炮台也是可能的——水太浅了，敌人军舰进不来。

但按照炮台防御需要均衡的原理，我们猜测这边这么空不合情理。在某些江岸突出位置应该设置炮台才有道理啊。因为历史老师曾经告诉我们，这里曾经是长乐县历史上重要的港口和城市。这么重要，应该要有炮台保护才行啊。问题是我们没有任何证据——大家都皱起了眉头。

赶紧打电话告诉李老师我们的发现。李老师"恶狠狠"地夸奖了我们的发现，说提出猜想就是一种创新。哪怕把问题留给后人，也是贡献啊。比如，数学上著名的"地图四色猜想""哥德巴赫猜想"的提出，就是创新。不过，他还告诉我们他也不知道这是怎么回事。他说，针对这个推测好好找资料吧。说不定搞好了，就是一个大亮点。

我们只好抱着美好的理想，进入了对"炮台分布规律"猜想的验证中。怎么办？老办法，找县志、图书、地图什么的，瞪大眼睛大海捞针。对了，有机会到现场请教当地的老人，也许有收获。

几天过去了，大家又聚在一起，很扫兴。不死心的我们，又找出从地质局借来的地质地形图翻翻看。这几张图是"地图专家"李辰的最爱，上面都是海拔、等高线之类的，看了头晕。今天我先拿出其中一张图来，专门往梅花水道这一片突出部分看——我们猜测这里是有古炮台的啊。看着看着，我忽然眼睛一亮，哈哈大笑起来。得来全不费工夫，地图在长乐马山那里标注有"马山旧炮台"字样。

汇报老师。李老师闻讯赶来，听完问了一句："你有什么证据说这是明清的。要是'中华民国'时期修的呢？"我们傻了，还要证实啊？

唐艺说，我们上网到长乐当地的文化论坛求助去。李辰说，我们找长乐当地的县志。只要有马山的、炮台的字眼都不放过。

老师建议我们到现场看看。于是，我们周末借汽车跑了现场，也打听了当地人，结果什么像样的线索都没有。

天无绝人之路，回来上网看看，《文化论坛》版主居然给我们回了帖子，说他那儿有这个炮台的资料。他人在美国，只能用影印件寄来了。我们又在李老师的帮助下，到当地中学图书馆找到了县志上关于这个炮台的记载。

老师不放心，还联系了师大老教授来验证我们的发现和资料。我们忐忑不安地来到教授家，不料得到意外的赞扬——嗯，新发现啊！不容易啊！……

总结规律，提出猜想，小心验证……我学到了研究的新方法。

李 辰
8 月 25 日

最近从网上、图书馆里查找了许多关于福州闽江口炮台的资料。其实在查阅炮台资料的这段时间里，我一直在思考我最初希望探询的那个问题：全国的海防炮台有多少，分布如何，建造于何年……为什么呢？因为我总觉得只研究福州的炮台好像缺了点味道。我认为如果将福州的炮台置于全国的炮台之中进行研究会有更大的收获，根据哲学原理，这应当是"整体与局部"的关系。把握了整体再来研究局部是不是会更好？

我把自己的想法跟大伙一说，唐艺未置可否，倒是胡伯涛立刻大声说："可以试试看！"我又去找了李老师。老师听取我的意见后，沉思了一会儿，突然说："好想法！可以通过横向比较的方式把闽江口炮台群跟全国其他炮台进行对比。"

得到了老师的肯定，我在家尝试整理前期搜集的全国各地炮台资料。为了更直观地分析各地炮台的布局情况以及特点，我找来一张地理书中的空白中国地图，把我所找到的沿海炮台分布位置画上。画这图可真是费劲！不过在 1 个小时的"战斗"结束后，我惊喜地发现这一画居然画出了名堂。我反复琢磨这张图，总结出以下几个特点：

1. 全国沿海地区明清炮台南方多，北方少。广东是炮台分布最为密集的地区，尤以珠江三角洲地区为甚。

2. 全国沿海地区炮台绝大部分都分布在重点城镇周围，这当然是为了军事防御的需要。

3. 在全国所有已知的炮台中，只有广东珠江口的虎门炮台群——长洲炮台群与福建闽江口炮台群是纵深布局，是由数道防线组成的。这与珠江口和闽江口独特的军事防御作用、战略位置与河口地区的地貌密切相关。

突然间来了灵感！我重点查找了虎门——长洲炮台群的资料，再与闽江口炮台群的相关资料进行对比，又发现了这样的特点：全国大多数炮台都是在一个小范围地区内单独或带状设置的；在全国各地的海防炮台中，虎门长洲炮台群和闽江口炮台群都具有纵深分布、防线多重的特点，为全国所仅有；像闽江口炮台群这样沿着河谷向上游纵深分布的似乎很少。一般而言，能够纵深分布的原因是有出海的大河，因此需要查一下大河沿岸的炮台分布。通过查找中国几条大江大河，我发现只有闽江和珠江沿岸的炮台具有这样的特点。这也反映出了这两个炮台群在全国具有的特殊地位。

4. 从北到南约 18000 公里的海岸线上，分布着许许多多古炮台。其中，骨干炮台有二十余处。这些炮台大多是在明清时期修建的，以防御来自海上入侵者为目的，属于规模宏大的沿海军事防御体系。进一步用类比法思考，可以发现：它们与万里长城在历史上发挥的作用十分相似，都是为了防御外族入侵而修建的军事防御工程，都具有绵延不断连成一线的特点。

"哇，真是太牛了！"我不禁狂呼。我马上把刚才的成果用邮件发给李老师。回信很快就来了，看得出老师也是相当的兴奋。他尤其赞赏我提出的特点 3 和特点 4，认为这应该是全新的观点。的确，回想一下查过的资料，好像真的没有看到类似的观点！李老师说最好还是请教一下那些研究炮台的学者，看看这样的观点是不是全新的。如果是的话……哈哈！我得意地笑了。李老师又说，把整个炮台群纳入一个全国性的海防体系，确实是个非常棒的想法。

我马上打电话叫他们来，讨论我的新发现。唐艺似乎被"吓坏"了，连声说"太牛了！"历来苛刻的胡伯涛也觉得这种提法很"创新"。"我想，这些炮台可以类比为'海上长城'，既具备万里长城所拥有的军事防御功能，又具备万里长城所拥有的独特文化价值和内涵。"我继续说道。说罢，大家都开心大笑，摇头晃脑："妙哉，妙哉！"唐艺还高兴地唱了起来。

正在这时，李老师来了。他笑嘻嘻地说，几位研究海防的教授很赞赏我的"发现"。尽管以我们对李老师的了解，知道他的话有很多夸张的成分，但至少，教授们已经认可了我们提出的观点，我们还是兴奋异常。我看到了我们这个课题美好的前景，好有成就感啊。

12 月 4 日

离市青少年科技创新大赛决赛只有一个多星期了。

期中考试刚结束，11 月 12 日晚上本想上 QQ "发泄"一下。可是，还没等我打开电脑，一个"恐怖"的电话就让我差点晕倒在地：学校将在两天后举行一场模拟答辩，还特别邀请参加过第 20 届创新大赛的几位学长前来指导。前一段时间都忙着备考，我根本没有准备市赛的事情。现在好了，怎么答辩啊？

我硬着头皮开始了准备：匆匆写好稿子，然后叽里哇啦地念念有词。一看表，都9点半了，晕，这么快！我还很不熟练。要把这稿子背下来不难，可是要做到滚瓜烂熟就不容易了。我不是那种特有耐性的人，没背多久就哈欠连天，干脆睡觉去了。

仓促的准备换来的果然是当头棒喝。我不知道那天下午给那些已经在创新大赛上披荆斩棘摘金夺银的学长们留下了什么样的印象。我、唐艺和胡伯涛毕竟缺乏这种在公开场合讲话的经验，说话结结巴巴、磕磕绊绊。据台下学长后来的点评"脸是苍白的，手抖个不停"，我不难想象自己当时在台上的表演有多么丢人。不过，名人在大庭广众面前发表自己的看法不也是从丢人开始的吗？苏格拉底啦，林肯啦，不也都经历过被人嘲笑的过程吗？哎哟，我又在自我安慰了。

阿Q精神可以发扬，但抱着不放可就不行了。毕竟市赛将至，我们回家后认真总结了模拟答辩的经验教训，根据学长们提出的注意事项，结合课题本身，我们制定了相关的策略。比如说，让我来介绍课题，胡伯涛演示幻灯片和我们拍摄的炮台实地照片，唐艺辛苦一点——端茶送水递椅。当然了，胡伯涛还承担了制作展板的艰巨任务。李老师给大家列出了一些评委可能感兴趣的问题，要我们好好准备。一切安排妥当，我们就各自忙去了。

转眼间，两周过去了。市赛答辩安排在周六上午进行。周三我们特地去市科技馆布置了展位，然后集体来到李老师家接受培训。我们有条不紊地把课题给老师介绍了一遍，效果不错！李老师高兴地说："这么多天没白练嘛，比上次好了N多倍！"要的就是这句话，我们听完美滋滋的。别笑得太早！我悄声对自己说，周六的市科技馆才是我们展现才华的舞台。

周五晚上，整理完第二天的答辩工具，还激动得睡不着觉。周六一大早我就钻出了被窝，把现场需要的资料又仔仔细细地核对了一遍。李老师要开会，不陪我们一起去了。我们三人相约一棵大榕树下，胡伯涛的妈妈开车把我们送到科技馆。

拎着大包小包，一大堆的物品，我们走进了科技馆。科技馆的气氛果然与周三时大不相同，答辩大厅外站满了人。费劲地穿过人群，我们来到展位前卸下行李，迅速合练了一遍。根据合练的效果，我们互相指出了各自的不足之处。今天大家对待批评的态度，都表现得很绅士。

很快，几位看上去慈祥而博学的先生走近了，停在一块展板面前，选手开始介绍项目。评委来了！我的心跳得飞快，看看唐艺的脸色也很苍白，而胡伯涛却毫无惧色，很开心地和展厅内多日不见的老友聊得起劲。看他那么放松，我也就不紧张了。

大约10分钟后，评委老师来到了我们的展板前。此时，我们的头脑异常清醒。唐艺热情地招呼评委，还给评委们送上热腾腾的茶水。胡伯涛打开PPT文件，我开始了介绍。刚开始介绍时，结巴的老毛病又犯了。看着评委老师那么认真严肃的表情，我意识到：自己不能再犯错了。我调整了一下自己仍然紧张的情绪，开始大大方方地介绍。这下评委们脸上慢慢有了笑容。当我讲到我们的艰辛考察历程时，评委们互相满意地点了点头。我知道他们已经"入戏"了，哈哈。我越讲越得意，他们听得也高兴。不过，在我还意犹未尽的时候，一位个子不高，一头蓬松头发的评委却打断了我的话："可以了。现在问你们几个问题。"我们瞪大眼睛，心想这几位专家级的人物会有什么高深的问题。不过当问题一出来，我们却不知是喜还是悲。因为他们问的问题似乎跟课题研究的关系并不大，侧重在问炮台群的历史。既然是讲历史故事，那就从头讲起吧！我们三个人天花乱坠，从郑成功讲到林则徐，从左宗棠讲到张佩纶，自己知道什么就说什么，简直跟聊天一样。

"可以了。"评委们站起身来，其中一位在"刷刷刷"地写着什么。我们明白，答辩结束了。我们礼貌地鞠躬道别评委老师……

虽然我们面不改色，心可是乱跳了一回。

唐 艺

4月25日

我们研究闽江口明清海防炮台，当然与强调国防建设离不开。我们决定在研究炮台的国防作用方面下点工夫。

正好，福州市的解放日8月17日要到了，按照习惯市里会拉响防空警报。于是，我们决定在这一天上街调查本市市民的国防意识。这对于我们阐述课题中有关的国防问题是十分重要的。

要做什么形式的调查呢？我们还都是学生，最擅长的也就是问卷调查吧！就在街上防空警报拉响的时候，我们在学校周围对路人和店员进行采访。听说我们是一中学生搞调查，他们都主动配合。连夜统计、整理回收的问卷，结果让我们很担忧：福州市民的国防意识真的很淡漠。很多人居然连8月17日是什么日子都不知道，更别说为什么有防空警报了。这让我们感到困惑，但更多的是担心。

知道了问题的存在，我们又能做什么呢？我们知道学生的力量是有限的。这时李辰说："我们可以写信给省市领导反映情况啊！他们会有办法解决问题的！"大家不知道做这样行不行，觉得没有把握，就把当天的做法、想法告诉了李老师。

李老师惊讶地瞪大了眼睛："你们不吭声，居然还有这么一招！那就试试看吧。"于是，我们三个人又聚在一起讨论怎么写信的问题。

时值抗日战争胜利60周年纪念，凤凰卫视有一个观点：作为战胜国，我们不应该在胜利的时刻感到悲哀和痛苦，应该为我们取得了胜利而感到自豪。凭着这么多个月来研究成果的不断积累，我们也达成了共识：那就是既然8月17日是福州解放日，我们应该对我们的解放感到自豪，真正值得我们警戒的应该是我们的沦陷日——4月21日，因为在这一天鸣放警报有更加特殊的意义。

我们的观点产生了：鸣放防空警报的日子应该由8·17改为4·21。大家就这一问题还提出了进一步的解决方案。

写信的任务就落到了我的肩上。我满怀激情地连夜写好了第一封信。第二天，我兴冲冲地把信交给李老师。他说："信写得不错，就是跟写作文一样。"胡伯涛和李辰看了说："内容不错，但格式不对啊！"

改了又改，信终于可以寄出了。我想，每天省长要收到多少封信啊？他肯定没有办法每封都亲自看。怎样才能让省长看到我们这封特殊的信呢？突然我想起了鸡毛信。

以前看到娱乐节目里的抽奖环节，有观众寄来的就是鸡毛信，借以引起主持人的注意。再说鸡毛信也有十万火急的意思，我们市民国防意识的提高也是十万火急的事情。哈哈！我真聪明！就这么定了，用鸡毛信！

于是我买来了毽子，把毛一根根拔下来。用好几层透明胶布把8根鸡毛粘到信封背面上。信封看上去有点不伦不类，但是绝对显眼、鲜艳。李辰和胡伯涛还有老师看到我的鸡毛信，都哈哈大笑，说："很有创意，很棒！"

终于把信寄出去了，但心里还是忐忑不安，省长能收到信吗？

一个星期过去了，李辰兴奋地告诉我，省长给我们回信了！内容很简短，但是字里行间都体现着省长对我们的关心。全校轰动，消息上了学校网页，很快上了许多家报纸和网站。啊，出乎我们的意料！

省长信中说，已经将我们"把8.17的防空警报改在4.21"的建议，转给福州市委研究了。

11月初，我们收到了福州市人民防空办公室的公函。晚报也刊登消息：市委专门召开常委会讨论并采纳了我们的建议。那几天，记者围着我们采访。开头我们好高兴，到后来都烦死了——读书受干扰啊。

2006年的4月21日，我们被邀请坐进防空警报车绕城一周！市委采纳了我们的建议，还邀请我们参加这么重要的活动。这实在是莫大的荣幸啊！

9点30分，我们四人一人坐一辆警车开始"游行"。警报也开始鸣起。"呜——呜——呜"，不断重复着。从小到大，还从来没有一次性环游福州城的经历，今天真是太特别了。不过一旁的路人有些摸不清情况，听到突然响起的警报，居然还很紧张！还有人手上的东西都掉了一地。这时候，我心里说不出是好笑还是无奈。

下车时，警报还在响，那声音真是振聋发聩！

正是这刺耳的警报声，提醒着我们不能忘却那一段历史。

教师指导体会

2006 年，我和张老师共同指导的学生课题：《不朽的海上长城——闽江口明清海防炮台群的现状考察与保护对策》，先后获得中国科协青少年科技创新人才培养项目 2005 年度成果展评活动学生优秀项目奖、第 21 届全国青少年科技创新大赛优秀项目一等奖。在别人眼里，我初次指导学生研究课题就取得这样骄人的成绩，确实有点儿不可思议。其实，个中的奥妙也只有当事人自己知道。

一年多指导学生爬山过海，风餐露宿考察炮台群，同学生一起流血流汗加班加点，这辛苦与快乐并不是常人所能体会的。对我来说，指导学生的过程也是自己成长的过程，这正符合了教育的"教学相长"原则。其中，我感觉收获最大的莫过于培养了自己的科学精神，在浮躁成风的当下，这应该是很有价值的收获。

2005 年暑期，我带着几名学生来到我国著名的海军史专家、福建师范大学教授陈桢寿老先生家中求教。80 高龄的陈教授热情地把自己尚未出版的书稿拿给我们看，我和学生都目瞪口呆：那厚厚的稿纸上书写的蝇头小字工工整整，泛黄的资料图片比比皆是——据说是花了 20 年时间从国内外档案馆、图书馆中收集并拍摄的。老一辈历史学家踏踏实实、认认真真做学问的科学精神，震撼了我们。学生小心翼翼捧着书稿不敢松手，用他们的话说是唯恐看坏了。陈教授也曾经研究过炮台，很遗憾自己未能考察完所有的闽江口明清海防炮台，寄希望于我们年轻人完成他的这个夙愿。他特别交代，没有现场考察就很难把炮台研究弄清楚。所以，我决心带着学生完成这位前人没有完成过的野外考察任务，来个"零"的突破。

我带领学生冒着台风暴雨、酷暑骄阳，在荒山野岭高山海岛中穿行，借助地质地形图、GPS 卫星定位仪和卫星遥感地图，加上访问当地村民干部，终于找到了资料记载中的所有 20 座明清海防炮台遗址，并且新发现了建于清代的长乐文石炮台。学生们首先借助地质地形图发现"马山炮台"字样，问遍专家学者都不知道这个炮台的来历。学生上网从当地族谱中得到了线索：传说是清代炮台，又坐车到当地，从县志找到了寥寥几句的记录。当我们激动地把这个发现告诉陈教授时，他平静地说要注意资料的多样化，从不同渠道多方面证实才能够确认。于是，学生在省图书馆找了一个月资料却仍一无所获。学生泄气了，希望就这样认定了吧。但是，我不同意——课题研究需要陈教授那样的科学精神。富有创意的学生干脆就通过互联网到当地的《文化论坛》向网友求助。真是天遂人意，功夫不负有心人，来自美国的网友刘师禹（网名）献出他珍藏多年的孤本。文献中详细记载了近代地方史工作者对该炮台的调查资料。终于，学生们可以断定自己的新发现了，这也成为本次课题研究中闪亮的创新点。为此，学生们在当地的《福州晚报》（2006年1月1日）上发表了自己的考察报告，引起不小的轰动。

有一次，因为夜幕降临，学生们没来得及完成对北岸炮台平面的测量。结果，十几天后我们又驱车近百公里，再次爬上炮台完成对炮台经纬度、平面图、建筑材料、平面大小等数据的采集。还有，在考察完长门炮台返回下山的途中，我顺口问李辰同学，炮台的经纬度是多少？他愣住了：光记着拍照、绘图……这等重要的事情，居然忘记测定了。看孩子们累得够呛，现在离山上的炮台也有五六百米远了，我说不要去了，回去借助地质地形图补上数据。结果，李辰和胡伯涛坚决不同意，他们又沿着山路返回山上炮台用GPS补测了数据，才汗水淋淋、踉踉跄跄走下山来。

为了实地考察闽江口最早的炮台黄霞寨炮台，我们在海岛荒无人烟的山上攀登，在满山遍野的茅丛中爬行，手脚被锋利的茅叶割破，也摔倒过无数次。胡伯涛同学因此摔成脊椎骨突出，被迫住院卧床1个多月。可是他仅仅休息3天，就躺着使用电脑整理考察资料。唐艺同学发高烧几天，在挂吊瓶打点滴的情况下，隐瞒实情继续坚持翻山越岭考察炮台。

学生的热情投入和科学精神也同样感动了我。在野外考察中，我们坚持这种科学的精神，收获巨大。师生科学、严谨、认真的态度，从课题研究中逐渐培养起来了。

在研究中不懂就是不懂，不要随便下结论。这是师大陈教授以及卢教授、还有福州大学社会学教授牛博士时时给学生们灌输的理念，也让我受益匪浅。

在图上观察和实地考察中，学生们总结出炮台群"夹江呼应"的配置特点。可是，也提出了一个百思不解的问题：在长门水道口的江中存在两个相距两三百米的南龟岛和北龟岛。为什么当年不在岛上也分别设置炮台，形成夹江呼应？请教了研究福建海防的专家和教授们，找遍了资料，也没有得到令人信服的答案。于是，本着科学的精神，我建议把这个未解之谜写下来，也把我们的推测留下来。学生们在推测：是因为金牌与长门炮台火力足够强大了，没有必要在此设置？还是因为岛太小不好设置炮台？是因为孤岛在江中，不便运送物资？还是因为潮水在强台风劲吹下会淹没这两个小岛？……

247

这所有的疑问，就留给更多的有识之士来解开秘密吧。

李辰同学在观察国内明清海防炮台的分布状况时，把珠江口和闽江口炮台群进行对比，注意到一个很奇特的现象：在全国同类明清时期的海防炮台中，只有广东珠江口炮台群与福建闽江口炮台群是沿着入海口往上游的河流两岸密集分布、纵深设置的。经过用卫星遥感地图测量，闽江口炮台群从海口到省城福州炮台布置了大约 72 公里；从海口到省城广州，有虎门和长洲两个炮台群。前者大约 40 公里，后者长度不详。虎门炮台群和长州炮台群是不是属于同一个防御体系？不得而知。得知这个惊人消息的记者，就迫不及待发出了"闽江口明清炮台纵深居全国第一"的报道。结果，学生们不满了——还没有搞清楚谁是第一啊。

我们去请教陈教授，陈教授语重心长地劝诫道："要注意分寸，没有确切证据不能这样说。"所以，我与学生商议使用这样的表述："闽江口明清海防炮台群的纵深深度位居全国前列。"

根据张老师的建议，唐艺同学从课题组组建之初，就负责对课题研究过程中的一切进行记录，形成课题研究日志。坚持一年多的记录，居然写下了几万字的科学日志，她为此欢呼——这辈子没有写过这么长的"作文"，自己真的很"伟大"呀。课题组的日志，也让各级竞赛的评审专家感受到学生们科学严谨的精神和求真务实的态度，他们给予了一致的赞赏。

我和张老师分别请三位语文、历史老师，三位大学教授和一位历史学者，加上两位往届青少年科技创新大赛中获奖的同学为报告提出修改意见。为此，课题组同学们撰写的课题报告历经了前后 20 次大大小小的修改，方才定稿参赛。

不经历风雨怎么见彩虹？没有人能够随随便便获得成功。课题组的辛勤劳动，得到了应有的尊重和很高的评价。卢教授说，这样的田野考察，这样的较真求实，才是真正的课题研究。在"中国科协青少年科技创新人才培养项目"2005 年度成果展评活动中，专家这样评价道："此项目研究水平明显高出其他研究。研究选题、方法、结论及报告的撰写等各个环节都具有专业水准，特别是大量的实地调查更是难能可贵。综合来看，本项目是一项非常好的研究。"

鲜花和掌声已经远去，前方的路依然漫长。在指导学生进行科技创新道路的前方是什么？我以为行走的本身，比到达胜利的终点更为重要、更有价值。

守望科学精神，回望走过来的坎坷道路，在指导中学会指导，在创新中学会创新，这才是我最为注重的巨大收获。

后　记

在《中国科协青少年科技创新人才培养项目》五年的实施过程中，先后有85所实验学校的数百名教师参加了课题组组织的高中科学教师的三轮培训，其中涌现出一大批非常优秀的高中科技教师。他们总体上素质较高，专业基础扎实，求知欲很强，悟性极好，反应敏捷，思维活跃，培训中积极参与，培训后灵活迁移，很有发展潜质。为了给课题研究提供更为具体的研究案例，在平衡了学科、地区、性别等因素后，在各实验学校校长的支持下，我们邀请了二十多位教师带领他的学生，用写日记的形式，来参与这些案例的编写，并最后从中选择了十位教师（其中九位理科、一位文科教师）和他们学生的日记汇集成此书。

众所周知，高中教师的工作是非常辛苦而繁忙的。除了教学任务以外，还有班主任工作、课外社团活动指导、教学研究等很多工作，尤其是高考的压力使得他们整天把神经绷得很紧，从早忙到晚，丝毫不敢松懈。在这种情况下，为了完成课题组的任务，教师们不仅要完成正常的教育教学工作，而且要落实与项目研究有关的大量工作，另外还要挤出休息时间来撰写自己的指导日记，督促学生书写成长日记。后者纯粹是一份额外的工作量。为了交出像样的答卷，很多教师从接受任务以后，忙里偷闲、加班加点，放弃了休息，没有了节假日，付出了很多。十位教师的日记，有的完成于病榻上，有的书写在守护病人时，有的伴随着新生婴儿的哭声，有的还带有野外泥土的气息……读着这些日记，回想它们背后的故事，让人心疼，让人感动。"谢谢"两字，远远不能表达我内心对所有参加案例撰写老师的感激之情！这本书稿作为课题组和培训教师合作的成果，是我们和所有接受过培训的实验学校教师之间深厚情意的表达和见证。

汇入本书的十位教师和他的学生的成长事迹，平常而感人。读完后深感教师职业的崇高和伟大，更能体会教师是提高青少年科学素养的关键。中小学科学教师，是很普通的岗位，很平凡的职业。虽然他们没有科学家那么举世闻名，没有艺术家那么家喻户晓，没有名人政要那么风光眩目，但是他们在中华崛起的宏大工程中的地位却是异常重要的。因为，在他们手中升腾起的将是我们民族充满希望的未来！

课题组的周振平老师具体承担了本书稿的框架设计、作者联络、样稿审核和第一稿的修改工作；其后我的博士研究生宋建军承担了第二稿的文字修改和整理工作；全书的统稿定稿和引论部分则最后由我完成。中国科协青少年科技中心的牛灵江主任和各实验学校的校长对本书的撰写和出版给予了很大的支持。在此谨向所有的作者和相关人士表示衷心的感谢！

霍益萍
2007 年 5 月于上海